Les yeux de votre destin

Confidences d'une voyante

Mes livres ne sont pas des livres, mais des feuilles détachées et tombées presque au hasard sur la route de ma vie.

(CHATEAUBRIAND, 1768-1848)
Extrait de *Mémoires d'outre-tombe,* 1833

ISBN 2-7339-0790-5

98, rue de Vaugirard – 75006 Paris
Tél. : 01 42 22 64 80 – Télécopie : 01 45 48 25 03
www.grancher.com
grancher@worldonline.fr

Esmeralda Bernard

Les yeux de votre destin

Confidences d'une voyante

GRANCHER
98, RUE DE VAUGIRARD
75006 - PARIS

Remerciements

Je remercie tous ceux qui m'ont encouragée à écrire ce livre.

Et plus particulièrement :

Marie-Christine Majeranek, pour son support,
Daniel Renard, pour son implication et son enthousiasme,
Mon mari, pour sa patience.

Merci maman, d'avoir fait de moi ce que je suis.

SOMMAIRE

TROISIÈME PARTIE

QUATRIÈME PARTIE

PRÉFACE

Le présent se vit. Le passé constitue un support. Merveilleux souvenirs y côtoient sans vergogne sombres douleurs. Le vécu d'hier doit en théorie devenir serviteur du temps présent. C'est simplement l'expérience. Chose impalpable. Ne s'apprend pas. Elle s'acquiert. Conjonction de passé et du présent, construisent probablement le futur.

Un observateur neutre, qui, des heures, des jours, des mois, des années durant étudie l'individu doit être à même de prévoir son devenir. Un psychiatre, professionnel de l'esprit, s'avère parfaitement capable d'élaborer des théories qui tiennent la route. En assemblant ses observations, il aboutit à un schéma logique. Pour peu qu'il détienne des éléments véridiques tirés du vécu et de l'inconscient de son patient, il devient capable, en quelque sorte, de prévoir. Cette faculté s'enseigne. Elle demande de longues années d'études universitaires. Vient ensuite la pratique. Avec son lot d'ambiances quotidiennes. De situations répétées. De schémas récurants.

Voyants et voyantes seraient-ils des « psy » naturellement doués ? Jouiraient-ils du don d'analyse comme d'autres héritent d'une science innée de l'art ? Tentant de le penser. Dans l'intimité d'un cabinet, le consultant attend énormément. Il veut savoir, certes. Il veut trouver un réconfort. Il veut qu'on l'écoute. Il veut exister aux yeux de quelqu'un qui écoute sans juger. Sans interrompre. Sans vouloir imposer ses vues. Chercher à vaincre une angoisse signifie qu'un malaise s'est installé. Problème d'argent. Problèmes affectifs. Problèmes professionnels. Notre société s'est construite sur des fonda-

tions vicieuses. Elles créent sans cesse le besoin. Il y a franchement de quoi plonger de temps à autre au cœur du spleen.

Oui, mais tout n'est pas aussi simple. Les arts divinatoires existent depuis que l'homo sapiens a développé son règne sur la planète bleue. Des milliards de cerveaux se sont-ils tous trompés ? Ont-ils été abusés ? Peut-être. Après tout, l'homme a bien inventé Dieu pour combattre le vertige des abysses. Pour mieux vivre l'horrible mutilation que constitue la perte d'un être cher. Alors...

Je ne crois pas en un esprit supérieur. Pas même en un « Grand Architecte ». Mais je crois en Esméralda. Je ne m'explique pas comment. Je ne m'explique pas pourquoi. Je ne m'explique même pas... le fait d'y croire.

Cartésien, agnostique, je me trouve devant un cas. Au fond de moi, je ne peux pas imaginer que le futur défile tel un film que certains élus puissent regarder et raconter. Toutefois, je m'incline devant l'évidence. Elle, elle voit. Avec les yeux du cœur. Avec une bonté peu commune. Avec un incommensurable amour d'autrui.

Je comprends que des sceptiques puissent hausser les épaules. Lever les yeux au ciel. Je comprends. Moi-même j'ai adopté cette attitude. Jusqu'au jour où. Jusqu'au jour où j'ai fait la connaissance de cette petite pile électrique. Il arrive un moment où le hasard n'explique plus tout. Les preuves ! Ces fameuses preuves, je les ai obtenues. Esméralda lit dans les yeux du destin. Poursuivant un idéal. Une quête. Être reconnue. Enfin reconnue. Ne pas être considérée comme une tricheuse.

Moi, je sais qu'elle ne triche pas. Jamais.

Daniel Renard
Journaliste.

INTRODUCTION

« Ah, vous êtes voyante ? »... Que cache donc cette interrogation banale ? Si être voyante est quelquefois lourd à porter, c'est surtout à cause du regard que les gens portent sur nous. « Voyance », un mot qui fait rêver certains, ricaner d'autres, intrigue et ne laisse personne indifférent.

Mon désir d'écrire ce livre naît d'une double réaction. D'un sentiment d'agacement envers ceux qui jugent d'office que *les perceptions extra-sensorielles n'existent pas. Et surtout de l'envie de partager avec le lecteur cette merveilleuse aventure que je vis depuis des années...*

Vingt ans me séparent de mes premières prémonitions, et je suis encore émerveillée. Depuis mes débuts, je n'ai acquis ni théorie absolue, ni « mode d'emploi » infaillible. J'ai seulement renouvelé l'expérience des milliers de fois et compris que « ça marche ». Cette pratique m'a amenée à de nombreuses interrogations et à une recherche qui se poursuit.

C'est pourquoi je souhaite que cette recherche s'étende sur une approche plus large, plus lucide. Ce livre parsemé d'anecdotes vécues offre un vaste champ de réflexion. Certaines personnes penseront peut-être que mes récits relèvent de la fiction ou du délire. C'est leur droit. Après tout, je ne cherche pas à convaincre ceux qui refusent la réalité des perceptions extra-sensorielles. En revanche, je souhaite expliquer à ceux qui s'y intéressent la manière dont je vis la voyance et l'exerce.

« Voir » m'a parfois surprise, renversée, sidérée, et souvent fascinée. J'ai découvert des choses étonnantes. Bien sûr, je ne prétends pas détenir « la vérité », et encore moins être la seule à vivre ces étranges perceptions. D'autres possèdent cette faculté. A mes yeux, la voyance n'a rien de surnaturel. Au contraire, c'est une faculté naturelle, un mode de connaissance et de sensation perçu différemment. Naturelle, elle n'en reste pas moins bouleversante parce que l'explication nous échappe encore. C'est quelque chose d'impalpable qui dépasse notre compréhension actuelle. Une meilleure connaissance du phénomène dissipera cette odeur de soufre dans laquelle on l'enferme encore aujourd'hui.

S'il existe un domaine encore mal défini où, à côté de scientifiques ouverts et de praticiens honnêtes, on trouve aussi de véritables escrocs, c'est bien celui-là ! Le mot est prononcé, « escroquerie de la voyance ». C'est également une des raisons qui m'incite à prendre la parole à travers cet ouvrage. Il est indispensable et urgent de mieux informer le public. Mes prises de position et mes propos trop francs dérangent ceux qui affirment chaque semaine à coup de grands encarts publicitaires qu'ils voient tout, 24 h sur 24. Ou encore, les « grands maîtres » qui proposent des solutions miracles, les chiffres du loto ou un retour d'affection... Leurs pratiques nuisibles discréditent la voyance. C'est pourquoi, il y a six ans, j'ai créé en Belgique l'association nommée *Delta Blanc.*

A travers ce livre, je voudrais apporter un autre regard sur la pratique de la voyance afin de permettre au lecteur de mieux comprendre ce que l'on peut réellement attendre d'une consultation. Comment utiliser la voyance et en faire bon usage ? Quelles en sont les limites ? Où en sont les recherches scientifiques aujourd'hui ? Comment notre cerveau reçoit-il des informations ?

A l'heure où des études sérieuses démontrent la réalité des phénomènes psi, pourquoi entre-t-on encore dans des débats « pour ou contre » ? Désormais, on ne nie plus que des hommes politiques, dirigeants ou chefs d'entreprise font appel à la voyance. Les mentalités s'ouvrent. On ose enfin en parler. A l'entrée du troisième millénaire, un changement profond est amorcé. Les pistes sont ouvertes sur une évolution de nos concepts, sur une autre conscience. Par la voyance, on accède à une prodigieuse ouverture sur l'autre. Et je continue à pratiquer cet « art » avec passion...

Je sais à quel point le sujet est vaste. Il a fait couler beaucoup d'encre et de salive ! Le plus simple pour répondre aux nombreuses questions était de prendre la plume et d'en parler. Écrire n'est pas mon métier. L'envie de partager la formidable aventure que je vis depuis plus de quinze ans m'en a donné le courage.

Première partie

MA RENCONTRE AVEC LA VOYANCE

« Le domaine du mystère est celui qui nous permet les plus belles expériences »
Albert EINSTEIN

Une nuit, je reçois une drôle de « visite ». Je rêve d'une femme assez jeune, une trentaine d'années peut-être, elle dit s'appeler « Maria » et être la sœur de ma grand-mère. Elle m'annonce que ma grand-mère va mourir ! Je devine à peine sa silhouette tant l'environnement qui l'entoure est brumeux. Je suis marquée par la précision de son prénom, comme s'il résonnait... Je me réveille brutalement, angoissée, (il est quatre heures du matin), me demandant pourquoi j'ai fait ce rêve étrange et perturbant. Maria ? Jamais je n'ai entendu parler de cette femme dans ma famille ! Mais je veux en avoir le cœur net.

Le lendemain j'en parle à ma grand-mère, sans lui raconter évidemment l'annonce de sa mort. Incroyable, Maria était bien sa sœur ! Morte très jeune, cinquante ans au moins avant ma naissance, personne ne m'en avait jamais parlé. J'étais loin de m'imaginer ce jour-là que quelques mois plus tard, ma grand-mère mourrait brutalement. Je comprends que ce rêve était prémonitoire et le détail du prénom qui m'était totalement inconnu ne pouvait relever du hasard. J'étais déroutée et plongée dans un immense trouble.

La suite des événements est encore plus bouleversante. Quelques semaines à peine après l'enterrement de ma grand-mère, ma vie va, pour ainsi dire, basculer. Une nuit, celle-ci m'apparaît en rêve. Elle est là, assise dans un fauteuil, calme, rassurante, d'une douceur qui la caractérise si bien. Je me vois à ses côtés, assise par terre. Lentement, la scène se transforme. Ma grand-mère et moi sommes autour d'une grande table en bois. De l'autre côté de cette table, des bras, des mains se tendent vers moi. Je ne distingue aucun visage, aucun corps, seulement des avant-bras qui s'avancent, qui semblent attendre quelque chose de moi. Je sais que je peux répondre à leur attente. Ma grand-mère est là pour m'y aider. Elle me montre le chemin, le message est clair et stupéfiant.

Ce rêve, je l'ai fait en 1981. A partir de ce moment, la voyance s'est déclenchée brutalement. En fait, ce voyage onirique a été ma première voyance symbolique, une sorte de projection dans le temps qui me concernait. Ma grand-mère m'a-t-elle transmis son don, elle qui était médium ? Je ne sais pas, mais je suis encore terriblement surprise de l'incroyable réalité. Maintenant que j'y repense, l'évidence s'impose. J'avais été témoin d'une scène future de ma propre vie. Aussi réelle que la réalité.

En quinze ans d'exercice de la voyance, des centaines de personnes sont venues s'asseoir en face de moi, à mon bureau. Des centaines d'hommes et de femmes ont tendu leurs mains, leurs bras. Tant d'inconnus sont venus chercher des réponses à leurs questions. Ce rêve s'est avéré exact dans ses moindres détails...

– Comment suis-je devenue voyante ? A quel moment ? Suis-je tombée dedans quand j'étais petite, comme Obélix est tombé dans la potion magique ? Ou m'est-elle tombée dessus un jour ? Et bien, c'est un peu des deux...

Je m'appelle Esméralda. Il ne s'agit pas d'un pseudonyme. Mes parents – mon père en particulier – ont été séduits par l'héroïne de *Notre-Dame de Paris*, le célèbre roman de Victor Hugo. Rien ne me destinait vraiment à devenir voyante. A dix-neuf ans, je ne sais pas encore l'aventure que la vie me réserve. Je possède ce don bizarre et je l'ignore. J'ai pourtant grandi dans ce milieu.

Ma grand-mère maternelle était médium, mais elle n'en faisait pas sa profession. Elle recevait des messages d'entités. Une entité est l'esprit, l'âme d'une personne désincarnée. Cette médiumnité était totalement naturelle et incontrôlée. Elle s'exprimait presque à son insu. Cela faisait partie d'elle-même. Les entités se manifestaient sans que ma grand-mère les appelle, ni qu'elle cherche réellement à produire un état particulier. Éveillée, il lui arrivait tout à coup de « partir ailleurs ». C'était une sorte de conversation avec l'esprit venu. Elle parlait sans avoir pleinement conscience de ce qu'elle disait. Elle en conservait rarement un souvenir détaillé. Les personnes présentes lui relataient par la suite ce qu'elle avait dit. Je me souviens l'avoir vue une seule fois dans cet état. J'avais d'ailleurs été très impressionnée. Parfois des gens venaient la chercher pour arrêter un cheval emballé. On raconte dans le village qu'elle levait les bras devant l'animal et il s'arrêtait !

Dans ma famille, du côté maternel, le « paranormal était normal ». Il faisait partie de la vie. Petite, je baignais déjà dans « l'irrationnel ». Jusqu'à vingt ans pourtant, je n'ai aucune prémonition (du moins consciente), aucune manifestation « bizarre ». J'ai connu une enfance que je qualifie de tout à fait normale. Une majorité de voyants vivent des moments difficiles en grandissant. Pour ma part, j'ai eu une enfance heureuse, équilibrée, sans histoire jusqu'à mon adolescence. A cette époque, hélas, je subis l'éclatement du noyau familial : séparation de mes parents, éloignement, déchirement...

Quoiqu'il en soit, à vingt ans, je me sens bien dans ma peau. Je travaille dans la boutique de prêt-à-porter pour dames que ma mère et moi-même avons créée. Je suis extravertie. J'aime beaucoup le contact avec la clientèle. La mode me passionne et notre boutique a du succès. Pourquoi vouloir autre chose ? Puis arrive le rêve...

Certains voyants voient depuis leur enfance. Ils grandissent avec cette faculté intégrée en eux comme n'importe quelle autre faculté. J'ai rencontré des personnes terrorisées par la manifestation de leurs dons. Certains même les refusent. Chez moi, cette faculté s'est déclenchée brutalement. J'ai dû apprendre à la gérer. Je n'ai pas vraiment eu le temps d'y réfléchir. Au début, je me sentais envahie, parasitée de sensations diverses que je ne cherchais pas. Cela m'arrivait naturellement. Presque du jour au lendemain, je n'ai plus «fonctionné» de la même manière. J'avais ouvert la petite porte magique d'un autre univers, aussi étrange qu'inattendu.

Chaque jour m'étonnait. Pourtant, rien ne m'effrayait ni m'inquiétait. Juste surprise. Puisque la voyance était une faculté admise familialement, elle ne déclenchait en moi aucune angoisse. Je l'acceptais simplement, m'y ouvrais petit à petit, comme si je découvrais une autre dimension jusque là cachée ou ignorée. Cependant, je ne possédais aucun point de repère. Au début, la frontière entre l'imaginaire et la perception extra-sensorielle est fragile et difficile à cerner.

Je me souviens parfaitement d'une anecdote qui me laissa perplexe...

Un jour, une amie vient me rendre visite à la boutique. Elle est accompagnée de l'une de ses connaissances. Je ne connais pas cette femme. Elle réside à deux cents kilomètres de mon patelin. Une fois les présentations faites, je ne peux m'empêcher de lui demander :

– «Avez-vous un petit caniche ?»

La dame me regarde, étonnée :

– «Oui, j'ai bien un caniche mais je ne l'ai pas amené avec moi aujourd'hui. Comment le savez-vous ?»

En fait, l'animal m'est apparu subitement «dans la tête», sautillant aux côtés de sa maîtresse.

Cette sorte de voyance vous laisse bizarre les premières fois. Parfois, les images que je recevais m'étaient totalement incompréhensibles. Elles venaient et partaient comme cela... sans que je les provoque ou les retienne. Je voyais, sentais, ou entendais des informations concernant la vie de certaines personnes que je rencontrais. Comme si «j'entrais» dans leur vie sans y être invitée. Bien sûr, je ne pouvais pas toujours m'exprimer. De quel droit aurais-je dit à cette jeune femme venue choisir un tailleur de printemps dans ma boutique, que je la voyais triste aux côtés d'un mari tyrannique qu'elle n'aimait plus ?

Plus les mois passaient, moins je me sentais épanouie dans mon travail. Plus en accord avec moi-même.

Je continuais à me consacrer à ma boutique, avec de moins en moins d'intérêt. Ces expériences de voyance non recherchées – que je pratiquais librement dans un cercle de personnes proches – ont vite fait boule de neige et se sont répétées. Mes intuitions se révélaient souvent justes. Je me projetais non seulement dans la vie de l'autre, mais aussi dans le temps ! Les événements que je prédisais se déroulaient par la suite. Ceux-ci me confirmaient la véracité de mes propos. Pourtant, je n'avais aucune explication à donner à ce « don » qui me permettait d'entrer en communication avec un autre espace-temps. Peu à peu, je faisais l'apprentissage du monde étrange et méconnu qu'est la voyance...

Cette faculté s'imposa avec tellement de force que je ne pouvais plus avoir de doutes. Il est évident que si mes perceptions ne s'étaient pas confirmées, j'aurais remis en cause l'explication de mes propos et aurais envisagé d'autres hypothèses (l'imaginaire, sûrement). Je ne pouvais pas dire : « Je crois à la voyance ». Non, j'en avais des preuves. Exactement de la même façon que je ne connais pas le mécanisme d'un ordinateur, ce qui ne m'empêche pas de constater chaque jour que ça marche. Mes convictions sur la voyance se sont établies de la même manière. J'ai tout simplement eu confiance, je m'y suis ouverte et ai reçu des preuves. Malgré une certaine habitude de ce genre de phénomène, je n'ai jamais été blasée. Je reste toujours sous le charme.

Aujourd'hui encore, je me rends compte à quel point cette faculté est fascinante mais capricieuse. Je n'explique toujours pas son mécanisme, mais j'ai appris à mieux le gérer en multipliant les expériences. Si certaines ont été des échecs, je l'avoue, le nombre de succès est bien révélateur de la réalité des perceptions extra-sensorielles. J'ai surtout compris et accepté les limites de la voyance, et à mieux la contrôler.

Les phénomènes de voyance spontanés et non recherchés de mes débuts se sont estompés au fil du temps. Heureusement, c'est nettement plus confortable pour moi. Maintenant, je peux faire du shopping en toute tranquillité, sans « voir » que la dame qui me précède à la caisse du supermarché s'est disputée le matin avec son patron ! Certes, il m'arrive encore parfois d'avoir des flashes hors consultation sans les avoir provoqués. Mais c'est plus rare. Dès mes débuts, je me suis aussi imposée de ne pas annoncer une voyance si l'on ne me l'a pas demandée. Je pense que ce serait une atteinte à la vie privée de l'autre. Et pourtant...

Voyance ? Tout cela, Gilles n'y croyait pas. D'ailleurs, Gilles ne croit en rien. Enfin..., c'est ce qu'il disait. Il est du genre sceptique. Nous avons sympathisé naturellement, il y a deux ans. Notre rencontre se produisit une après-midi d'octobre devant les portes d'un ascenseur. Je devais le voir à l'occasion d'une émission de radio.

– Bonjour, vous êtes sans doute Esméralda Bernard (sous-entendu « la voyante »).

Il me tend la main, le sourire franc, spontané. La porte de l'ascenseur à peine refermée, j'ai droit à l'éternel refrain...

– Oh, vous savez, moi, je ne crois pas à la voyance.

Je pensai : ça y est, on est reparti pour un tour. Il y a des jours où, lassée, je lance calmement : « Chacun son truc, je respecte les opinions de tout le monde ». Point final. Et d'autres, comme ce fut le cas, où je démarre au quart de tour. Je réplique alors, la tête haute :

– Croire à la voyance ? Déjà, la question est mal formulée. On peut dire : « Croyez-vous en Dieu ? » parce qu'on ne peut pas prouver son existence. Mais pour la voyance, les expériences réussies prouvent que cela fonctionne. Ne parlons pas de croyance si vous le voulez bien !

Le ton est donné. Je passe les détails du débat bien sympathique qui suivit et dura presque deux heures dans son bureau. Je suis néanmoins secouée (et lui aussi, m'avoua-t-il par la suite). Nous échangeons nos points de vue lorsque le téléphone sonne : « Allô, oui, comment allez-vous (...) ». Je cherche à me faire très discrète afin de ne pas écouter la conversation. Si j'avais pu, telle Samantha, « ma sorcière bien aimée », animer le bout de mon nez pour disparaître, je l'aurais fait... Hélas, je n'ai pas ce privilège. Alors je regarde par la fenêtre, histoire de m'occuper. Manque de chance ! Étant au sommet d'une tour, il n'y a rien à voir. Mon regard se perd dans le ciel gris. Je ne pense à rien. Le vide.

Gilles raccroche quelques minutes plus tard et me demande d'excuser l'interruption. J'enchaîne sans réfléchir :

– Tiens, vous allez quitter ce boulot. Ce n'est qu'un passage pour vous, vous ne resterez pas ici.

A moitié amusé (mais un peu bousculé par mes propos), il rétorque :

– Ce n'est pas possible. Pourquoi quitterais-je cette radio ? Je m'y sens bien.

– Je ne sais pas pourquoi. Mais l'avenir vous le confirmera.

J'en étais certaine. L'information s'était imposée à moi. Je n'avais rien fait pour « voir ». Le plus étonnant, c'est que non seulement Gilles ne m'avait rien demandé, mais surtout que je ne me permets jamais ce genre d'attitude. Pourquoi avais -je parlé ? Nous nous sommes quittés sur un cordial au revoir.

Quelques mois plus tard, Gilles me téléphone pour... me rencontrer en consultation ! Quarante-trois ans, grand, le regard bleu et profond, une écharpe rouge autour du cou (je m'en souviens encore). Je devine sur ses tempes quelques cheveux argentés savamment dissimulés. A ce stade du récit, vous avez de bonnes raisons de penser que Gilles rencontre des difficultés professionnelles qui l'amènent chez moi. Non ! Pas du tout. Curieux, sans doute. Une qualité indispensable à son ancien métier de journaliste. Il veut savoir et il a joué le jeu honnêtement. L'expérience s'avère concluante. Plusieurs prédictions se sont avérées justes par la suite, tant pour sa vie privée que professionnelle. Gilles a quitté la radio et est aujourd'hui dans le milieu de l'édition. Je lui ai précisé que je le voyais « dans des livres ». Nous sommes restés régulièrement en contact et pour lui, je « vois ». Qu'il me pardonne si je ne lui dis pas toujours tout.

Drôle de métier

Au départ, je n'avais pas l'intention de faire de la voyance mon « métier ». Premièrement parce que, comme je vous l'ai dit, ma grand-mère a vécu ce don naturellement. Deuxièmement, à vingt ans, je n'envisage pas de devenir « voyante extralucide ». Aujourd'hui, les mentalités ont (un peu) évolué. Les gens sont plus ouverts à ce phénomène. Bien que je n'aie rencontré aucun problème à accepter la voyance comme mode de communication et perception intérieure, j'ai très difficilement endossé l'étiquette de « voyante ». En effet, l'image caricaturalc que l'on donne d'une voyante dans sa roulotte ne me tentait pas des masses ! Moi déjà affublée du prénom « Esméralda », il ne me manquait que la chouette sur l'épaule, un peu de bave de crapaud, de gros bijoux extravagants et... la boule de cristal ! A vingt-trois ans, difficile de s'identifier à ce personnage caricatural. De surcroît, il y a quinze ans, être voyante de profession ne faisait pas sérieux.

Ce n'est pas un hasard, hélas, si cette profession est dotée d'une mauvaise réputation. Déjà dans les années quatre-vingts, il y avait beaucoup d'escroqueries à la divination. Mages, gourous et le reste faisaient la « une » des rubriques à scandales. Regrettable constat que de telles dérives honteuses se sont multipliées. « L'occulte » est un « business » rentable et alléchant pour certains individus sans scrupule, d'où le combat que je mène depuis des années à promouvoir le respect d'un code de déontologie.

Pourquoi alors avoir fait de la voyance ma profession ? Je crois que je ne pouvais pas faire autrement. Ce lien tissé avec un autre mode de connaissance s'est enroulé autour de moi, je ne saurais le briser. Mes perceptions se multipliaient. Mes « flashs« » s'avéraient justes et les amis de mes amis me sollicitaient de plus en plus. Un nouveau chapitre de ma vie s'ouvrait. Je ne pouvais ni le nier, ni le rejeter. La voyance m'absorbait, me passionnait et je me trouvais face à un choix : celui de l'exercer publiquement et de l'intégrer désormais dans ma vie.

J'ai accepté le fait que mon cerveau n'est pas comparable à

une machine. C'est clair. Net, comme quelque chose d'enraciné sur lequel je n'ai pas à me poser des questions pour obtenir des réponses rationnelles afin de savoir que je suis dans le vrai. Pythie des temps modernes, échappée d'un monde mystérieux dans lequel je m'abandonne. Un jour, je négocie le grand tournant de ma vie.

Mes débuts

Il y a quinze ans... Lorsque je débute en tant que professionnelle, mon jeune âge est plus un handicap qu'un atout. Quand j'ouvre la porte à un consultant, il s'attend sans doute à rencontrer une femme d'âge mûr, un peu mystique. Je ne suis qu'une jeune fille en jeans. Enthousiaste, pétillante. Loin du profil type de cette bonne « Madame Irma ». Être voyante n'est pas une activité facile à porter. Y compris pour mes proches, car ce n'est pas un métier « sérieux ». Il serait sans aucun doute plus facile pour mon mari de dire que sa femme est infirmière, avocate ou vendeuse. Mais voyante...

Le voyant est souvent mis au banc des accusés. Le regard de l'autre est quelquefois dérangeant. Il y a ceux qui pensent d'office qu'il est facile de gagner de l'argent sur le malheur des gens. A ceux-là, je réponds qu'être dentiste se situe dans une catégorie identique. Il vit grâce à vos solides rages de dents. Ensuite, ceux qui sont convaincus que je suis illuminée. Heureusement pour moi, je ne remets pas en cause mon équilibre psychologique !

Au début, me faire payer m'a posé un problème. Les premières fois, j'étais gênée de dire : « C'est autant ». D'autant que selon la doctrine spirite (bien ancrée dans certains esprits), le don ne peut être monnayé. Mais ne confondons pas tout. Un don ? Oui, c'est le terme juste. Alors, quelqu'un doué pour le chant n'est pas autorisé à vendre son disque ou se faire rémunérer pour donner un récital ? Ce raisonnement est trop simpliste. Mes prédictions se confirment, j'apporte une aide et j'accorde du temps. Normal que je me fasse rémunérer en fonction de ma prestation.

Entre le consultant et moi, il existe un échange indispensable.

Je suis loin d'être riche. Je gagne ma vie honnêtement en respectant le consultant, sans faire de l'abattage ni de travaux occultes. Si je cherchais à amasser de l'or en barre, il y a longtemps que je ne respecterais plus la déontologie que je me suis imposée dès mes débuts. J'aime m'habiller, les bons restaurants, les vacances, faire des cadeaux. J'apprécie les jolies choses. Vivre d'amour et d'eau fraîche ? Cela ne marche que dans les romans. Je dois tenir des livres de comptabilité et rendre des comptes au ministère des contributions. Je doute que le percepteur voie d'un bon œil un bénévolat journalier qui durerait depuis plus de quinze ans. Nous vivons dans une société qui nous oblige à adhérer à ses règles. Le troc est terminé. Toute prestation mérite salaire. A quel prix ? Il n'y a pas de règle fixe. La voyance doit être accessible à tous et les tarifs s'inscrire dans une moyenne. Sans cela, ce serait priver des gens modestes de consulter. Le montant des honoraires ne fait pas la qualité du voyant. Il y a les huppés au quartier chic, les stars entourées de paillettes et le reste. Fiez-vous à votre intuition ou à une adresse qu'on vous a recommandée.

La voyance, aussi bizarre que cela puisse paraître, balance entre tolérance sociale et reconnaissance fiscale. Pourtant, ceux et celles qui vivent de cette activité paient des taxes. L'ambiguïté de la réglementation sociale et fiscale semble éluder la réalité du phénomène. Hélas, l'absence de règles est aussi la source d'une exploitation mercantile et de dérives honteuses. Nous y reviendrons.

La voyance n'est pas un commerce. C'est un art qui s'exerce dans toutes les traditions. Elle existe depuis la préhistoire. Pratiquée par des initiés respectés. Les dérives actuelles sont normales, elles ne sont que le reflet d'excès d'une société qui ne reconnaît pas le voyant car elle n'a pas encore intégré cette dimension psychique. Des voyants doués peuvent tomber dans ces débordements pour l'argent. Parfois c'est une façon d'être reconnu. Je connais un confrère qui possède un réel don de voyance. Nous nous sommes croisés un jour et avons échangé nos points de vue. Un an plus tard, par des échos qui me sont revenus, j'ai compris qu'il avait mis les pieds dans un engrenage qui l'avait amené à des pratiques plus que douteuses. Il avait transformé son cabinet en usine de production... enfin de consultation. L'amour excessif de l'argent gâche le talent et le don. Dommage.

Notre problème à nous, voyants, astrologues, c'est d'être reconnus. Il y a à peine trois cent ans, on m'aurait brûlée... Dans cent ans, une partie de ces phénomènes sera expliquée et même utilisée. Moi, je me trouve entre deux époques et ce n'est pas chose facile. Bien qu'un nombre de personnes, y compris des hommes de science reconnaissent la réalité des perceptions extra-sensorielles, le poids culturel de notre société occidentale est un frein.

Qui n'a pas prononcé cette petite phrase : « Tu y crois, toi, à la voyance ? » Les notions de « croyance » s'appliquent à la foi, à la religion. Non au domaine scientifique. Pourtant, ici, nous ne parlons pas d'élans de foi, mais de faits constatés, vérifiés. Néanmoins, je comprends que l'on s'interroge.

⁂

Lorsque j'ai reçu mes premiers consultants « officiels », j'avais le trac à l'idée d'« entrer » dans leur vie. J'avais aussi du mal à me détacher émotionnellement de la vie de celui que je venais de recevoir. Le soir, je ne parvenais pas toujours à décrocher mon esprit des événements que j'avais vus. Particulièrement lors de situations violentes ou douloureuses que vivait la personne. Heureusement, cela s'est progressivement effacé. Avec le temps, j'ai appris à oublier. Désormais, j'arrive à faire la part des choses entre mes consultations et ma vie privée. Je ne saurais vivre avec une accumulation d'informations qui appartiennent à l'autre. J'oublie les trois quarts de mes prédictions. Je ne pourrais sans doute pas faire autrement. Comment vivre ma vie avec une accumulation de données qui ne m'appartiennent pas ? J'ai peut-être développé une « amnésie protectrice ». En consultation, je m'investis totalement dans la vie de l'autre. Mais en dehors de mon bureau, je réintègre ma propre existence. Ceci est impératif si je veux conserver mon équilibre et ma qualité de vie. Le seul petit handicap est qu'il m'arrive très fréquemment de croiser des gens que je ne reconnais même pas. Je suis quelquefois incapable de me souvenir d'une personne qui m'a rendu visite quelques mois ou quelques semaines plus tôt. J'en profite au passage pour m'excuser auprès de tous ceux qui guettent mon regard lorsqu'ils me croisent et que je ne salue même pas. De plus, je suis terriblement distraite et... myope (n'est-ce pas le comble pour une voyante ?)

Le voyant a-t-il des angoisses ? Oui, parfois. Tout d'abord parce qu'il est souvent seul parmi ses proches, parents et amis, à vivre « cela ». Et parce qu'il sort de la norme, avouons-le. Selon l'endroit ou l'époque, le voyant est regardé comme un être différent. Adulé, craint ou massacré sur la place publique. Indéniable objet de raillerie ou de vénération ! Dans son entourage, il y a ceux qui attendent tout de lui : qu'il voie tout, qu'il sache tout à n'importe quelle heure du jour et de la nuit, qu'il soit infaillible ! D'autres l'agressent, car ils n'y croient pas, à la voyance. « Elle prétend voir ! Foutaise ! ». Ils sont cartésiens. Ce sont des purs et durs. Ils ne croient pas à ces « boniments ».

Ils crient que tout cela n'existe pas, rejettent en bloc. Le phénomène échappe à leur logique. Étrangement d'ailleurs, la plupart du temps, ceux-là ne savent rien de précis sur la voyance. Leur propos est à la limite du ridicule devant une telle ignorance sur le sujet. Il est surprenant de constater que la majorité des personnes qui critiquent ou nient n'ont en général jamais tenté l'expérience ! Comment peut-on poser des jugements aussi arrêtés sur une chose que l'on n'a même pas approchée. Pour ma part, je suis ouverte à toute critique. A condition toutefois qu'il soit possible d'obtenir un échange véritable et correct pour affiner des raisonnements et élargir nos connaissances. Nier a priori est un comportement trop facile et... arbitraire. Ne serait-il pas plus intelligent d'essayer de comprendre au lieu de condamner ?

Il y a aussi ceux qui sourient gentiment à la voyante. « Elle doit sûrement être très psychologue. Il y a tant de personnes qui viennent la voir. Elle fait sûrement du bien. Elle remplace le psy». Face à ces attitudes opposées, le voyant, lui, est bien seul. Ce ne sont pas le plus souvent ses perceptions qui le troublent, mais le regard que les autres peuvent avoir sur lui.

La pratique de la voyance a fait de moi une femme de défis permanent. Ou peut-être, l'étais-je sans le savoir. Serait-ce mon côté Bélier qui me pousse à me mettre en danger, que ce soit dans mon activité professionnelle, mes relations amoureuses ou la recherche de grandes émotions ?

Mon hypersensibilité constamment envahie de perceptions m'amène à vivre par vagues, en alternance au bord de ruptures et d'enthousiasmes. «Une vie à 200 à l'heure», disent mes proches. Ils ont raison. Une vie et un combat.

Un jour, un copain, (du genre sceptique constructif) m'a dit gentiment : «C'est fou ce que tu vis, car si tu vois vraiment, cela doit être terrible pour toi de croiser des gens qui mettent ta sincérité en doute». C'est vrai, c'est parfois frustrant. C'est aussi une des raisons pour laquelle j'ai eu envie d'écrire ce livre. Je «vois». J'ai la chance de posséder une faculté qui me permet d'éclairer des chemins obscurs. Alors, j'ai appris à vivre avec ces regards... Certains jours, je suis plus sensible, plus touchée ou dérangée par des comportements extrêmes, agressifs ou compatissants. Mais je comprends parce qu'on n'explique pas au public comment fonctionne la voyance et ce que l'on peut en attendre. Si les regards sont dérangeants, pourquoi m'exposer en prenant la parole ? Je lutte avec mes armes. L'audace, mes paroles, mes écrits. Un pied de nez à la fois rageur et narquois à tous les détracteurs acharnés et gourous bidons.

Petite-fille d'une vieille dame médium partie ailleurs, ma traversée de la vie est nourrie d'une curiosité insatiable qui fortifie ma quête intérieure. Je vous raconte mon monde vu de l'intérieur. Je peux parler d'expérience, pas de théorie. Mes interrogations sont des ouvertures. Pour bien se vendre, il paraît que les récits d'une voyante doivent être sensationnels ! Désolée, cet ouvrage n'est pas un livre de recettes faciles. C'est le livre que j'ai voulu écrire. Ambitieux ? Peut-être... mais je le tente.

Tiens, au fait, vous vous demandez peut-être ce que fait une voyante lorsque la porte se referme. Des élixirs d'amour ? Des invocations ? Rien de tout cela. Je vis comme tout le monde. Je cuisine, je fais du shopping, je vois des amis et j'ai un mari. Je suis une femme normalement faite pour rire, aimer, pleurer, donner.

Lorsque l'on prononce le mot « parapsychologie », on pense qu'il s'agit de pratiques magiques qui mettent en œuvre d'effroyables pouvoirs surnaturels, à des fins d'envoûtement ou de malédiction. Ces fausses idées contiennent tout un bric-à-brac d'affaires à sensation. Des images sulfureuses entretenues sur une véritable faculté d'esprit humain créent ainsi une peur collective des phénomènes paranormaux. « Pouvoir » Ai-je dit « pouvoir » ? Quel vilain mot ! Il ne manque pas de vanité. Des gourous l'utilisent souvent et en profitent. La voyance serait-elle une légende ou devrait-on la classer dans le chapitre des extraterrestres ? Ni l'un ni l'autre. Chaque jour, des découvertes scientifiques ébranlent notre conception du monde et reculent les limites de nos connaissances. Ce qui est considéré comme « vrai » aujourd'hui ne le sera sans doute plus demain. Notre patrimoine de connaissances est remis en cause à chaque découverte. Le paranormal n'est jamais qu'un normal pas encore expliqué.

Je souhaite dépoussiérer l'image du voyant et donner quelques pistes pour aider à comprendre comment fonctionne sa faculté. Je voudrais qu'on ait un regard réaliste et lucide sur ce phénomène. « Réaliste ! » Ce terme doit surprendre... Une voyante qui parle de réel !

Bizarre pour quelqu'un qui baigne dans l'irrationnel. Je devrais naviguer dans un flou permanent... Au contraire ! « Voir » m'amène à une réflexion, à essayer de mieux comprendre, à garder les pieds sur terre et la tête sur les épaules. Comme je l'ai expliqué, lorsque j'ai compris que je voyais, je n'ai pas cherché le pourquoi ni le comment. J'ai développé naturellement cette faculté. Voilà seulement quelques années que des interrogations surgissent.

Je souhaite soulever des hypothèses et réfléchir sur la manière de se « servir » des perceptions extra-sensorielles. Cette aventure est mon parcours. Chaque voyant a sa propre histoire, ses repères, ses références, parmi lesquelles d'excellents confrères et consœurs qui font honneur à cette « profession ».

Mon livre est le récit de faits étonnants que j'ai vécus en quinze années de pratique. J'occulterai le ridicule chapelet de témoignages à la gloire du voyant infaillible. Parce que je ne suis pas infaillible... Mais le meilleur moyen de vous expliquer la façon dont s'expriment mes perceptions et l'utilisation des supports divinatoires est de raconter différentes anecdotes vécues. Je voudrais amener le lecteur à une réflexion sur le sujet. Car je sais que beaucoup de personnes de tous âges et de tous milieux jetteraient bien un regard (in)discret par le trou de la serrure d'un cabinet de voyance...

Une consultation

J'habite une petite ville touristique à la porte des Ardennes belges. C'est là, dans l'appartement où je vis, que je reçois mes consultants. Mon bureau ? Il ressemble à n'importe quel bureau. Une pièce petite, intime et rassurante. Pas de chouette en vue ni de balai. Juste quelques objets personnels et des livres. Sur la table, deux jeux de tarot déposés à côté d'une photo (celle de ma grand-mère). Mieux, le Christ y fait même bon ménage avec le Bouddha. Aucun cérémonial particulier.

J'allume ma bougie, j'entre dans la vie de mon visiteur. Je l'éteins, j'en sors. C'est une porte symbolique. Rituel personnel qui me permet une ouverture psychologique. A chaque consultation, je vis une nouvelle aventure, exaltante et totalement imprévisible. Lors d'une première rencontre, je préfère ne pas savoir le but de la visite de mon interlocuteur. Je lui demande de ne pas raconter sa vie car il attend de moi que je devine. Vous n'attendez pas du voyant qu'il raisonne, mais qu'il soit un intuitif. Pendant que le consultant choisit ses cartes, je me « branche » sur sa vie et je sors de la mienne. La personne qui est en face de moi dégage des « ondes » que je reçois. Je capte des informations qui se manifestent de différentes manières : sous forme d'images, de mots, de sensations, d'émotions. Je vais alors décrire des situations, des scènes, des moments de son passé qu'elle pourra vérifier. Présent, passé et futur apparaissent parfois dans le désordre. Lors de la première prise de contact, le passé et le présent sont les informations quc je capte directement en début d'entretien. Généralement, les sensations m'envahissent très rapidement. Je peux avoir des clichés très précis.

Comment je vois ? C'est difficile à décrire. Je dépasse la force des états émotionnels courants, comme un artiste aurait du mal à exprimer le sentiment qui l'envahit lorsqu'il crée. Difficile de trouver les mots justes qui définissent ces sensations. D'ailleurs, les artistes peuvent-ils vraiment disséquer le processus de création ? Non. Les parapsychologues ont relevé des similitudes entre le phénomène psi et la créativité.

Les perceptions se manifestent sous forme d'images, de mots ou de ressentir. Un détail visuel (comme décrire une habitation ou son environnement), un détail physique, des formes, des couleurs. Je peux aussi entendre, sentir, savoir. Je donne des informations comme si ma mémoire, elle, était au courant par je ne sais quel moyen. La voyance ne porte jamais sur un raisonnement ou une démarche rationnelle. Comme la pensée, elle est non-matérielle. Ce déploiement de sensations est souvent très bref et parfois désordonné. Je reçois des informations que le consultant m'aide à décoder. Ses explications m'indiquent que je suis sur la bonne route. J'ai besoin de comprendre à quoi correspond ce que je vois.

La semaine dernière, un homme s'assied en face de moi et j'ai le mot « médical ». Il me répond : « Je suis dentiste ». Dans ce cas, c'est facile. C'est comme si des antennes invisibles me permettaient de capter infiniment de petites choses.

Quand je démarre et que la voyance s'enchaîne, je peux m'assurer que je capte bien mon consultant. Si je demande au départ de ne pas parler, il est toutefois honnête de confirmer ou d'infirmer mes dires. Une consultation se fait à deux. Plus le consultant est détendu et en confiance, mieux je me sens. Meilleure est la perception. Ce test doit apporter une mise en confiance réciproque dans une approche transparente de notre rencontre. Le consultant attend de moi de l'honnêteté. S'il triche, il fausse tout. Au fond, il se saborde lui-même. Ce type d'entretien ne présente aucun intérêt. Une pure perte de temps. J'ai horreur de perdre mon temps et de voir quelqu'un perdre son argent !

Une consultation est un branchement sur une même longueur d'onde. Si mon correspondant refuse l'appel, c'est l'échec. Exactement comme un téléphone qui sonnerait et que l'on ne décrocherait pas. Dans ce cas, la communication serait inutile. Je me fatiguerais pour rien.

Visualiser et faire une petite synthèse par le biais du tarot à propos du parcours de mon consultant me permet de comprendre son cheminement, les événements qui l'ont amené aujourd'hui à telle ou telle situation. Je vais ainsi découvrir ses expériences, ses réussites, ses attentes, ses peurs... J'aime cerner la personnalité de celui qui est assis en face de moi. Sentir comment il fonctionne. Quelles sont ses priorités, ses valeurs, sa sensibilité. Ce panneau indicateur me permet d'aborder le consultant en tenant compte de sa personnalité. Je pars à la découverte de sa vie. Je lui raconte des fragments de son existence, son intimité, ses joies...

***

Un jour, une cliente m'a écrit une lettre suite à notre entrevue, dans laquelle elle me dit : *« Esméralda, vous êtes un miroir dans lequel je me regarde et en plus... il parle »*. Quel beau cadeau ! Mon test dure environ quinze minutes. Je vais deviner le caractère de la personne, lui donner des bribes de son histoire. Cela peut être anodin. « Tiens, je vous vois devant une douche et vous la réparez ? » La dame me répond : « Oui, j'ai dépanné hier ma maman qui avait des problèmes avec sa douche ». C'est généralement lors de cette prise de contact que je sais si oui ou non la voyance sera riche. Certains clichés sont percutants. Néanmoins, une consultation n'est pas une heure de visions à jet continu. C'est un mélange de clichés, de perceptions, d'échanges et d'utilisation d'un système divinatoire.

Diverses méthodes peuvent déclencher la perception extrasensorielle : une photo, une écriture... J'ai des affinités avec certains supports alors que d'autres ne me « parlent » pas. Les « outils » sont nombreux. Je vais fixer mon attention sur le support afin de faire surgir les images. Il existe différentes techniques qui facilitent l'apparition des clichés. Ces supports utilisés depuis la plus haute antiquité, dans tous les peuples, sont de nature très variée. Cela a pu être des os, des cailloux, des coquillages, du sable, le reflet de l'eau, le cristal. En fait, de nombreux objets peuvent servir de véhicules. Aujourd'hui, on utilise plus fréquemment le tarot, le yi king, les cartes, les runes...

Je possède une boule de cristal. J'ai beau me concentrer, je n'ai jamais rien vu dedans ! Ce n'est apparemment pas mon truc. Le tarot, en revanche, je l'utilise, il me convient. Comme le dit si bien Jodorowsky, *« le tarot est un instrument magique et merveilleux, un cadeau mystérieux fait à l'humanité... »*. Mon utilisation du tarot sort d'un système codé. La voyance s'exerce sur les figures mais aussi avec des écarts d'interprétation. Ce n'est pas une lecture mécanique. Son usage, bien que répétitif à chaque consultation, varie. Cela dépend de ma forme, du moment, des gens, de l'instantané. Parfois, il me sert juste de « lancement ».

Le tarot

Le tarot est passionnant et ne cesse jamais de l'être. C'est la vie dans toute sa force, sa complexité, ses bonheurs, ses messages, sa profondeur. Un parcours infini qui nous surprend sans cesse. Aussi un objet personnel, magique et merveilleux que l'on touche et dont on s'imprègne. Les historiens se sont penchés sur son histoire. Ses multiples origines ont été discutées et restent encore mystérieuses. Selon certains, le tarot aurait des sources égyptiennes très anciennes. Il serait parvenu en Europe par l'intermédiaire des bohémiens. De nombreuses hypothèses coexistent toujours aujourd'hui. Sur le marché, on trouve une grande diversité de jeux créés à différentes époques, anciennes ou contemporaines. La richesse de ces symboles est un miroir de l'esprit et du cœur. Il lève le voile du passé, du présent et du futur. La valeur de ses messages nous aide à progresser et à trouver des pistes.

Je me souviens d'une consultante qui décide de reprendre une activité professionnelle, ses enfants devenus grands. De formation bureautique, elle postule dans ce secteur. Pendant plus de deux ans, elle me consulte et le tarot lui répond inlassablement qu'elle connaîtra un changement d'orientation, que les portes auxquelles elle frappe n'ouvrent pas sur la bonne route. Le tarot lui parle d'échange, de mouvement, de communication. Lasse de démarches infructueuses, elle tient enfin compte du message et postule dans le secteur postal. Notre factrice est enchantée de ce boulot de contact humain, d'échange, de mouvement dans lequel elle s'épanouit. Elle se rend compte enfin, loin de ses études, qu'elle n'aurait pas pu s'épanouir dans un travail de secrétariat.

J'ai découvert le tarot un peu par « hasard », si l'on peut dire. A l'époque, je débutais ma période de recherche. Je m'étais rendue dans une librairie ésotérique à Liège et j'avais opté pour un jeu. Pourquoi avoir choisi celui-là et pas un autre ? Qui sait ? Je pense que notre rencontre était inscrite sur mon chemin de vie. Cette découverte fut pour moi une véritable révélation et le début d'une belle histoire. Je pénétrais dans le monde inconnu et mystérieux de l'irrationnel. J'étais encore dans ma boutique. Lorsque ces petits bouts de carton encore mystérieux glissent entre mes doigts, ils me fascinent. Ce premier contact est véritablement magique. Progressivement, au fil du temps, j'apprends à le connaître et à l'apprivoiser. C'est surtout à travers une utilisation régulière qu'il m'a dévoilé ses secrets. Lentement, il est devenu mon compagnon de tous les jours. Il ne m'a plus quittée depuis quinze ans. C'est mon véhicule de pensée.

Le tarot me permet également de recadrer les événements dans le temps et complète la perception de voyance dont l'espace-temps est le point faible. Aujourd'hui, ces petits bouts de carton colorés sont usés et vieillis. Les cartes sont devenues râpeuses à force d'avoir été choisies par des centaines de mains. Cela peut faire sourire : entre lui et moi, de véritables liens se sont tissés ! Notre histoire s'est construite jour après jour, année après année. Il me répond avec fidélité. Il n'est plus pour moi de vulgaires petits bouts de carton tant il m'a apporté par la précision de ses messages, ses conseils, et ses réponses justes ! Certains consultants me font remarquer que mon tarot est vieux et que l'on a bien du mal à déchiffrer certaines figures, que je devrais le remplacer. C'est vrai, mais il est toujours fidèle à notre rendez-vous. Il m'a toujours parlé et me parle encore. Le remplacer, ce serait « l'abandonner ». M'a-t-il toujours tout dit ? En y réfléchissant bien, je me souviens qu'il a parfois refusé de me répondre. A quoi est-ce dû ? A moi ? A mon état ? C'est possible. Ce silence s'adressait peut-être aussi au consultant assis en face de moi. Pas parce que le consultant était fautif, mais dans certaines circonstances, j'ai eu le sentiment que ce refus de répondre pouvait délivrer un autre message.

Cela me rappelle l'histoire d'un homme, Jean, venu me consulter afin de connaître l'issue d'un procès qu'il devait affronter... Ce vendredi-là, il avait plu toute la journée.

– C'est le déluge, lui dis-je, en ouvrant la porte.

Il me répond à peine, s'excusant simplement de ses souliers boueux.

A cinquante ans, la vie de Jean bascule : couple, famille, maison, entreprise... Tout s'effondre. Il risque la prison. Entrepreneur indépendant dans la construction depuis plus de vingt ans, il menait une vie quelque peu dissolue. Des journées partagées entre ses chantiers où il passait contrôler le travail de ses hommes et... des heures au comptoir de bistrot ! Des après-midi entiers et des soirées à boire plus que de raison, comme il le reconnaîtra lui-même par la suite. Ce programme n'a guère laissé de place à sa vie de famille, jusqu'au jour où sa femme demande le divorce et part avec leur fils. Des affaires négligées depuis plusieurs années, un bilan financier plutôt médiocre, la faillite est déclarée et suivie de la vente de sa maison qu'il avait construite lui-même.

Un dimanche au petit matin, après une nuit trop arrosée, il s'endort au volant de sa Jeep et percute un véhicule venant en sens inverse. Le jeune conducteur, père de quatre enfants, est tué sur le coup. En route de bonne heure ce dimanche matin, il rentrait avec des croissants pour sa petite famille. Après une courte hospitalisation, Jean se trouve là, assis en face de moi, les yeux rougis par la fatigue. Rongé par les remords. Il me répète :

– C'est moi qui devais mourir, pas cet homme ! Moi, j'ai déjà tout perdu, j'ai tout détruit. Ma vie n'a plus de sens.

Jean me regarde angoissé, dans l'attente. Tremblant à l'idée de son procès, d'une peine d'emprisonnement pour homicide involontaire. Il fait le bilan et vit une terrible révolte intérieure qu'il voudrait crier au monde entier.

– « Je veux savoir ce qui m'attend », dit-il.

Le tarot a refusé de parler. J'ai eu beau l'interroger. Rien. Ce jour-là, la voyance m'a appris l'impuissance. Jean est reparti seul, face à lui-même.

***

« Battez, coupez. Coupez de la main gauche, la main de votre inconscient. Et choisissez quatre cartes ». Pourquoi choisissez-vous celle-là plutôt que l'autre ? Parce que vous êtes attiré par une vibration propre au moment du tirage. A la lecture des cartes, le tarot décrit votre situation. Il vous invite à vous engager dans l'avenir. Lorsqu'il choisit ses cartes, le consultant fixe son attention sur son geste. Il libère son esprit. C'est à ce moment que je commence à capter des images, des sensations et que j'entre dans sa vie. Le tarologue ou le voyant interprète des symboles. Tirage après tirage, il affine sa rencontre avec son jeu. L'apprentissage des cartes ne s'apprend pas par cœur en répétant comme un perroquet une définition toute faite. C'est une lecture et un art qui s'acquièrent au fil du temps. Le tarot dégage des énergies. La maîtrise du tarot est un apprentissage. Une rencontre magique. L'impact du symbole, un support d'exploration magique. Certains clichés peuvent, en effet, surgir de la contemplation des images (des symboles). En fait, le tarot se présente avant tout comme un langage. Un nombre d'images, de symboles touchent la sensibilité du voyant. Images païennes, chrétiennes, bibliques et mythologiques. Alchimie, cabale, astrologie cohabitent dans ces soixante-dix-huit cartes colorées. Une poignée de petits secrets qui, différemment associés, permettent de tracer les lignes essentielles et profondes de chaque homme. Au-delà de la probabilité et du hasard, le tarot « fonctionne ». Il parle grâce à ses associations symboliques. Consulter le tarot n'est pas un passe-temps ni un juke-box prêt à rejouer sans cesse une chanson favorite. Non, il faut le consulter avec respect, sérénité, dans un lieu tranquille. En se concentrant profondément sur la question posée.

A ceux qui veulent l'essayer, je dis qu'il est plus facile de le faire pour autrui. Pour soi-même, comment garder le détachement considérable et nécessaire de son propre vécu ? Il faut avoir une grande objectivité. Alors, à ceux et celles qui sont tentés par l'expérience, voici quelques conseils : le jeu de tarot doit d'abord être personnel. Une propriété exclusive. Qu'il soit uniquement utilisé par vous. Personne d'autre ne le manipulera. Ce sera votre jeu, lié à votre personne. Imprégné de vous, il ne répondra qu'à vous. La connaissance subtile de chaque lame est difficile à enseigner. C'est la patience, la répétition qui l'apprend.

Chaque tradition liée à un jeu de tarot particulier (le tarot de Marseille, le tarot égyptien...) suggère différentes méthodes de tirage. En réalité, ce n'est rien d'autre qu'une trame, un schéma fixé d'avance. Certains voyants ne suivent pas de règle fixe. Ils déploient un nombre variable de cartes dans l'ordre qui les inspire. En fait, chaque système, qu'il soit établi ou non, fonctionne avec une égale précision.

Outre les principes de respect et d'approche évoqués plus haut, il se peut que la réponse formulée par les cartes semble insensée ou étrangère à la situation qui vous a poussé à l'interroger. Attention ! L'erreur d'interprétation, la connaissance inexacte ou l'incapacité de faire la synthèse peut en être la cause. Alors, avant d'accuser le tarot et de le jeter en râlant dans le fond d'un tiroir, pensez aussi à l'état émotionnel dans lequel vous vous trouvez à ce moment précis. Le désir d'obtenir à tout prix une réponse qui vous arrange peut conduire à se tromper inconsciemment soi-même. Les cartes ne cherchent pas à faire plaisir. Elles donnent une réponse agréable ou non. Il faut en accepter la règle. L'angoisse, la peur ou le désir peuvent fausser les choses. Trop imprégné de passion, vous risquez d'avoir des difficultés à vous dégager de vos émotions. Bien sûr vous pensez : « Oui, mais c'est justement à ce moment précis que l'on a besoin d'être éclairé, rassuré ». C'est vrai. Mais prudence à la projection de vos pensées. Si vous souffrez, si vous êtes en pleine douleur, il est préférable de vous adresser à une personne neutre pour interroger le tarot. Respectez toujours votre système de divination ! Le tarot est comparable à un miroir (mais pas celui de la belle-mère de Blanche Neige à qui l'on dit : *Miroir, oh beau miroir, dis-moi que je suis la plus belle*).

Ce n'est pas un jeu avec lequel on s'amuse quand on n'a rien d'autre à faire. Pas plus qu'on ne l'interroge pour tout et n'importe quoi. Vous viendrait-il à l'esprit d'appeler votre meilleure amie à trois heures du matin pour lui raconter que vous n'avez pas digéré votre dîner ou pour lui demander son avis sur la dernière marque de lessive que vous envisagez d'acheter ? Non. Ayez alors la même bienveillance à l'égard du tarot dans le choix et le sens de vos questions. La question « Mon lave-vaisselle a quinze ans, dois-je le remplacer ? » relève de la futilité. La divination vous permettra de déchiffrer les grandes lignes de votre destin. Vous serez stupéfait par la clarté de ses réponses et de ses messages. Inutile aussi de lui poser douze fois de suite la même question sur les intentions de votre chef de service. Le tarot est un vrai chemin initiatique comme l'école de la vie et d'un savoir. Celui qui l'aborde avec un esprit curieux et ouvert sera émerveillé par tout ce qu'il découvrira dans la diversité de sa symbolique, de sa spiritualité et de sa psychologie. Faites-en un compagnon, il vous guidera avec sagesse.

A lui seul, il constitue un excellent outil de divination. Je connais des personnes dépourvues de facultés de « voyance pure » qui utilisent le tarot avec un grand talent. Devenir un bon tarologue demande un long apprentissage. Cet outil bien utilisé répond parfaitement. Il permet de donner l'orientation d'une vie.

Tous ces modes de divination ne peuvent être traités sérieusement dans un chapitre. A chaque support, à chaque discipline, il faudrait consacrer un chapitre complet. Ce n'est pas le but de ce livre. Je vous conseille de vous reporter à des ouvrages spécialisés. Comme je vous l'ai dit précédemment, la voyance directe ne fonctionne pas à jet continu. C'est la raison pour laquelle, lors d'une pratique régulière, le voyant a très souvent besoin d'un support pour parvenir à l'état qui lui permet d'entrer en contact avec l'inconscient de l'autre. Peu importe s'il utilise des cartes, des chiffres, des runes... cela n'a aucune incidence sur la qualité de son travail.

A la question que vous vous posez peut-être : « Le tarot répond-il mieux que la numérologie ? Les runes sont-elles plus fiables que la géomancie ? », je vous réponds sans hésitation que chaque outil a son charme. Ses points forts, ses points faibles. Et ses adeptes ! Tout comme on ne peut décréter au sujet des instruments de musique que le piano est supérieur au saxo ou que le violon est supérieur à la harpe. Chaque instrument a son génie. Il y a juste de bons et de moins bons musiciens. Puis de véritables virtuoses. Chaque praticien choisit l'instrument qu'il « sent » le mieux. Certains professionnels les combinent même quelques fois. Quel que soit l'instrument que vous utilisez, la mélodie sera la même : votre vie !

Depuis la nuit des temps...

La voyance et les techniques divinatoires ne sont pas une mode liée à un phénomène de crise particulière. Encore moins à une époque. Non. On n'est pas prêt à « croire » n'importe quoi parce que nous sommes au début d'un nouveau siècle. Sans connaître parfaitement l'histoire, tout le monde sait qu'il y a eu des périodes plus stables où l'on consultait comme aujourd'hui. Inutile donc de remonter jusqu'à Rome, la Chine impériale, les prêtres anciens...

Bien sûr, ce phénomène a connu des périodes plus ouvertes, d'autres plus fermées. Il a vécu cette alternance de refus, de persécutions, de fascinations pour arriver jusqu'à nos jours. De tous temps, de grands dirigeants, des rois... ont interrogé voyants et devins afin d'éclairer leur route. Les Grecs avaient leurs sibylles ; les Arabes, leurs géomanciens ; les Romains se fiaient aux augures ; les prêtres étaient chargés d'interpréter les signes célestes. En Grèce antique, la divination s'insérait dans la pensée sociale, c'était une procédure normale, régulière. Partout, de tous temps, l'homme a consulté les oracles. Puis vinrent des siècles d'ignorance et de préjugés faisant de la voyance un synonyme de magie, voire de sorcellerie. « Dieu seul connaît l'avenir et les choses cachées. L'être humain qui accède à ce savoir ne peut tenir cette faculté que du diable ! », clame l'église catholique.

Il y eut des temps où tout ce qui était « paranormal » apparaissait comme sacré. D'autres où tout phénomène de cette nature était puni. Pourtant, les grandes civilisations antiques n'étaient pas inférieures à la nôtre dans l'art de penser, de bâtir. Les oracles demeuraient au centre de la vie. Rappelons-nous les grands prêtres des temples égyptiens. Pourquoi acceptons-nous d'étudier l'architecture des pyramides sans nous interroger sur le fonctionnement des oracles ? Très étrange refus devant tout ce qui n'est pas rationnel. La pensée scientifique laisse-t-elle ainsi apparaître ses faiblesses ? Et pourquoi tenter de prouver l'irrationnel par le rationnel ?

SOMMES-NOUS TOUS VOYANTS ?

La voyance ? Une faculté humaine enfouie qui resurgit ? Don que l'on peut développer ? Une mission à accomplir pour certains ?

La prémonition dans son aspect imprévu, non recherché, est un phénomène relativement courant. Qui ne l'a pas rencontré en lui-même, dans sa famille ou chez des proches, en ayant l'impression de traverser un événement déjà vécu ? En entendant parler de rêves qui se réalisent ou en étant face à un événement ressenti peu avant qu'il se produise ?

Une enquête menée à grande échelle dans la population anglaise par la *society for psychied research* a montré que les phénomènes psi spontanés sont loin d'être rares. Après analyse, l'étude révèle qu'une personne sur dix (9,9 % de la population) a vécu une expérience paranormale dans sa vie. Chiffre qui donne sérieusement à réfléchir...

Il y a quelques temps, lors d'une banale conversation avec mon pompiste, celui-ci me dit qu'il ne croit pas à la voyance. Mais il avoue avoir été troublé, il y a quelques années, par une histoire qui lui est arrivée...

Je me trouvais en plein cœur de Paris pour quelques jours de vacances. Je marchais dans la rue lorsque, tout à coup, je pense à un vieil ami d'école que je n'avais plus vu depuis plusieurs années. Nous nous étions perdus de vue, comme cela arrive tant de fois. Surpris de cette pensée inexpliquée, je la chasse de ma tête. Lorsque quelques rues plus loin, j'entends crier mon prénom... Je me retourne. C'était lui. Au beau milieu d'une ville surpeuplée, à des centaines de kilomètres de chez moi, je me trouvais face à Gérard. J'avoue avoir été totalement bouleversé. Je n'explique toujours pas cette « coïncidence ». Pourquoi ai-je pensé à lui cinq minutes avant de le voir? Rien ne peut expliquer cette rencontre.

Abordez le sujet autour de vous et vous entendrez que chacun a vécu au moins une fois une expérience irrationnelle. Le phénomène est plus répandu qu'on ne le croit ou plus exactement qu'on ose le dire.

Je pense que nous possédons tous, sans en avoir conscience, une faculté de perception. Qui n'a jamais vécu ce genre de phénomène, par exemple en pressentant un danger? Ou en «voyant clair» dans des personnes rencontrées? Nous avons tous ressenti un jour ou l'autre une certitude. Sans comprendre le pourquoi ni le comment.

L'intuition

L'intuition ressemble à des éclairs qui, un bref instant, nous renseignent. Elle est en nous! Nous pouvons la développer en l'utilisant. Prémonition ou télépathie? Combien de fois n'a-t-on pas regretté de ne pas avoir prêté attention à une impression, un signe ou un rêve? Aurions-nous pu éviter l'incident? On nous a prévenus. Qui? Notre instinct? Notre ange gardien? Un défunt? Notre inconscient? Une force supérieure? Ni vous ni moi ne le savons. Ceux qui s'occupent de parapsychologie s'interrogent sur ce phénomène. Il y a de la matière à débattre...

Le pressentiment est-il un phénomène paranormal? L'intuition est-elle une précognition? Difficile à dire. L'intuition, à mon avis, fait partie des composants psi. On peut se demander comment ce genre de phénomène peut se produire et par quel moyen passent les informations. Certaines aventures ou témoignages prouvent qu'une quantité d'informations dépassent nos cinq sens.

L'intuition est la capacité psi que nous utilisons chacun au quotidien. Mais que nous ne remarquons pas. Peut-être simplement parce que la nature de cette faculté généralement appelée «pressentiment», est de s'opérer dans la discrétion. C'est un sentiment indéfinissable par lequel nous sommes avisés d'un événement ou d'une situation. L'intuition est en quelque sorte la clé de la voyance. Sans elle, les perceptions extra-sensorielles n'existent pas. Elle va de soi pour le voyant. J'appartiens sans doute à cette catégorie de personnes qui acceptent de les recevoir. Cette perception très fine, imagée et émotionnelle, permet de saisir un nombre de données, de sentiments, sans réflexion consciente. L'intuition fait partie de la connaissance inconsciente, que nous pouvons qualifier de connaissance préconsciente. En échappant à la logique ou à la volonté, elle permet de percevoir et d'expliquer ce qui est caché. Ce qui se camoufle est hors du temps ou de l'espace. Comme toute faculté, elle peut se cultiver et se développer. Nous avons tous des dons. Comme le don du peintre, du sculpteur, du musicien. Certains les font fructifier. D'autres, non. Développer son intuition s'apprend, comme travailler sa mémoire d'ailleurs. Elle ne s'use que si l'on ne s'en sert pas. Comme tout ce qui concerne le cerveau.

L'intuition doit être une sorte de guide. Il suffit de regarder et d'écouter pour recevoir des pistes. La cultiver afin qu'elle devienne plus familière et automatique. Soyez attentif aux coïncidences, aux synchronicités dans votre vie. Adoptez une attitude ouverte. La question n'est pas de savoir d'où elle vient ni comment elle fonctionne, mais de définir si vous êtes disposé à lui faire confiance. Plus vous accepterez ce qu'elle vous dit, plus vous recevrez d'informations de sa part. Avec quelques exercices, on arrive à des résultats étonnants.

Je pense que l'intuition est la parcelle de voyance que chacun possède en lui. Il est bien connu que la femme a cette sensibilité plus développée. Celle-ci accepte mieux d'être en contact avec ses émotions et sait leur donner la parole. Ceci ne veut pas dire qu'il faille se tenir à des généralités. Il y a des hommes dotés d'une grande sensibilité et de beaucoup d'intuition. Mais la pensée intuitive est particulièrement féminine. Le psychisme de la femme est plus apte à recevoir des messages et à communiquer avec l'univers spirituel. Ce n'est d'ailleurs pas un hasard si l'on a brûlé davantage de sorcières que de sorciers ! Pour un sorcier, on aurait brûlé vives 10 000 sorcières ! Misogynie ? Le monde ecclésiastique masculin (bien entendu) considérait la femme comme un être sans âme. Une moins que rien. Tenue éloignée de l'enseignement. Privée de connaissances, elle a donc développé un autre savoir : sa pensée intuitive. Aujourd'hui encore, il est socialement mieux accepté que les femmes sentent les choses.

Mais où finit l'intuition et où commence la voyance ? Si l'on se réfère à la définition du Larousse, *intuition : instinct-pressentiment-clairvoyance-prémonition.*

Laura Day (auteur du *Guide de l'intuition*) donne une définition qui me séduit. C'est, « un savoir sans savoir pourquoi on sait ».

Comme l'instinct, l'intuition est spontanée. Incontrôlée, et irréfléchie. C'est une petite voix intérieure qui vient parfois nous souffler à l'oreille : « Attention ! Ce blond souriant, au regard de velours va te faire souffrir »... alors qu'on le connaît à peine depuis dix minutes. Ce qui s'avère juste un mois plus tard lorsque l'on vide une boîte de « kleenex » parce qu'il nous a jetée comme une vieille chaussette. Dire que l'intuition est un sentiment irréfléchi ne signifie pas pour autant dire qu'elle ne fait pas appel à l'intelligence.

Appliquée dans le domaine professionnel, au plus haut échelon des affaires, on peut entendre un nombre surprenant de discussions portant sur l'intuition. Beaucoup de directeurs d'entreprises, de cadres supérieurs ayant rencontré la réussite, racontent avec joie comment l'intuition leur a été utile. Ou comment telle « impression » leur a évité un désastre. On parle même aujourd'hui, dans certains ouvrages, de « management intuitif ». L'importance des émotions a suscité un nouveau concept aux États-Unis, notamment dans les entreprises : l'intelligence émotionnelle. Daniel Goleman, auteur d'un best-seller, oppose au QI, bien connu pour ses faiblesses, le QE, quotient émotionnel. Celui-ci teste la capacité d'un individu à ressentir son interlocuteur. Aujourd'hui, l'intelligence émotionnelle vient compléter la formation des futurs managers. Un mot nouveau pour désigner enfin les capacités de certains individus plus aptes que d'autres à percevoir le langage des émotions. A l'entrée du XXIe siècle, on reconnaît enfin le rôle primordial des émotions dans notre cerveau.

L'école nous enseigne les matières, la date de la bataille de Waterloo, de l'Armistice. Personne n'en conteste l'utilité. Mais dans notre civilisation technologique qui mesure et pèse tout, élabore graphiques et statistiques, on découvre enfin l'importance des émotions. Tous, nous possédons deux types d'intelligence et pouvons choisir de les développer à tout âge. Apprendre à écouter notre intelligence émotionnelle (QE) fera la différence entre deux personnes au QI identique. Einstein avait « pressenti » une vérité. Ensuite, il a utilisé les maths pour la démontrer.

Il m'arrive de croiser des hommes d'affaires qui trouvent, au feeling, de bons collaborateurs ou la bonne affaire dans laquelle ils prospèrent. Ils sont certes entourés et conseillés, mais au départ, une pulsion les a poussés. L''intuition.

Il y a dans la vie des carrefours, des situations, des choix dans lesquels il faut passer à l'acte, décider. D'un seul coup, on sait qu'il faut changer quelque chose dans sa vie. On se dit, en cours de route, qu'il convient de sortir du chemin dans lequel on s'est enfermé depuis des années pour retrouver enfin son identité et ses valeurs. L'intuition suppose que les données sur lesquelles nous nous fondons sont disponibles en nous. Cet assemblage créatif de données s'opère d'une manière échappant à toute analyse logique conventionnelle.

Nous employons tous le mot « intuition ». Par exemple, lorsque nous prenons une décision ou portons un jugement sans savoir pour quelle raison, nous répondons : « C'est mon intuition ». C'est donc une décision ou un jugement qui découle de quelque chose de spontané. Mais nous n'arrivons pas à définir précisément le phénomène. Nous nous fondons sur un renseignement que l'on détient déjà dans nos souvenirs, en nous, mais qui se situe au seuil d'une connaissance inconsciente. Cela voudrait dire que l'information du futur est peut-être quelque part en nous-même. Que celui qui n'a jamais suivi ses intuitions me jette la première pierre !

Quelle est la part d'hérédité ?

La transmission du don de voyance se retrouve régulièrement. Personne ne sait l'expliquer. Parfois je m'interroge. Ma grand-mère m'aurait-elle légué son don ? Et pourquoi à sa mort et non de son vivant ? Pourquoi à moi et non à sa fille unique, ma mère ? Parce que celle-ci allait mourir jeune ? Le savait-elle ? Toutes mes questions restent sans réponse. Il est difficile de répondre catégoriquement à cette question de l'hérédité. Je pense que la voyance est un don que tous les êtres humains ont en eux et qu'ils ont perdu. Quelque chose de naturel en somme. J'avais une grand-mère médium. J'hérite d'elle ? Peut-être. Lors de ma participation à un mémoire de fin d'étude sur la voyance (dans le cadre de l'Université de Louvain, j'en parlerai plus loin), il ressort en « hypothèse » en ce qui me concerne que l'éclosion de la faculté de clairvoyance s'est développée dans un monde de femmes. Ma grand-mère, jeune veuve, habitait avec sa sœur également veuve. Ma mère (fille unique) élevée dans un univers de femmes s'est séparée de son mari (mon père) à 33 ans et a vécu le reste de sa vie sans autre partenaire. Un monde de femmes, oui, où l'intuition s'exprimait librement. Ai-je développé cette faculté naturelle parce qu'elle était justement considérée comme « normale » dans le cercle familial ? La voyance apparaît généralement dans des familles où l'on s'intéresse à ce phénomène. Bien des voyants racontent qu'ils ont eu une grand-mère qui avait des dons ou un grand-père qui était sourcier, même si l'observation ne s'érige pas en généralité.

Nul ne semble capable d'en expliquer les raisons. Il arrive aussi que le phénomène se déclenche après avoir vécu un choc émotionnel important, un accident, une expérience proche de la mort appelée « Near Death Experience ». Comme si ce choc affinait ou faisait naître la perception extra-sensorielle. Parfois, ces perceptions éclosent dans l'enfance. Les voyants sont alors familiarisés avec le phénomène et le vivent mieux que celui qui le découvre brutalement à l'âge adulte. Il existe le don précoce, aussi : (Georges de Bellerive, à l'âge de 7 ans ; Maud Kristen, dans sa petite enfance...). Cette disposition peut être vécue comme une épreuve qui les inquiète, les bouleverse. D'autres – ce fut mon cas – l'acceptent sans choc, ni angoisse.

La faculté de voyance est un sixième sens qui n'est pas réservé à des êtres hors du commun ou à des espèces de mutants. Elle sommeille en chacun de nous, au niveau inconscient. Tout le monde reçoit en permanence des informations. Celles-ci sont floues, on n'y prête pas attention, ou on les rejette parce que notre éducation cartésienne nous a conditionnés. « Non, ce n'est pas possible, toutes ces choses-là n'existent pas, c'est un effet de l'imagination sans doute », nous répète-t-on. Se retrouver confrontés à un phénomène psi peut être psychologiquement déstabilisant, il faut l'avouer (puisque l'on n'est pas préparé).

La voyance – le mot le dit bien – est une perception extra-sensorielle. Elle se manifeste par-delà nos sens. Aborder la voyance, c'est passer d'un univers à un autre. Ou d'un plan à un autre. Il s'agit donc de garder son esprit libre. Ne pas le guider. Au contraire, le laisser aller où il veut. Condition *sine qua non* sans laquelle rien n'arrive. Pour toute perception extra-sensorielle, ouvrir son mental est impératif. Notre culture occidentale nous a conditionnés à un rejet. N'oublions pas que la persécution des sorciers et sorcières est restée vive jusqu'à la moitié de ce siècle ! « Toute personne qui ira consulter un devin sera punie de mort » !(Concile de Bourges, 1584). Prendre le risque d'être condamné à la peine de mort est un interdit qui en refroidirait plus d'un. Heureusement, c'est moins dangereux de nos jours...

Nous continuons cependant à vivre dans une civilisation matérialiste qui étouffe nos sens latents. Notre société occidentale moderne nie encore l'existence des capacités psi. C'est ainsi qu'elle nous forme et supprime en nous toute manifestation. A un point tel que lorsqu'un phénomène de ce genre se produit, un rejet presque instinctif se déclenche. Notre résistance psychologique et nos peurs occultent ces capacités. Les arrêtent.

Pour vivre ces perceptions, il faut commencer par les accepter et laisser tomber nos résistances. Celles-ci n'ont rien d'anormal ni de dangereux. Il ne s'agit pas d'une croyance, mais d'une permission psychologique. Cette ouverture consiste en un signal, une autorisation. Les perceptions extra-sensorielles se développent beaucoup plus chez ceux qui y sont ouverts et préparés. Des parapsychologues ont constaté que nous pouvons amener notre esprit à se mettre en état de déclencher le phénomène.

Très souvent, des consultants me disent : « Je le savais. Vous m'avez confirmé ce que j'avais ressenti ou ce que je pensais ». On pourrait croire qu'à ce moment, j'exprime le désir profond de celui qui est en face de moi ou éventuellement que je lis dans sa pensée en captant ses désirs sans que ceux-ci arrivent vraiment. Non. Cela signifie que l'information est déjà en eux. Il se peut que celui qui consulte possède déjà la réponse. Le voyant va donc, à ce moment, renforcer et confirmer le savoir inconscient. Je croise très régulièrement dans mon bureau des personnes qui ont cette sensibilité développée. Je remarque que celles-ci réussissent généralement mieux les choses, car elles sont douées d'un « plus », d'une information supplémentaire.

Sur les caractéristiques des sujets psi, on constate lors de différentes analyses qu'un individu extraverti risque de posséder des facultés psi qui se manifestent beaucoup plus qu'un sujet introverti, ce qui ne signifie pas que les seconds en soient dépourvus. Autre constatation : des sujets qui s'adonnent à une certaine discipline mentale, à la méditation, au développement personnel, à l'hypnose, expriment mieux ces facultés. Ces tests d'ouverture sur des sujets sont mesurés par des grilles de personnalité semblables à toutes les statistiques. Ils donnent des tendances générales qui ne se révèlent pas forcément vraies dans tous les cas. Si la personne a été entourée par des personnes ouvertes à ce type d'expérience, si elle a grandi dans un environnement familial qui lui a ouvert les portes, si elle y croit, toutes ces données influent. Les études actuelles donnent de grandes tendances générales. Il reste un long chemin à parcourir dans les recherches pour enfin arriver à une explication concrète.

A force d'aiguiser sa logique et son raisonnement, l'homme a malheureusement perdu son instinct. Il s'est transformé en machine, alors qu'au départ, très proche de l'animal : instinctif. L'homme primitif avait un besoin vital de son intuition. Il n'avait pas de GSM, de cartes routières pour se diriger. Il devait s'orienter en suivant son instinct. Ressentir les dangers pour survivre, chasser, trouver de l'eau. Aujourd'hui, notre seule peine consiste à faire la queue au supermarché pour nous nourrir. Les peuplades primitives du XXIe siècle que la culture n'a pas encore rejoint font encore appel à cette ressource, un instinct qui échappe à notre compréhension. De même, quand un saumon traverse tous les océans du monde pour revenir sur son lieu de naissance, personne ne lui a appris à le faire. Il est regrettable que tous, nous ne développions pas davantage notre relation avec l'univers. L'intuition nous permet d'être en relation avec l'irrationnel. Avec tout ce que l'on ne connaît pas, que l'on n'explique pas.

Que savons-nous sur les mystérieuses fonctions qui mobilisent l'instinct ? Quelle est l'explication qui permet de comprendre pourquoi les animaux fuient quelques jours avant une catastrophe naturelle ? Qu'est-ce qui permet à une hirondelle de retrouver son nid d'une année à l'autre ? Qu'est-ce qui pousse les saumons à remonter les cours d'eau pour retrouver l'endroit de leur naissance ? Autant de questions et de réponses encore vagues.

Le Docteur Morley (de l'institut Victoria) a mené une expérience avec des fourmis. Elles se trouvent enfermées dans des bocaux séparés. Impossible qu'elles communiquent entre elles. Ni par le son, ni par les odeurs. Ni par la vue ou la stridulation (une vibration sonore). Pourtant, les insectes semblent garder le contact. Le Docteur Morley appelle cela « le neuvième sens ». Les insectes ont des sens que nous ne connaissons pas et s'en servent pour communiquer (sans Internet !). Peut-être n'est-il alors pas stupide d'accepter que les humains puisent posséder des dons similaires.

A partir du moment où l'on a décrété que nous possédions cinq sens (la vue, le toucher, l'ouïe, l'odorat, le goût), on accepte difficilement un mode de connaissance et de relation perçu différemment, qui ne serait autre qu'un sixième sens basé sur l'intuition. Nous utilisons seulement 10 % des capacités de notre cerveau. On peut donc s'interroger sur le rôle des 90 % non utilisés. Bien des « ondes » encore inconnues de la science, faute d'appareil adapté, sont celles que le médium peut capter. Le voyant, lui, est donc capable d'utiliser ce mode de perception.

Il est bien connu et admis qu'une mère ressent à distance les problèmes de ses enfants. Pourquoi ? On en revient ici à une communication entre deux êtres, considérée comme normale et naturelle. Les facultés psi s'expriment beaucoup plus librement entre personnes proches qu'entre personnes étrangères. Plus les liens affectifs entre les êtres sont forts, plus les émotions passent facilement par le canal psi.

Un numéro du magazine *Psychologies* présentait un article extrêmement intéressant qui expliquait que jusqu'à l'âge de quatre ans environ, toutes les facultés psi de l'enfant sont ouvertes. Mais lorsqu'il commence à parler, à exprimer ses perceptions, il comprend rapidement qu'il peut passer sous silence celles qui n'entrent pas dans l'ordre normal de la communication des adultes. C'est ainsi que, peu à peu, notre cerveau s'empêche lui-même de décoder les informations qui passent autrement que par les cinq sens. De même, au cours de notre sommeil, lorsque notre niveau de vigilance s'abaisse jusqu'à s'effacer, les facultés psi fonctionnent plus librement. Ainsi, 60 % des expériences prémonitoires se produisent en rêve.

Les artistes seraient deux fois plus doués que la moyenne à recevoir des perceptions. En 1997, en Écosse, à l'Université d'Edinburgh, une expérience réalisée sur cent vingt-huit artistes a montré que les plus réceptifs sont les plus créatifs, sans doute parce qu'ils seraient plus à l'écoute de leurs émotions[1].

1. Pigani (Erik)

L'auteur de cet article n'est autre qu'Erik Pigani dont je vous recommande l'ouvrage. Je viens de dévorer ce volumineux livre intitulé *«PSI Enquête sur les phénomènes paranormaux»*. Erik Pigani a recueilli les témoignages de 150 personnalités qui se sont confiées à lui : écrivains, musiciens, cinéastes, acteurs. Cette enquête complète couvre le vaste champ de la parapsychologie et évoque un certain nombre de dossiers inédits. Journaliste à *Psychologie Magazine*, Erik Pigani est psychologue de formation et psychothérapeute.

De nombreuses expériences menées prouvent l'existence des facultés psi. Reconnaître que notre cerveau reçoit des informations sans utiliser nos cinq sens demande de réviser sérieusement toutes les théories sur la conscience. Néanmoins, je constate – et j'en suis agréablement surprise – qu'une brèche a été ouverte dans l'inconscient collectif. Non seulement de plus en plus de personnes n'hésitent plus à témoigner de leurs expériences paranormales mais les études évoluent.

Dans son excellent ouvrage *La rationalité de l'irrationnel*, une introduction à la parapsychologie scientifique, Mario Varvoglis, docteur en psychologie expérimentale, a orienté ses recherches vers la conception d'outils technologiques permettant l'épanouissement des capacités psi. Il explique, à travers l'analyse des recherches, qu'il s'agit très fréquemment d'un processus inconscient. Il considère que les perceptions extra-sensorielles sont des expressions normales et non des bizarreries surnaturelles. Pour lui, chaque personne possède ces potentialités. La capacité pour l'individu de se mettre en contact avec une source d'informations plus riche et plus large que sa raison est d'une grande valeur. Bien utilisée, cette capacité ouvre de nouvelles perspectives et nous rend plus forts dans nos choix.

Écoutez-le, ce sentiment, lorsqu'il vous prévient. Faites-lui confiance. Mais cela ne doit pas vous empêcher de réfléchir. Bien sûr, l'intelligence rationnelle est un outil dont on a besoin, qu'il faut utiliser autant que possible. Mais en faire notre seul outil et exclure les autres possibilités est une erreur.

Pourquoi vous laisser influencer par « les bons conseils sensés » de votre entourage, lorsque vous allez visiter un nouvel appartement que vous ne « sentez » pas, mais qui correspond logiquement à ce qui vous convient le mieux ? Le raisonnement des autres est cohérent : « C'est près de ton boulot, le loyer n'est pas cher. Prends-le ». Vous finirez par le louer, cet appartement. Vous vous y ennuierez deux mois après, et vous déménagerez pour vous éviter la dépression. Preuve que notre intuition est un sens qui nous prévient de ce qui est bon ou moins bon pour nous. Notre subconscient sait ce qui va lui arriver. Ce qui rend le décryptage difficile, c'est que la plupart du temps, les visions sont fugaces, capricieuses. Un peu comme si on se souvenait en un éclair de la somme d'un rêve.

Albert Einstein attribue sa découverte de la théorie de la relativité à une illumination éclairante et non au froid raisonnement qui caractérise les chercheurs en laboratoire. Il avouait : « Le véritable facteur déterminant fut l'intuition »[1]. Il est certain que l'on peut trouver des quantités d'exemples semblables dans l'histoire des découvertes de la science, dans lesquelles l'intuition aurait joué un rôle aussi important que la connaissance scientifique. Certains savants ont su être à l'écoute de leur petite voix intérieure qui les a aidés, en plus de leur raison. Quelques-uns d'entre eux acceptent d'en parler, d'autres refusent d'y faire référence car ils ont leur réputation à conserver !

La somme des témoignages recueillis sur ces faits qui se répètent depuis des centaines d'années, devant des milliers de personnes (du scientifique à Monsieur et Madame tout le monde), ne peut être attribué à une hallucination collective ! Il serait temps d'avoir un autre regard sur le phénomène. Moi, je souhaiterais qu'on aborde enfin la voyance en tant que « faculté naturelle ». J'ai croisé tant de personnes qui ont vécu des expériences semblables, et je constate qu'elles n'ont pas l'air plus que moi de personnes « illuminées » !

Beaucoup d'entre vous avez vécu dans votre vie une situation surprenante. Les voyances ou prémonitions ont pu se manifester

1. *Au seuil de l'étrange*, éditions Pygmalion.

de nombreuses manières. Pour certains, ces prémonitions se répéteront. Pour d'autres, cette voyance sera une exception. En effet, face aux facultés psi, il faut bien admettre que de nombreuses questions nous échappent encore. Car ces facultés dépassent notre compréhension actuelle. Pour certains, une perception de voyance va être une exception dans sa vie. Elle arrivera une seule fois, ou peut-être seulement quelques fois. Pour d'autres, cette faculté à percevoir va se répéter.

Le Titanic

Une superbe illustration est le cas de Morgan Robertson, auteur du «Titan» dont je vous rappelle l'histoire en quelques mots. En 1898, Morgan Robertson, un écrivain peu renommé, fait paraître un roman dont le «héros» est un énorme transatlantique à la pointe du progrès dont les constructeurs affirment qu'ils l'ont rendu insubmersible. Ce prodigieux et luxueux géant du nom de *Titan* devait, selon le roman, effectuer son voyage inaugural au mois d'avril. Mais la rencontre du navire avec un iceberg l'entraîna dans un naufrage! Quatorze ans plus tard, le 14 avril 1912, le *Titanic* s'éventrait sur un iceberg.

Non seulement Morgan Robertson décrit la catastrophe finale quatorze années avant le naufrage du *Titanic*, mais tous les détails fournis concordent à peu de choses près avec les caractéristiques du *Titanic*. Le *Titan* compte 3 000 passagers, le *Titanic* 2 207. Le *Titan* n'a que 24 canots de sauvetage, le *Titanic* pas davantage (nombre insuffisant pour les passagers). Le *Titan* filait à la vitesse de 24 à 25 nœuds, le *Titanic* 25 nœuds au moment du choc également. Les deux paquebots se trouvaient dotés de trois hélices. Le *Titan* 880 pieds de long; le *Titanic* 882. Leur tonnage était respectivement de 70 000 tonnes et 66 000 pour le *Titanic*.

Impressionnante fiction qui devient réalité! Comment ce roman est-il né dans la tête de Robertson et pourquoi? On ne le sait pas, mais la réalité et les faits sont là. Quatorze ans avant le naufrage du *Titanic*, cet écrivain publiait un roman prémonitoire «*Le naufrage du Titan*». L'auteur n'avait jamais été connu pour ses dons de divination. A part dans le cas du *Titan*, il ne le fut jamais. Dans la littérature, on trouve d'autres exemples aussi frappants de prémonitions. Jules Verne ne décrit-il pas, cent ans à l'avance, un sous-marin à propulsion nucléaire, capable de franchir le pôle Nord ? Le *Nautilus*, dans « Vingt mille lieues sous les mers ».

Les rêves prémonitoires

Bizarre, les rêves...

Un jour, j'ai rêvé qu'une de mes connaissances faisait partie d'une secte. Je m'étais éveillée en me disant que cette histoire ne tenait pas debout. D'autant que Julie n'est pas du genre à se laisser endoctriner. Julie est une femme responsable, sûre d'elle, cultivée. Elle s'occupe activement d'une association sans but lucratif qu'elle a fondée et dont l'objectif est l'aide aux enfants maltraités. Femme de cœur et de dévouement peu commun, je l'admire beaucoup. J'avais raconté mon rêve à une amie qui en avait bien ri.

Quel choc un mois plus tard, lorsqu'en lisant un article dans la presse, je vois sur la liste de recensement des sectes en Belgique le nom de l'ASBL de Julie ! Celle-ci et la secte citée portent le même nom. Même prononciation, seule l'orthographe (la première lettre) est différente.

Mon rêve n'avait rien de ridicule. Ce rêve était pourtant basé sur une vérité. A plusieurs reprises, j'ai rêvé de situations dans lesquelles je me suis retrouvée par la suite. Comme cette sensation de « déjà vu ». Vous l'avez sans doute connu également. Les détracteurs du paranormal objecteront en répondant que vous faites souvent des rêves sans qu'ils se réalisent en fait. C'est vrai. Parce que tous les rêves ne sont pas prémonitoires.

Beaux, sereins, tristes, en noir et blanc, en couleurs, morcelés, épouvantables, absurdes. Quel méli-mélo, le rêve ! Maintenant, il s'agit aussi de rester les pieds sur terre et faire la distinction. Tout le monde rêve environ trente minutes par nuit. Cela ne veut pas dire que nos rêves soient d'office prémonitoires. En rêvant, nous libérons nos pulsions, nos envies. Le rêve permet d'évacuer, de nous libérer, de nous exprimer. Il ne faut donc pas y voir systématiquement une interprétation prémonitoire. Si vous traversez une période professionnelle de stress et que vous rêvez que votre chef de service vous harcèle et vous frappe à grands coups de bâton, ne prenez pas votre rêve au pied de la lettre ! Ne l'envoyez pas promener le lendemain au bureau, car je doute fort qu'il comprenne !

Le sommeil demeure encore bien mystérieux. Même si l'on a constaté des changements du rythme cardiaque, des modifications de l'activité cérébrale, le rêve est toujours étudié par le monde scientifique médical. On l'analyse et on l'utilise en psychanalyse. La seule chose de sûre est que nous avons tous besoin de rejoindre les bras de Morphée. Plus de trois jours sans fermer l'œil et nous sommes en danger. Dormir est une nécessité. Un besoin physiologique. C'est pourtant loin d'être une activité passive. Les recherches effectuées permettent de mettre en évidence différents états. Et ainsi de les mesurer. Le sommeil paradoxal est enregistré environ quatre-vingt-dix minutes après l'endormissement. La respiration s'accélère, les mouvements oculaires deviennent rapides. Cette phase appelée « REM » par les scientifiques est caractérisée par la venue des rêves. Elle se répète quatre ou cinq fois par nuit.

Il existe plusieurs sortes de rêves. Dont ceux qui nous parlent de notre destinée. Celui qui prête attention à ses rêves voit se dessiner, parfois par morceaux, des éléments de sa vie.

Si nous consacrons 20 % de notre sommeil à rêver, souvent nous n'en conservons aucun souvenir à notre réveil. Parfois, nous nous rappelons d'un rêve sans y attacher une grande importance. Il arrive pourtant que le message soit si clair ! Si puissant qu'il s'impose et bouscule notre vie. C'est ainsi qu'Alexandra me l'a raconté.

Je savais que c'était lui...

– *J'ai vu que je l'épouserais,* me dit-elle. *Lorsque j'ai ouvert les yeux ce matin-là, je savais que mon rêve était prémonitoire. Je m'en souviens comme si c'était hier. A l'époque, j'avais 39 ans, j'étais mariée avec Pierre (que je n'avais jamais trompé) et notre couple était équilibré, du moins, je le pensais. Je travaillais pour un laboratoire pharmaceutique et j'avais rendez-vous avec un médecin avec lequel notre firme envisageait de collaborer. Lorsqu'il est arrivé, j'ai été de suite secouée, comme si une onde magique m'avait transpercée. Mon regard s'est perdu dans le sien. Il faisait doux, il était là, décontracté, la cravate dénouée et le sourire envoûtant. Des gens parlaient autour de nous, j'étais tremblante, tétanisée. De toute évidence, il était marié. Cela n'avait pas d'importance, d'ailleurs rien n'avait plus d'importance. Pour lui aussi c'était clair. Nos phrases pleines de sous-entendus exprimaient notre trouble... Mais il ne se passa rien, juste la promesse de nous re-téléphoner. Quand je l'ai quitté, j'avais l'impression d'avoir 16 ans, j'étais sur un nuage. Le soir, pas moyen de m'endormir... Il y avait toutes ces questions qui se bousculaient dans ma tête. Qu'est-ce qui m'arrive ? Il y avait Pierre, notre amour et notre tendresse tranquille ! J'ai fini par m'endormir sur le matin. J'ai rêvé...*

Mon rêve se passait au bord de la mer, dans un décor somptueux. Une baie bordée de pins, le soleil, et une digue sur l'eau transparente... Soudain, j'ai vu une porte. Je m'approche et distingue la silhouette d'un homme. Je suis saisie d'une intuition très forte : mon avenir, c'est cet homme ! Il sera mon mari. Il se retourne, c'est lui (mon médecin). J'aperçois son visage et me réveille brusquement. Ce rêve, je n'ai osé le raconter à personne. Pas même à lui. Nous nous sommes revus quinze jours plus tard et sommes devenus très vite amants. Pendant trois ans, nous restons chacun dans notre foyer respectif. Lui très attaché à son fils, moi dans un couple tranquille mais de plus en plus bancal. Mon rêve me revenait de temps à autre à l'esprit. Je voulais le chasser. Je le gardais en moi comme un secret heureux mais impossible. Au fond, je savais que je l'épouserais mais je refusais de l'admettre. Aujourd'hui, nous vivons ensemble, remariés et mon nouveau mari ne sait toujours pas que je savais 24 heures après l'avoir rencontré que c'était LUI mon avenir, mon destin.

Il y a aussi des rêves qui se rapportent à un événement marquant de la veille ou à une préoccupation du moment. Le rêve vient alors comme une réaction de l'inconscient visant à révéler au rêveur ce qui échappait à sa sagacité. Il s'agit souvent d'avertissements ou de mises en garde. Karl Jung a dit : « Il y a des indices qui montrent qu'une partie au moins de la psyché échappe aux lois de l'espace et du temps. Tout comme nos pensées conscientes, notre inconscient et ses rêves s'occupent de l'avenir et de ses possibilités ». Oui, certains rêves sont prémonitoires. La clé de ce mystère, comme bien d'autres relatifs au rêve, n'est pas encore entre nos mains. Chaque rêve doit s'interpréter en fonction de celui qui le fait. Parce que le rêve est le lien qui unit l'individu à l'univers.

Souvenez-vous de ma première voyance, lorsque ma grand-mère est venue me voir. Cette incursion onirique s'inscrit sans conteste dans les rêves prémonitoires.

Chaque nuit, le rideau se lève sur notre théâtre intérieur. Acteur ou spectateur, nous recevons des échos des moments de la journée, des événements, des émotions du passé... ou de l'avenir. Les scénarios peuvent être anecdotiques, fantastiques. Notre esprit les accepte sans se révolter. Nous entrons dans un monde subjectif et secret que ni la raison ni la réalité ne façonne. Tenir le journal de ses rêves, c'est comme rédiger un carnet de bord pour chacun des voyages que nous faisons dans l'inconscient. Il suffit pour cela de garder près du lit un bloc et un crayon, et de noter rapidement le contenu de vos rêves aussitôt éveillé le matin. A partir de ces quelques mots jetés sur le papier (même en pleine nuit), le rêve revient en mémoire dans tous ses détails. Et quel plaisir alors d'apprendre à déchiffrer les messages codés du navigateur inconscient ! Avec le temps et la pratique, vous arriverez à décoder ceux qui expriment vos inquiétudes et ceux qui vous guident. Parfois les messages de votre inconscient seront clairs car ils contiennent des indications surprenantes de vérité.

Nous connaissons tous dans notre entourage quelqu'un qui a fait un rêve prémonitoire. Grand-père a rêvé que la foudre frappait le vieux chêne et c'est arrivé... J'ai recueilli des témoignages frappants de nombreux rêves prémonitoires dans ma clientèle.

Ainsi, dans ses mémoires intitulées *« Souvenirs, rêves, réflexions »*, Karl Jung relate un de ses rêves dans lequel un vent glacial venu de l'Arctique balaie toute l'Europe, détruisant tout sur son passage. Le continent n'est plus qu'un grand désert. Les habitants ont fui et toute la végétation meurt de froid. C'est en juin 1914 ! Deux mois avant le début de la guerre mondiale. Troublant, non ?

La précision est loin d'être rare. Il peut s'agir d'un prénom, d'un chiffre, d'un lieu, d'une date. On a constaté également qu'un événement peut déclencher une émotion collective. Certains cas de précognition sous forme de rêve sont très impressionnants. Le 20 octobre 1966, à Aberfan, au pays de Galles, la petite Eryl Mai Jones, 9 ans, se réveille après avoir fait un cauchemar. Elle raconte à sa maman qu'elle a rêvé qu'elle allait à l'école, mais qu'à son arrivée, le bâtiment n'est plus là parce que quelque chose de noir est « descendu » et l'a recouvert. Le lendemain, une demi-tonne de débris de charbon glisse depuis une colline voisine et engloutit l'école. Tuant 140 personnes dont la petite Eryl.

Régulièrement, le lendemain d'une catastrophe, de nombreux témoignages sont récoltés. L'histoire est ponctuée de déclarations de personnes qui annulent leur voyage à la dernière minute parce qu'elles ont fait de « mauvais rêves ».

Le mathématicien William Cox a étudié les catastrophes ferroviaires. Il a découvert qu'il y a toujours moins de passagers les jours d'accident. Dans un tel cas, on ne peut pas parler de délire collectif. Peut-être qu'à l'instar des animaux, certaines personnes ressentent des perturbations...

Apprendre à classer nos rêves est une forme de voyance. Les rêves prémonitoires informent parfois au sujet d'un événement anodin ou important. Ils peuvent comporter une foule de détails ou être simplement marqués d'une impression générale.

La prémonition du président Lincoln est sans doute un exemple des plus frappants de rêve prémonitoire.

L'histoire : le président Abraham Lincoln (1809-1865) fait un rêve et le raconte quelques heures plus tard lors d'un banquet officiel. « Je venais d'entrer dans la grande salle de la Maison Blanche, lorsque j'eus une très mauvaise surprise. Devant moi s'élevait un catafalque sur lequel gisait un cadavre entouré d'une garde d'honneur. J'ai demandé à un soldat : « Qui est mort ? » Il me répondit : « C'est notre président. Il a été assassiné ».

A l'issue du repas, Abraham Lincoln était assassiné par un fanatique !

Parfois, il n'est pas facile de décrypter un rêve prémonitoire car il peut représenter des images ou des symboles qu'il faut comprendre pour découvrir la signification.

Souvenez-vous du Pharaon qui vit en rêve sept vaches grasses, puis sept vaches maigres ; sept épis dorés, puis sept épis desséchés. Décrypté par le fils de Jacob, ce rêve annonçait sept années de prospérité, suivie de sept années de disette (Génèse, XL). Tel le fil d'Ariane. Les rêves sont les balises qui éclairent notre chemin intérieur. Ils nous guident pour aller au devant des choses.

L'étude des rêves

En l'absence de théories scientifiques, on trouve toujours des gens pour nier. Pourtant les travaux sur les rêves prémonitoires écartent toute idée de fraude. Comment les sujets pourraient-ils tricher en dormant ? L'idéal serait évidemment de filmer ce qui se passe dans la tête du rêveur... On en est encore loin.

La société *For Psychical Research* de Londres a publié d'innombrables rapports qui s'étendent sur plusieurs années d'expérience. Les rapports suffisent amplement à démontrer la réalité des rêves prémonitoires. Ces recherches donnent des résultats positifs qui amènent à penser que de nombreux phénomènes psi se produisent pendant le sommeil. En s'inspirant des travaux de Freud, de Jung... les recherches effectuées se font à l'heure actuelle dans une approche plus naturelle.

On place dans une pièce séparée un agent qui envoie des images aux dormeurs. On s'aperçoit que les rêves du sujet présentent une similitude avec les images envoyées. Les dormeurs sont réveillés à la fin de chaque phase de rêve. Ces expériences tentent l'approche entre le rêve et la télépathie.

Freud et ses disciples se sont interrogés sur les phénomènes psi. Freud a abandonné officiellement cette étude pour se consacrer essentiellement à la psychanalyse. Jung, par contre, y a consacré de nombreuses recherches et tenté d'en donner des explications. Tous deux ont conclu que notre inconscient semble ainsi déjà informé de ce qu'ignore notre conscient. Le rêve permet d'accéder à un niveau de conscience inaccessible à l'état de veille. Il libère notre cerveau.

Louisa Rhine, l'épouse de J.B Rhine, de la Duke University a fait de nombreuses expériences sur l'importance du rêve comme perception extra-sensorielle. Notre cerveau interpréterait des fréquences d'une autre dimension qui dépassent l'espace et le temps. En 1987, au Congrès annuel de l'association pour l'étude des rêves tenue à Washington, le docteur Fred Alan Wolf explique que les rêves peuvent être une incursion dans un autre niveau de réalité[1]. Tous les scientifiques n'adhèrent pas à cette idée. Mais des chercheurs de haut niveau pensent que cette explication est parfaitement recevable.

Je pense personnellement que le rêve prémonitoire est un signe. Une aide. Une porte qui s'ouvre. De très nombreux savants ont avoué avoir découvert, grâce à un rêve, la solution d'un problème sur lequel ils s'étaient penchés parfois pendant des mois.

Elias Howe travaillait depuis plusieurs années à mettre au point une machine à coudre. Il n'arrivait pas à peaufiner les derniers détails. Une nuit, il rêve que des sauvages l'attaquent et lui donnent un ultimatum. « Ou tu fabriques une machine à coudre, ou tu meurs ».

1. *Au seuil de l'étrange* (Éd. Pygmalion).

Au moment où les guerriers lèvent leurs lances, il remarque des trous au bout des fers. La solution apparaît. Une aiguille avec un chas à sa pointe.

Comme pour le mathématicien Paul Ehrlich (Prix Nobel de Médecine, 1908) qui assurait que sa théorie de la chaîne latérale était le résultat d'un rêve prémonitoire.

Et si, comme l'explique Gérald Feinberg, la prémonition était la récupération d'ondes avancées venant du cerveau ? Selon lui, chacun de nous pourrait être en relation avec son futur. Ce qu'il appelle la « mémoire du futur » expliquerait la fonction psi.

Comme vous l'avez lu au début de cet ouvrage, c'est Maria, la sœur de ma grand-mère qui, dans un rêve, est venue me rendre visite. Rêver d'un être décédé que l'on a aimé peut aussi être une expérience très troublante. Peut-être vous est-il déjà arrivé, soit endormi, soit dans un demi-sommeil de voir ou d'entendre un proche disparu vous livrer un message d'amour, un témoignage de sa présence ou une information. Est-ce pour eux un moment privilégié pour se manifester, ou pour nous l'occasion de les capter dans le silence de la nuit ?

Expérience de mort imminente

Si j'aborde ce thème en quelques lignes, c'est parce qu'il s'inscrit dans les phénomènes paranormaux et demeure sans explication. A moins qu'il ne s'agisse de l'existence d'un autre univers encore secret que certains ont approché. Ceci dit, on a le droit de ne pas être de mon avis...

Une enquête avance que huit millions d'Américains auraient vécu ce phénomène. Des témoignages de personnes, de plus en plus fréquents, sont rapportés sur le sujet. Ceux qui ont vécu une NDE[1] ne racontent pas nécessairement les mêmes stades. Les étapes différentes sont néanmoins les suivantes : sentiment

1. N.D.E : Near Death Expérience ou E.M.I : Expérience de Mort Imminente

d'une paix profonde, long tunnel noir. Au bout, une lumière indescriptible. Certains y rencontrent un parent, un ami décédé, un être de lumière. Puis, ils reviennent à la vie. « Le cerveau manque d'oxygène et la NDE ne serait qu'une hallucination », déclarent les rationalistes ! Je veux bien. Mais comment expliquer que tous racontent pratiquement la même histoire ? Encore au début des années 80, certains grands professeurs haussaient les épaules lorsque l'on abordait le sujet. Aujourd'hui les choses ont considérablement évolué. La NDE est désormais enseignée officiellement dans certaines universités aux États-Unis. Bien sûr, la NDE n'est pas apparue brutalement à notre époque. Platon en parlait déjà. Des récits remontent à la plus haute antiquité. Les N.D.E ne sont pas non plus en hausse mais les progrès des techniques médicales font que les médecins « récupèrent » de plus en plus souvent les gens à l'article de la mort. Raymond Moody, docteur en philosophie et psychiatre aux États-Unis, a œuvré énormément pour faire reconnaître son existence par l'ensemble du corps médical (son best-seller *« La vie après la vie »* fit grand bruit). Des sujets décrivent tant de détails stupéfiants concernant des gestes, des mots perçus alors qu'ils ne pouvaient à ce moment ni voir ni entendre.

Des médecins confirment que des conversations rapportées par des malades dans le coma ou déclarés cliniquement morts au moment des faits s'avèrent parfaitement exactes : des gestes de chirurgiens, un instrument qui tombe, voire une scène s'étant déroulée dans une autre pièce. Des aveugles ont fait des descriptions précises ! Devant ces faits irréfutables, on reste perplexe. Des témoignages d'hommes et de femmes provenant de milieux, d'âges, de cultures et de croyances les plus diverses ne peuvent être expliqués par une hallucination... collective

Aux portes de la mort

André est de ceux-là. Je l'ai rencontré l'année dernière chez un ami. Entre nous, la complicité a été immédiate. Ancien parachutiste S.A.S (Special Air Service), André a 69 ans. Ancien gendarme. Pas du tout enclin au mysticisme, il aime la plaisanterie. Son style est direct. Pas du genre poule mouillée. Sportif complet, la spéléologie constitue une passion à laquelle il s'adonne encore aujourd'hui. Son punch m'épate.

Lorsqu'il me raconte son histoire, il y a dans sa voix ce quelque chose de convaincant qu'il est presque impossible de retranscrire par écrit.

– Il raconte : « Pendant des années, je n'ai parlé à personne de cette expérience. C'était en quelque sorte mon « moi » le plus intime. Comme beaucoup, je craignais les réactions, les sourires moqueurs. Mon histoire se déroule l'été 1985, au club de spéléologie. Ancien artificier, je place les charges explosives dans les galeries. Geste répété la veille de l'accident. Je décide donc ce mercredi-là de descendre dans le puits pour m'assurer que tout a explosé. Il fait très chaud. La galerie naturelle n'ayant pas de sortie, le gaz ne s'est pas échappé. Je descends seul à plus ou moins vingt mètres de fond, en contact radio avec mon copain resté à l'extérieur. Un moment, je me sens comme ivre. Je titube, ma radio tombe. Je l'écrase malencontreusement avec mon pied. C'est à partir de cet instant que je perds la notion du temps. Je commence par ressentir une violente douleur musculaire. J'ai mal. Très mal. Je pense immédiatement à remonter. Je grimpe pendant deux mètres. Impossible d'aller plus loin. Mes forces m'abandonnent. L'échelle de corde à laquelle je suis accroché bascule et je me retrouve pendu, coincé dans une crevasse. Je crie à mon copain : « Ne me laisse pas crever ». Puis je me sens devenir... tout petit, si petit ! Un petit « machin ». La sensation d'être un fœtus, comme dans un cocon. J'éprouve un immense bien-être. Autour de moi, c'est tout noir. Un drôle de noir... très clair ! Comme une nuit étoilée. Noir, froid et hostile. Pourtant, je suis merveilleusement bien. Soudain devant moi... un tunnel ! Au bout, brille une lumière étincelante. Un souvenir inoubliable. J'ignore combien de temps cela a duré. D'après les secours, au moins 45 minutes. Le temps que la protection civile, l'ambulance et le médecin arrivent. Mon sauvetage a été périlleux, avec un type pendu dans le vide, équipé d'oxygène pour nous deux. Un moment, je me rappelle avoir entendu une voix me parler. Moi, je ne veux pas sortir de mon cocon. Non ! Je suis trop bien dans ce monde. Pas question de revenir... On me dégage et transporte à l'hôpital dans un état grave. Quelques jours après, je parle à un ami de ce que j'ai vu. Je suis stupéfait. Bouleversé ! Puis les années passent. Et j'entends des émissions, lis des articles de témoignages de NDE. Je comprends que je ne suis pas le seul à avoir vécu cela. Tout concorde, la lumière, le tunnel... Le plus formidable, c'est que depuis cette expérience, j'ai changé. Ma vie a gagné en profondeur, en réflexion. J'ai commencé à m'interroger, à penser différemment. Je regarde la vie et je comprends que le bien-être et le confort sont deux choses différentes. Le « matériel » ne m'intéresse plus. Je suis heureux de cette expérience. Une vraie chance. Je peux vivre mille ans, jamais je n'oublierai. »

C'est vrai, André vit simplement. Sa maison plantée dans un petit écrin de verdure respire le calme, la plénitude. Lorsque je vais chez lui, j'ai l'impression que le temps s'arrête. L'histoire d'André est sans conclusion. Ni « preuve » de quoi que ce soit. Juste un bagage d'impressions. Un vécu bouleversant. De troublantes questions à la recherche d'une compréhension.

André n'affirme pas avoir atteint le stade de la mort clinique, toutefois, son récit comporte des détails identiques. L'étude de ces phénomènes ne peut évidemment pas se reproduire en laboratoire, et doit se faire par la multitude des cas étudiés. Aux États-Unis, les N.D.E. font l'objet de publications dans de grandes revues médicales et sont même intégrées dans certains cours universitaires. Bien sûr, il ne s'agit pas ici de faire état de tous les développements mais juste d'apporter quelques informations. De pareils récits, on en trouve des milliers. Que se passe-t-il à ce moment ? S'il s'agit seulement d'une réaction physiologique, comment expliquer que la vie de ces personnes ait changé après qu'elles aient vécu cet état ? La crainte de la mort disparaît. Leur vision du monde se transforme. Il s'est passé quelque chose ! Ces témoins retiennent une bouleversante aventure qu'ils n'oublieront jamais. Moi, je voudrais que l'on m'explique...

Les recherches sur ce phénomène apportent-elles la preuve

d'une survie après la mort ? Non. Il faudrait pouvoir emporter une caméra de l'autre côté pour ramener une « preuve ». Et encore, il y aurait toujours quelqu'un pour dire que le film est truqué... et que cette preuve n'en est pas une ! Pour les N.D.E on ne peut dissocier ce qui ressort de la science et ce qui naît de la spiritualité. Les deux approches ne sont nullement exclusives l'une de l'autre.

Quand on découvre que rien n'est tout blanc, rien n'est tout noir, peut-être pouvons-nous écarter la porte étroite qui nous enferme dans la dualité vie-mort. Pour le Bouddha, la mort n'est pas une fin. Seulement un passage. Exactement comme la naissance. Passage obligé qu'un jour nous accomplirons et peut-être même plusieurs fois avant d'atteindre « l'Éveil » si l'on en croit le Dalaï Lama, Prix Nobel de la Paix... Quelle que soit l'énigme que nous réserve ce passage vers la mort, elle n'a de sens qu'au travers des valeurs que nous donnons à notre vie. L'autre côté de la vie, l'autre côté des choses... ce voyage, nous le ferons tous.

Rencontre avec l'au-delà

« Mort à jamais, qui pourrait le dire ? »
Marcel Proust

Pour terminer ce chapitre, je veux évoquer le contact avec l'au-delà... Vivons-nous après la mort ? Une partie de ce que nous sommes, l'esprit, l'âme, continue-t-elle d'exister et de se manifester ? Une fois que notre cœur a cessé de battre va-t-on dans un autre monde ? Après tout, cela fait partie des questions que l'on est en droit de se poser. Quoi de plus banal. Nous attendons tous une « preuve ». En présence de certains faits, il est permis d'être troublé. Une réponse ou une explication tranchante n'est pas possible. Je ne suis pas médium spirite et je n'ai jamais été très attirée par tout ce qui touche à la mort. Mais... Objet et témoin de manifestations de l'au-delà, je pense qu'il peut être utile d'en parler. J'ai longuement réfléchi et hésité. Fallait-il publier l'aventure qui m'est arrivée ? Oui, pour que ceux qui ont vécu des phénomènes étranges sachent qu'ils ne sont pas seuls à vivre cela. J'ai le plus grand respect pour toutes les croyances. Jamais je ne cherche à démolir les croyances des autres, pour autant que celles-ci respectent le libre arbitre. Des sectes dans lesquelles on embrigade des enfants de force... ? Là, non. C'est un devoir de se révolter contre tout endoctrinement qui va à l'encontre des droits et de la liberté des hommes. Mais en ce qui concerne la croyance en une autre vie après la mort, chacun croit en ce qu'il veut croire. Oui, c'est une histoire de champ personnel. Nous sommes tous libres de choisir telle ou telle approche.

L'Église a longtemps interdit les contacts avec l'au-delà. Elle vient de les admettre. Un tel changement de position s'explique surtout par le constat de phénomènes qui se manifestent et se répètent. Celle-ci accepte les expériences de dialogue avec les morts « à condition qu'elles soient faites dans des buts scientifiques et religieux » dit-elle. En 1952, dans le laboratoire de physique expérimentale de l'université catholique de Milan, le père Agostino Gemelli (physicien, président de l'académie pontificale) et le père Pellegrino Ernetti essayent de filtrer des chants grégoriens sur un magnétophone à fil. Sans cesse, le fil se rompt. Agacé, le père s'écrie *« Papa, aide-moi ! »* Lorsque les prêtres repassent l'enregistrement, ils sont stupéfaits d'entendre *« Mais bien sûr que je t'aide, je suis toujours près de toi »*. Choqué et poussé par son collègue, le père Gemelli refait un nouvel essai. Son père décédé s'adresse à nouveau à lui en des termes affectueux employés de son vivant. Devant un tel phénomène, les deux prêtres décident de raconter leur aventure au pape Pie XII. Celui-ci répondit que cette expérience pourrait peut-être marquer le début d'une nouvelle ère scientifique. Car dit-il « ... l'enregistreur est un appareil objectif qu'on ne peut pas suggestionner. Il capte et enregistre les vibrations sonores, d'où qu'elles viennent ». Ce récit, le père Ernetti l'a raconté au père François Brune qui le cite dans un livre.

Le père François Brune est un des grands spécialistes français en la matière. Prêtre théologien, il a mené des enquêtes de contacts avec des défunts à travers le monde entier. Il n'a pas de mission d'église mais le Vatican ne s'oppose pas à ses recherches. Pourtant il n'est pas toujours tendre avec l'Église ! Il participe à des congrès, à des émissions de télévision... Pour lui le contact avec l'au-delà n'est pas une croyance, c'est une connaissance. Je me contenterai de vous renvoyer à ses deux ouvrages dans lesquels il aborde toutes les questions sur le phénomène [1].

Selon la formule d'Allan Kardec (1804-1869), père fondateur du spiritisme, « Naître, mourir, renaître et progresser sans cesse, telle est la loi ». Le spiritisme n'entre pas tout à fait dans le domaine de la parapsychologie. C'est une doctrine accessible à tous. Elle tend vers la foi puisqu'elle considère qu'après la mort, l'âme ne s'éteint pas. Libéré de la matière, l'être abandonne son corps pour une autre dimension. Le Nirvana pour le bouddhiste. Ceci dit, on rejoint quand même là des phénomènes inexpliqués. Il existe d'ailleurs dans ce domaine une abondante littérature.

Le médium est un intermédiaire entre l'au-delà et notre monde. Baptisé « channel » aujourd'hui par les Américains. La traduction est tout simplement « canal ». Pour communiquer avec les défunts, divers moyens existent. Le oui-ja (oui en français – ja en allemand) est un instrument composé d'une planchette de bois, munie d'un crayon. On dispose au-dessus les lettres de l'alphabet en cercle, et les chiffres de 0 à 9. Par impulsion de la main il indique des lettres qui composent des mots, des phrases. La version populaire de cette technique est celle du « verre » dont tout le monde a entendu parler. Le oui-ja a une très longue histoire. Il semble qu'il ait été utilisé au ve siècle avant J-C par Pythagore et son école. Les résultats que l'on peut espérer de cette tecknique sont très vastes, il convient de l'aborder avec prudence. La gamme va de phrases incohérentes et stupides, aux détails riches et renversants. D'autres moyens sont utilisés, par exemple l'écriture automatique. Écriture inconsciente. Certains médiums écrivent

1. *A l'écoute de l'Au-Delà*, écrit avec Rémy Chauvin Éd. Ph. Lebaud
Les morts nous parlent, Éd. Ph. Lebaud

ou parlent dans une langue qui leur est totalement étrangère avec une précision stupéfiante. Ce qui peut exclure toute supercherie sur l'origine des messages. Les nouveaux moyens comme la trans-communication instrumentale (T.C.I) sont fantastiques et donnent des résultats supérieurs à ce que l'on avait obtenu dans le passé. La T.C.I est l'enregistrement de voix de défunts sur bandes magnétiques. En France et en Belgique, ce phénomène est peu connu, mais à l'étranger des professeurs d'université et des scientifiques de diverses disciplines obtiennent des résultats surprenants. C'est en Allemagne et en Angleterre surtout que les recherches sont avancées. Les chercheurs ont analysé les voix enregistrées à l'aide d'appareils, il en ressort que la voix paranormale est facile à détecter car elle n'a pas la même fréquence. Pas de vibration des cordes vocales. Les recherches sur le sujet évoluent. Vous avez peut-être vu à la télévision cette image de Romy Schneider apparue sur l'écran du chercheur allemand Klaus Schreiber en 1985? Table tournante, oui-ja, écriture automatique, chaîne médiumnique, enregistrement de voix, toutes ces méthodes ne sont que des instruments pour la recherche de la même chose. Bien qu'y étant ouverte, je ne suis pas sûre que toutes les tentatives de contact avec les morts sont positives pour tout le monde car beaucoup n'y sont pas préparés. Si je devais donner quelques conseils à ceux qui souhaitent le tenter je dirais ceci: Il faut approcher ces «rencontres d'un autre type» avec beaucoup de prudence. Toujours garder sa raison et s'en servir. Le risque de tomber dans l'imaginaire existe. Aborder ces contacts avec respect, ce n'est pas un jeu de monopoli. Il se peut que l'on appelle un proche disparu avec amour et force mais que l'on obtienne rien. Il peut s'agir d'ondes qui ne sont pas en harmonie. Dans ce cas un médium peut obtenir un message. Attention, il est préférable de ne pas tenter seul un contact quand le deuil est frais. La fragilité émotionnelle n'est pas favorable. On peut contacter ceux que l'on a aimés, leur dire notre amour, mais pas les retenir... Attention aussi à la dépendance. Si cela devient une drogue, c'est négatif pour plusieurs raisons. Pour soi-même et pour ses proches. Il faut continuer à vivre avec les vivants. En dernier lieu je dirais que des «médiums» plus ou moins douteux profitent aussi de la naïveté d'un public assoiffé de miracles, de curiosités ou touché par une grande douleur. Comme toujours, malheureusement, c'est la pratique abusive qui est regrettable.

Comme tout homme et toute femme ayant tendance à réfléchir, je me suis posé des questions. J'ai reçu à plusieurs moments de ma vie des messages assez mystérieux, inhabituels, qui m'ont amenée à penser qu'il y a autre chose. Sommes-nous venus végéter dans un monde agressif rien que pour souffrir et retourner sans vie dans la terre, une fois l'inexplicable supplice terminé? Le fait de naître, de vivre un temps et de mourir ne justifie pas à mon sens la présence de l'homme sur terre. L'humanité doit forcément obéir à d'autres impératifs. Après notre parcours ici-bas, finissons-nous en poussière? Et si notre vie sur terre était comparable à celle de la chenille rampante par rapport à sa vie future de papillon? La chenille ignore qu'elle sera papillon. Et si la mort n'était qu'un simple changement d'univers? Pourquoi devrait-elle être une fin plutôt qu'une transformation, un commencement?

Comme l'a dit Lavoisier, père de la chimie moderne, *«Rien ne se crée, rien ne se perd, tout se transforme»*.

Chaque fois qu'un meuble craque la nuit, je ne pense pas qu'un esprit se manifeste. Plus que toutes les lectures, explications, démonstrations, l'expérience personnelle est une richesse. Rien d'autre ne peut la remplacer.

Ce genre de manifestations s'est rarement produit chez moi, même s'il est arrivé la curieuse aventure que voici: une entité s'est invitée de manière impromptue! C'est malgré moi que j'ai été impliquée dans le monde des esprits.

Incroyable mais vrai

Il faut que je vous parle de Marthe...

Ce jour-là, quelqu'un force la porte de mon bureau. Je regarde tomber de gros flocons de neige derrière la fenêtre. Il fait très froid en cette matinée de janvier. Je suis un peu fatiguée. Je tourne « au ralenti ». Prête à hiberner comme une marmotte. C'est la première fois que Marthe vient me voir. Elle est joyeuse, bavarde. Elle prononce de temps à autre des réflexions inattendues d'une franchise décapante. Je la capte de suite. Je vois plein d'enfants autour d'elle (elle est enseignante). Notre entrevue se déroule bien. Je lui donne des éléments de sa vie qu'elle me confirme. Atmosphère agréable et détendue. Je suis sereine. Soudain, une présence ! Je comprends de suite que ce que je vois n'est pas un flash de voyance, mais un contact avec l'au-delà. Je n'ai pas peur. Pourtant, je vois sur la gauche de Marthe une femme debout. Ou plutôt sa silhouette. Comment le dire à Marthe sans l'effrayer ? La soudaineté de cette apparition me laisse perplexe. J'en parle ou non ? Je cherche mes mots. J'hésite. Puis, je me lance :

– « Ce que je vais vous dire ne doit pas vous faire peur. Cela n'a rien de dangereux. Il y a en ce moment, à côté de vous, une jeune femme. »

Marthe ouvre de grands yeux très ronds. Elle retient son souffle.

– « Que dites-vous ? »

– « N'ayez pas peur. Une femme décédée est là pour vous. »

Je comprends aisément l'étonnement de Marthe, sa crainte. Elle est paralysée. N'osant même pas tourner la tête. Elle reste figée. Vissée sur sa chaise et m'écoute.

– « Je vais vous décrire cette personne. Sans doute allez-vous la reconnaître. Elle est élancée. Mince, elle a de longs cheveux châtains, lisses. Son visage est doux. Elle a une petite trentaine d'années. C'est drôle, elle porte une longue robe qui descend jusqu'à ses pieds. Cela me fait penser à... une robe de druide. Elle ne bouge pas. Elle attend. Savez-vous de qui il s'agit ? »

La voix à peine audible, Marthe balbutie :

– « Non, je ne sais pas. »

Un bref moment de silence. Elle hésite, puis me pose la question qui lui brûle les lèvres :

– « Que me veut-elle ? Pourquoi est-elle là ? »

Tout à coup, je sens une odeur, une odeur bizarre... de brûlé.

Oui, c'est cela, le brûlé. Je le dis à Marthe. Elle s'agrippe presque à sa chaise. La robe de druide... Le brûlé...

– « Je sais ! Il s'agit de ma nièce. Cette histoire a été un drame dans ma famille. Il y a quelques années, ma nièce s'est laissée embarquer dans une secte. Vous avez certainement entendu parler du suicide collectif, à l'étranger, de la secte de l'ordre du Temple Solaire. Elle en faisait partie et son corps a été retrouvé calciné. »

Dès que Marthe me donne l'explication, – le temps des quelques phrases – l'image s'efface. Elle est partie. Bien sûr, Marthe veut savoir pourquoi sa nièce est venue. Je ne peux lui donner aucune réponse. Je pense qu'elle est venue apporter un message d'amour, de présence. Un moment infiniment heureux dans un instant fugitif... Cela a duré, je ne sais pas, une minute peut-être. A la fois court et long. Surtout émouvant. Lorsque Marthe est repartie, je suis restée seule à mon bureau à réfléchir. Pourquoi cette entité a-t-elle choisi de se manifester, ce jour-là, auprès de moi ? Après tout, s'il y a des choses qu'on cherche à comprendre, il y en a d'autres qu'il faut accepter sans obligatoirement savoir le pourquoi et le comment.

En ce qui me concerne, cette anecdote ne s'apparente nullement à une croyance. Simplement une expérience parmi d'autres. On peut penser que j'invente cette histoire pour ajouter un peu de piment magique à un livre qui n'en manque pas ou que j'ai rêvé. Pourtant, je sais que c'est vrai tant les détails sont précis et percutants. Ce que j'ai réellement vu comporte des détails extraordinaires. Rien qu'en y pensant à nouveau, j'en frissonne encore. Si j'avais fait à Marthe le coup de « Votre grand-mère est derrière vous, elle vous protège, je la vois âgée... », alors, OK. Tout le monde (ou presque) a une grand-mère âgée qui vous veut du bien. Mais ici, la confusion ou la coïncidence n'est pas possible. D'autant que quelques mois plus tard, Marthe est revenue me voir avec la photo de sa nièce. « Pourriez-vous l'appeler et entrer en contact avec elle ? » Rien. Le silence, uniquement le silence. Comme quoi, ce n'est pas nécessairement nous qui décidons.

Je me rappelle qu'enfant, j'entendais ma mère, ma tante et ma grand-mère parler entre elles. Je savais qu'elles parlaient de personnes décédées venues dire des choses à ma grand-mère médium. Je n'en ai pas beaucoup de souvenirs, mais je me rappelle quelques phrases qui faisaient partie d'un « normal » dont on ne parle pas à tout le monde. Évidemment, ceux qui n'y croient pas disent que le besoin de croyance console l'angoisse du néant. De la fin. Oui. Mais si apprendre que nous continuons à exister autrement, ailleurs, nous rend plus confiants, plus heureux ? Alors, c'est un cadeau. Quand l'heure sera venue, nous embarquerons pour ce voyage. Là où nous attendent ceux que l'on a aimés et qui nous aiment à jamais.

Deuxième partie

COMMENT LE VOYANT PEUT-IL « VOIR » ?

« Je vois »

S'il y a bien une question que vous devez vous poser c'est la façon dont je vois les scènes, les images que je décris. Lorsque l'on parle de voyance, il est évident... que le voyant voit. Le verbe « voir » ne se comprend pas véritablement dans son premier sens. Voir pour un voyant, c'est aussi entendre, sentir, ressentir avec son corps un ensemble de sensations de natures très différentes. On appelle ces différentes perceptions : visuelles (image), olfactives (odeur), auditives (entendre), tactiles, intuitives, symboliques. Lorsque le phénomène se produit, je « vois » au sens large du terme. Je vois à l'intérieur, au travers, au delà. Des « flashes » arrivent, comme un défilé d'images, de couleurs, d'odeurs. Parfois, ce sont des certitudes. J'ai l'impression d'aller chercher des connexions sous forme d'images, de pensées, de sons, d'idées qui s'imposent. Je donne une information qui s'insinue comme un pressentiment ou un souvenir. Je peux aussi entendre des mots, percevoir des sensations intérieures que je traduis. Chaque voyant voit à sa façon. Les informations sont plus ou moins détaillées. Il lui faut les décoder. Il capte des instants. C'est comme visionner une séquence de film sans connaître tout le sénario.

La voyance est accompagnée de tout un mode de sensations permettant de développer l'ambiance qui se dégage. C'est parfois comme le souvenir d'un rêve.

La nuit dernière, vous avez rêvé d'une scène. Vous vous trouviez dans une grande pièce entourée de beaucoup de personnes. Le lendemain, vous racontez votre rêve. Lorsque votre interlocuteur vous demande de préciser: «Y avait-il quinze ou cinquante personnes?»

Il y a fort à parier que vous ne pourrez répondre. Vous aurez retenu une ambiance générale et non des détails au point de pouvoir compter le nombre de personnes qui s'y trouvaient. C'est comme cela que je vois.

Un cliché visuel est un peu comme une image, une photo, un souvenir. Visions fugaces. Rapides. L'image que je vois est fixe. Rarement animée. Tout se passe en réalité comme si je retenais des fragments. Ce cliché peut être complexe ou très simple. La vision comporte un grand nombre d'éléments que je perçois en un instant, comme si le temps était comprimé.

Ce que je vois s'avère parfois d'une précision étonnante. Voici une petite histoire qui m'est arrivée il y a un an...

Le Livre

Roger m'a déjà consultée. Lorsqu'il vient me voir ce jour-là, il se pose des questions. Beaucoup de questions. Sur sa vie, son chemin. Il exprime ses doutes religieux, ses idéaux, ses colères contre son ex-femme. Nous avons une estime réciproque qui se manifeste à chaque rencontre. Responsable commercial dans une multinationale, il me fait découvrir son métier. C'est toujours pour moi un plaisir d'apprendre. Souvent, en fin de consultation, nous échangeons nos points de vue sur la vie sociale et collective. Nous refaisons le monde...

– «C'est drôle», lui dis-je. «Je vois un livre. La couverture est très foncée. Noire, peut-être bleue foncée. Puis se dessine un symbole. Un triangle... Ce symbole représente l'élévation vers le sacré, le divin. Je le sens. Un immense œil ouvert s'inscrit dans le triangle. Dans ce livre, vous trouverez les réponses aux questions que vous vous posez. C'est le chemin à suivre. Il vous ouvre la route. Vous le trouverez, j'en suis sûre. »

Quelques jours après notre rencontre, Roger revient de Bruxelles avec une amie. Il l'amène chez moi pour une consultation. Nous nous croisons dans la salle d'attente. Il en profite pour me montrer trois livres.

– « Voulez-vous bien les regarder et me dire si celui que vous avez vu en fait partie ? »

Je jette un coup d'œil rapide. Je suis pressée. En retard. Comme d'habitude... Je regarde à peine. Il me montre le premier. « Non ». Le deuxième... « Non plus ». Arrivée au dernier, je suis soufflée de voir matériellement la copie de ma vision.

C'est lui, le livre noir. Dessus, un triangle doré dessiné. Au centre, un œil. Roger possédait ce livre dans sa bibliothèque sans même s'en souvenir. C'est après notre entretien qu'il a fouillé et trouvé. Quelle surprise pour lui ! Celui-ci va lui apporter un enseignement... Peut-on réellement croire au hasard ?

⁂

Les images très précises me sont généralement confirmées par mon consultant.

Voici un autre cas. Un homme de taille moyenne, trapu, épaisses lunettes sur le nez, vient me voir. Il s'appelle Harry. Après avoir sympathisé avec mon petit yorkshire, il m'adresse la parole. Il faut savoir que ma petite chienne, du haut de ses vingt centimètres a ses préférences et ses têtes. Il y a des gens qu'elle ignore royalement. D'autres qu'elle adopte tout de suite.

Ma vision commence par une première image timide. Elle en entraîne d'autres.

Beaucoup de soleil. Un pays où les gens ont la peau foncée. Le paysage se divise. A la fois c'est sec, aride et très verdoyant. Cela doit être l'Afrique.

– « Oui, continuez », dit-il.

Je vois un grand bâtiment délabré de l'extérieur, souillé. On y travaille. Ce bâtiment est plein de vie. De l'eau passe dans d'énormes tuyaux. Ce n'est pas net. Il y a quelque chose que je ne comprends pas. L'eau est tout à coup très froide. Elle devient pure. J'entends un bruit de machine, comme des pistons qui résonnent et frappent.

Mon client m'écoute en relevant les sourcils.

Je vois des papiers. Il y a des signatures, un contrat, mais aussi des retards, des contrariétés.

Il note mes mots avec soin. Puis il m'explique qu'il revient d'Afrique où il collabore à un projet d'usine qui fabrique d'énormes glaçons destinés à être distribués dans le commerce.

– « J'avoue que je suis venu vous consulter par curiosité, avec un petit sourire en coin... ! Vous m'avez soufflé. Je ne m'attendais pas à tant de précisions. »

Harry est un petit génie, bardé de diplômes. Mais aussi un incorrigible Casanova qui n'a jamais posé ses valises ni son cœur. Pendant près de vingt ans, il a mangé du bitume toute la semaine. Courant en semaine de sociétés en sociétés. De femmes en femmes le week-end. Jusqu'au jour où il est envoyé en mission. Destination, l'Afrique pour y traiter un contrat. Conquis, il lâche tout dans l'année qui suit et s'y installe. Deux ou trois fois l'an, il rentre en Belgique embrasser sa vieille maman. Il m'a écrit par la suite pour me confirmer les difficultés administratives qu'il rencontre et dont je lui avais parlé.

Des voyances détaillées, je pourrais en écrire deux volumes, si je le voulais, tant les exemples sont nombreux. Comme ce qui m'est arrivé avec Marie-Ange.

La lettre d'Adieu

« Elle » attend dans la salle d'attente depuis dix minutes. Après que je l'aie invitée à entrer dans mon bureau, elle ramasse sa veste, son sac et perd son téléphone portable. Elle est nerveuse. Elle s'assied en face de moi et ne prononce aucun mot. Elle attend mes paroles. Je la sens tendue. D'abord j'ai du mal à la capter puis je démarre. J'ai l'impression que je me branche directement sur elle.

– « Je sens une grande tempête dans votre vie... C'était l'année dernière, je crois. Un chaos, comme des racines qui s'arrachent. C'est douloureux. Je vois le mois d'août. Depuis, vous essayez de survivre. »

Tandis que son regard scrute le mien, elle pose les mains sur une enveloppe qu'elle vient de retirer de son sac. Elle me la tend.

– « C'est exact », enchaîne-t-elle, des larmes plein les yeux. « Ma fille de quinze ans est morte l'année dernière, le 20 août. Voici sa photo. Que pouvez-vous me dire ? »

La photo entre les mains, je découvre le visage rayonnant d'une jeune adolescente, fraîche, qui semble heureuse. Le regard pétillant. Plein de vie. Des sensations m'envahissent assez vite.

– « C'est brutal. Violent mais sans souffrance. Je vois un liquide qui entre et ressort de sa bouche, déborde, déborde... Elle perd connaissance. Elle est comme dans un rêve. Elle sourit puis s'en va. Ce que je ressens est consternant. J'ai l'impression qu'en juin, elle connaissait déjà son départ. Je vois une lettre. Comprenez-vous pourquoi ? »

– « A la fin de l'année scolaire, elle a écrit à sa meilleure amie une lettre dans laquelle elle disait que même si elle devait mourir pendant les vacances, elle ne serait pas triste. Ce que vous me dites est frappant. Son amie n'a pas compris. Moi, je me pose tellement de questions. Ma fille n'était pas malade ».

Marie-Ange vivait une sorte de zone grise, à mi-chemin entre la fiction du passé et la souffrance du présent. Il fallait qu'elle la dépasse, sans l'abandonner, en l'acceptant. Elle commençait à comprendre... Cette lettre était une voie, un lien entre sa fille et elle, par delà son départ. Un message d'amour qu'elle lui avait laissé comme un fil.

– « Je vois des grands sapins verts. Au pied, des épines séchées par le soleil. Un grand bâtiment, très haut. »

– « Vous me décrivez l'hôpital où elle est morte. Cela s'est passé lors de son séjour en France. Elle était partie avec un groupe d'élèves de son école. On nous a prévenus dans la nuit qu'elle était hospitalisée d'urgence. Quelques heures après, nous étions sur place avec mon mari. Il était trop tard... Notre fille était morte. »

Je fatigue. M'arrête. Tout se brouille. Je ne me souviens plus du nom de la maladie qui a emporté cette jeune fille. Ce n'est d'ailleurs pas le plus important. Je me rappelle juste les images, les émotions perçues. C'était intense, prenant. Le genre de chose que l'on n'oublie pas.

***

J'ai parfois une perception auditive comparable peut-être à ce que nous avons appelé « notre petite voix intérieure » qui nous chuchote quelque chose à l'oreille. Comme dans un souvenir, le mot arrive dans l'inconscience, mais sans sonorité. N'entendez pas par là qu'une voix me crie quelque chose à l'oreille. C'est comme si je tendais mon oreille intérieure. Les mots que je perçois à ce moment-là vont probablement être significatifs pour mon interlocuteur. Il s'agit alors d'essayer de comprendre ce que cela peut vouloir dire. Lors d'une perception auditive, surgit un mot. Un prénom. Un son. Un chiffre. Comment interpréter ? L'information, lorsqu'elle est isolée, peut comporter plusieurs significations. Elle est donc à risque. Attention aux mauvaises interprétations. Je me souviens avoir dit, très sûre de moi, à une cliente, lorsqu'elle me présentait la photo de son fils :

– « Tiens, votre fils travaille dans l'hôtellerie ? »

La cliente me regarde, étonnée :

– « Pas du tout. »

– « C'est drôle, j'entends le mot *restauration.* »

Elle me sourit :

– « Mon fils fait de la restauration de mobilier. »

Je vais parfois traduire par le langage les sensations que je perçois afin de leur donner un sens. Les mots vont exprimer ce que je ressens. Il est surprenant de voir comme un seul mot peut résonner d'une manière particulière aux oreilles de la personne qui est en face de moi. Et la première surprise, c'est souvent moi. Car ce mot à lui seul va résumer, éclairer une situation connue de mon interlocuteur. En fait, il sort de ma bouche sans réflexion.

⁂

Il peut parfois aussi être question d'une information sous forme d'odeur. C'est ainsi qu'il m'est arrivé, il y a peu de temps, de dire à une personne : « Je sens des odeurs de peinture autour de vous, c'est assez désagréable ». La personne me dit qu'elle a peint son salon la semaine précédente. Dans le même ordre d'idée, récemment, se dégageaient de la personne en face de moi de violentes odeurs d'alcool. Je sentais l'alcool comme si la personne en était imprégnée. Cette dernière me confirma qu'elle avait eu des problèmes d'alcoolisme et faisait partie des AA depuis plusieurs années.

Tiens, une petite histoire me vient à l'esprit pour vous expliquer qu'il m'arrive de sentir ou de goûter. C'était à mes débuts. Je n'osais pas toujours dire ce que je ressentais. 9 h 30 du matin. Un goût de sucre inonde ma bouche. C'en est presque désagréable. Or, je suis plutôt café au lait sans sucre le matin. Bref, je le dis quand même à ma consultante installée depuis cinq minutes en face de moi..

– « Je suis diabétique. Il m'arrive de prendre du sucre lorsque j'ai des malaises. C'était le cas ce matin ».

⁂

Il peut être question également d'un cliché sensoriel. En cas de migraine de mon interlocuteur, je peux ressentir véritablement des douleurs à la tête qui arrivent subitement et qui, heureusement, ne durent pas. Des émotions comme la peur, l'angoisse, la joie se manifestent. Chaque information retient des fragments de petite structure différente.

J'ai la connaissance d'une information, d'un souvenir. Ce n'est pas très facile à expliquer. Imaginez que vous avez lu un article, vu une émission de télévision, ou discuté avec une amie du dernier régime basses calories. Dans les jours qui suivent, vous en parlez avec une autre copine. Vous lui expliquez mais l'avez-vous lu ? Entendu à la télévision, à la radio... ? C'est exactement la même impression pour moi. Le souvenir d'une information dont je ne connais pas l'origine. La voyance peut également se traduire sans images, sous formes d'idées, de pensées qui traversent l'esprit. Sans rien voir ni entendre, je sais. C'est tout. Une pensée vient, et je l'exprime. Est-il un mode de perception supérieur à un autre ? Bien sûr que non. Il est évident que les clichés visuels sont plus adaptés pour recevoir des descriptions de lieux ou de personnes. Ce sont en général les plus faciles à traduire, tant pour moi que pour le consultant. Comme pour ce jeune ingénieur à qui j'avais décrit des années à l'avance le bâtiment dans lequel il irait travailler dans la capitale. A l'époque, il n'envisageait rien de tout cela. Sidéré de la concordance, il m'a envoyé la photo par la suite. Lorsque je vois, je suis bien éveillée. Je respire normalement. Je ne pense à rien. Je suis tout à fait normale et consciente. Je fais le vide intérieur. Je n'ai pas d'état de conscience modifié et je ne me transforme pas. (Rien à craindre ! Je n'ai pas les yeux révulsés !) Les images me viennent alors en vrac : précises, vagues ou surprenantes. Tout cela n'est pas toujours facile à gérer. La voyance est une sorte de voyage dans la vie de l'autre. Je vois une fraction de seconde. Les images, les sensations, les mots se présentent de façon désordonnée. C'est l'autre qui va les classer, les restituer dans son histoire. Et c'est souvent alors à ce moment que moi, je les comprends. De cette manière, je peux au départ d'une photo ou d'un prénom décrire le tempérament d'une personne grâce à un lien invisible.

Annie me tend la photo de son compagnon. Des mots me viennent à l'esprit. Il est triste pour son fils. (En effet, son fils se drogue). Il se tient le dos. (Il est effectivement soigné en ce moment pour un lumbago.) Je le vois enfin trier des papiers. (Il paraît qu'il n'est pas très ordonné. Il perd régulièrement sa correspondance).

Je me branche sur l'autre et laisse venir les informations, les émotions. Il m'arrive de capter une personne absente à travers mon consultant. Lequel devient un fil conducteur. L'antenne, peut-être ? Je ne nie pas la possibilité de la télépathie, mais cela ne peut expliquer les informations concernant une personne absente dont les faits sont ignorés ou les projections dans le futur.

Vous souvenez-vous de Gilles dont je vous ai parlé, cet homme que j'ai rencontré à la radio, pour qui je vois sans le provoquer. Un jour, il m'appelle de sa voiture. Il se rend à un rendez-vous professionnel. On parle de tout et de rien... Puis je lui demande :

– « La personne que tu vas rencontrer est-elle malade ? »

– « Non, enfin, je ne sais pas. Je ne la connais pas. Pourquoi me demandes-tu cela ? »

– « Je vois quelque chose en rapport avec la médecine. Une légère intervention chirurgicale. »

Gilles me téléphone trois heures plus tard.

– « En gravissant les marches d'escalier menant au troisième étage, j'ai remarqué que l'homme montait difficilement. Comme s'il voulait s'excuser, il s'est retourné et m'a appris qu'il devait bientôt se faire hospitaliser pour un problème aux ménisques. J'ai dû me retenir pour ne pas lui dire : « Je le savais ». »

Télépathie ? Non, l'explication ne tient pas debout puisque Gilles ignorait ce détail. Je ne disposais d'aucun support qui permette cette voyance. C'est uniquement à travers Gilles que je vais chercher l'information. Vais-je capter une information qui est déjà inscrite dans leur conversation ou suis-je à même de me brancher directement sur la tierce personne ? Je n'en sais rien. Cela s'impose à moi. Ce type de voyance non recherchée est assez rare dans mon cas car je ne souhaite pas obtenir des informations en dehors d'une consultation. Parfois, l'esprit du voyant s'évade. Il semble voyager en toute liberté dans l'espace. Il traverse les murs. Pénètre la vie intime des personnes qu'il ne connaît pas. Se meut dans un univers où le temps et l'espace diffèrent totalement. J'adhère à un état de réceptivité qui m'ouvre à une autre dimension. Comme si je poussais une porte.

Cette faculté est merveilleuse. Mais le plus difficile, comme je vous l'ai dit, est d'interpréter. C'est un art que l'on affine au fil du temps. Ne croyez surtout pas que je n'aie plus de surprise, surtout lorsqu'il s'agit de symboles. Certains peuvent revenir régulièrement et il y a aussi tous ceux que je découvre. Lorsque je vois un tuyau d'arrosage tout emmêlé, la personne a un problème intestinal. Pourquoi un tuyau d'arrosage ? Cela fait partie de mes symboles. Comme une clé, une valise, un labyrinthe...

Il faut aborder une consultation en acceptant ce qui sera dit, sans harceler le praticien pour obtenir plus que ce qu'il peut révéler.

Françoise est secrétaire de direction au Marché Commun. Fille d'un magistrat haut placé, elle n'a pourtant rien d'une fille à papa. C'est une vraie militante, engagée. Énergique, elle rayonne et sa gaieté me séduit. Divorcée depuis quelques années, elle est maman de deux enfants. Je lui décris une rencontre amoureuse.

– Je vois un ballon. C'est rond. J'ai le sentiment que ce ballon sera le fil conducteur de votre rencontre.

Il est bien évident que lorsque l'on consulte, on essaie d'élaborer une histoire. De la construire. Il ne faut en revanche jamais oublier que je donne une information hors de son contexte, de son temps. Françoise a un fils de 12 ans qu'elle conduit chaque semaine à l'entraînement de football. Elle assiste quelquefois à des matches. Elle pense forcément que cette rencontre va se faire dans ce contexte. Or, quelle n'est pas sa surprise lorsqu'elle me raconte qu'elle a fait effectivement cette rencontre autour d'une balle mais qui n'a rien à voir avec le foot ! C'est en suivant un séminaire d'évolution personnelle qu'elle croise son futur compagnon. Lors de ce séminaire, une balle représente « l'énergie ». Elle passe de main en main dans le groupe de personnes. La balle a bel et bien été le fil conducteur de cette rencontre. Mais notre héros n'a rien d'un héros des stades. La preuve qu'il ne faut pas essayer de construire une chronique logique, mais plutôt laisser venir l'événement...

Lorsqu'on consulte, il faut accepter l'imprévu.

Le langage des symboles

Il vient de Hollande pour me voir. Pour la première fois. Notre entretien est marqué au départ d'une réserve, une certaine distance... Puis, ce sentiment disparaît. La cinquantaine, Armand est médecin. La barbe grisonnante, le regard assez pâle. Il est discret. Mes premiers mots :

– « Je vois un petit garçon, seul, enfermé dans une pièce sans fenêtre. »

C'est Armand enfant. Il est isolé. Je le sens coupé du monde extérieur. Je le vois comme emmuré dans le silence. Mes propos, de toute évidence, le touchent. Il est bouleversé. D'une voix douce, il m'explique alors :

– « Petit, je n'ai eu aucun contact avec l'extérieur. Mes parents voulaient sans doute me protéger. Ils m'interdisaient tout contact avec des amis. J'ai grandi seul, enfermé. C'est pourquoi aujourd'hui j'ai tant de mal à nouer des relations. »

La maison dans laquelle il habitait avait certainement des fenêtres, mais les mots que je venais de prononcer traduisaient l'enfermement, la solitude, le silence qu'il avait connu.

⁂

Une voyance symbolique m'a un jour terriblement marquée.

Elle n'a pas soufflé ses bougies...

Marie-Luce porte un ravissant blazer bleu vif. Un rayon de soleil se perd dans ses jolies boucles blondes. Son regard clair semble un peu perdu. J'ai l'impression qu'elle se sent apaisée lorsque j'ouvre la porte et la fais entrer.

J'ai envie de la rassurer tant elle semble fragile. Elle me sourit en guise de réponse. C'est un sourire où se mêlent tristesse et courage. En fait, Marie-Luce est venue chercher une réponse. Une seule. En s'asseyant à mon bureau quelques minutes plus tard, elle fixe son regard clair dans le mien. Elle hésite avant d'exprimer la question qui l'amène.

– « Ma mère a une tumeur cancéreuse au cerveau. Les médecins affirment qu'elle est condamnée... Combien de temps lui reste-t-il à vivre ? Répondez-moi franchement s'il vous plaît Esméralda, j'ai tant besoin de savoir. »

Ses sentiments sont partagés entre l'espoir et l'angoisse. Par amour pour sa mère, elle se sent prête à soulever des montagnes, à donner le meilleur d'elle-même. A tout affronter. J'observe Marie-Luce avec grande attention, tout en masquant le sentiment qui m'envahit au même moment. Est-ce la crainte de ne pouvoir lui répondre ou, au contraire, de pouvoir le faire ?

La mort est un sujet qui me rend très prudente. La voyance est une faculté imparfaite. De plus, en tenant compte que les images de voyance sont « hors du temps », il est dangereux de s'aventurer à donner des périodes précises.

Le temps de l'hésitation ne dure pas bien longtemps. Très vite une image nette s'impose devant mes yeux. Une image si surprenante qu'au premier instant, je ne comprends rien. A quoi peut bien correspondre cette étrange vision qui s'impose à moi ? Au même instant, mes paroles devancent ma pensée.

– « Je vois un gâteau d'anniversaire. »

Marie-Luce me regarde sans comprendre...

– « Voulez-vous dire qu'elle atteindra son anniversaire ? », me dit-elle, laissant aller sa peine dans un flot de sanglots.

– « Très franchement, je ne comprends pas mieux que vous. »

Des questions se bousculent... Que peut bien représenter ce gâteau ? Un symbole ou... ? De quel anniversaire s'agit-il ? J'ai la sensation d'un vide intérieur et de tension dans mon corps, au point même d'arrêter la séance.

Quelques mois plus tard, Marie-Luce comprend pourquoi j'ai

eu cette image. Sa maman décède le jour même de son anniversaire. Sans avoir eu le temps de souffler les bougies de son dernier gâteau.

***

Tout comme l'histoire de Maria...

Par une matinée pluvieuse et très grise d'avril, Maria a fait un long voyage en train. Deux mois se sont écoulés entre sa demande de rendez-vous et notre entrevue. Elle me salue.

– « La route a été longue », dit-elle gentiment.

Un peu plus tard, lasse, elle a froid. Voici ce que j'ai vu.

– « Je vous sens mal. Comme si vous aviez perdu vingt ans de votre vie. C'est curieux, on dirait qu'il y a peu, vous n'existiez pas. »

– « Je vois une femme, votre mère, sans doute. Elle vous aime, mais elle vous retient. Je vois une chaîne... ensuite vous sortez d'un œuf et cassez la coquille qui vous emprisonne. »

Je lui parle alors d'images de joie, de bonheur, de libération.

Maria prend la parole, émue :

– « J'ai 41 ans. Ma mère m'a élevée seule, mon père nous ayant abandonnés lorsque j'étais enfant. Je vis encore avec ma mère aujourd'hui, et je ne travaille pas. Je viens de rencontrer un homme, il y a quelques mois. J'ai fait un travail de réflexion sur ma vie à travers une thérapie. Et il me semble que vous venez de le résumer en quelques minutes. Que vais-je faire maintenant ? », demande-t-elle à voix basse.

Maria a tenté de parler de Pierre à sa mère. Mais rien à faire. Celle-ci fait son procès sans même le connaître, Contraignant Maria et son ami à des rendez-vous clandestins. Maria m'a envoyé une carte postale un an plus tard. Elle a épousé Pierre, « cassé sa coquille » et « brisé sa chaîne ».

***

Une femme peut en cacher une autre

Je ne mesure pas toujours la portée de mes paroles. La preuve. Un jour, je reçois une femme élancée, blonde, les ongles vernis, bien soignés. Elle porte à merveille un caban marron bordé de fourrure fauve. Son élégance me frappe. Les quelques années où j'ai travaillé dans la mode ont aiguisé mon sens de l'esthétique.

– « Voyez-vous un enfant dans ma vie ? », me demande-t-elle très vite. « Pensez-vous qu'une grossesse soit possible ? »

Des impressions physiques me parviennent. Je mets les mains sur mon ventre.

– « C'est trop étroit. Je ne comprends pas pourquoi mais je sens un manque de place dans votre ventre. C'est serré, comprimé. Avez-vous posé la question à votre gynécologue ? Je ne sais pas bien vous expliquer. »

Je n'arrive pas, avec des mots, à lui traduire clairement les sensations intérieures.

– « Vous ne pourriez pas voir de grossesse pour moi. Je suis transsexuelle. Aussi loin que je me souvienne, j'ai toujours senti que j'étais une petite fille dans un corps de garçon. Il a fallu très longtemps avant que j'ose extérioriser le fait que je me sentais femme. Vers l'âge de vingt ans, je me suis sentie prisonnière de mon corps masculin. C'est là que j'ai décidé de franchir le pas et de devenir une femme. J'ai commencé le long chemin de la transformation (entretien avec des psychiatres, traitement d'hormones, opérations) je suis née garçon. J'ai subi quatorze interventions chirurgicales (prothèse mammaire, ablation de la pomme d'Adam...). Je devais changer de sexe, sans cela je n'aurais pas été heureuse. J'ai voulu vous tester en vous posant la question d'une grossesse que je sais impossible. »

L'interprétation n'est pas forcément immédiate, et peut parfois donner lieu à quelques quiproquos agréables ou surprenants...

Je dis à Jacques que je vois son amie assise devant une fenêtre. Elle regarde passer les gens. Jacques, un peu embarrassé, me répond que son amie travaille dans un salon. Elle est prostituée.

L'image est très parlante. J'ai décrit quelque chose de concret sans comprendre intellectuellement ce que je disais.

⁂

J'annonce à une cliente que je la vois dans un bureau. A l'arrière-plan, une grande vitre, du soleil, des plantes, j'entends des téléphones qui sonnent, des dossiers, des papiers.

– « Non, hélas » me répond-elle. « Je suis en ce moment à la recherche d'un travail. »

Huit jours plus tard, elle est engagée dans une entreprise et se retrouve dans un bureau, une grande vitre derrière elle, un ficus à ses côtés et des téléphones dans les bureaux voisins résonnent jusqu'à elle.

⁂

Une consultation se fait à deux et le consultant doit aussi se demander ce que l'image peut bien vouloir dire pour lui. La voyance est un voyage qui m'emmène loin, hors de mes propres limites. Elle demande un effacement de soi. Tout à coup, il se passe quelque chose de magique. Si je cherche à convaincre ou à voir à tout prix, c'est fichu. La voyance est un acte naïf qu'il faut recevoir en toute humilité. Récemment une dame est venue me voir, et dès qu'elle entre, je me sens mal. J'étouffe. L'oxygène me manque réellement. Aussitôt, je lui demande : « Qui étouffe ? » Elle m'apprend que le matin même, elle s'est rendue à l'hôpital afin de rendre visite à son oncle souffrant de gros problèmes respiratoires et placé sous oxygène.

Comment mieux décrire la voyance que l'a fait François Laplantile dans son superbe ouvrage *Un voyant dans la ville* Il déclare : *« La voyance est un phénomène complexe qui, comme la passion amoureuse ou la création artistique, n'est pas "reproductible" à la demande. (...) C'est un mode de communication sensoriel intermittent, involontaire et semi-conscient ».*

La voyance est donc la faculté de recevoir des informations

qui ne peuvent parvenir par les moyens sensoriels classiques. Les phénomènes de voyance sont généralement classés en trois catégories : la clairvoyance (connaissance de faits physiques ou psychiques, d'événements, sans l'intervention des sens physiologiques ou des fonctions psychologiques sans le recours de la télépathie par un agent) ; la précognition (connaissance d'événements futurs) et la rétrocognition (connaissance d'événements passés).

Des parasitages d'images peuvent se produire. C'est aussi la raison pour laquelle je souhaite réaliser mes séances en tête à tête. J'élimine ainsi le risque de capter des informations appartenant à une autre personne. J'ai vu des personnes déçues parce que, accompagnées de leur conjoint, d'une amie je refuse « qu'un intrus » assiste à la consultation. Je rencontre ce problème également lorsque des clients étrangers ne maîtrisant pas bien la langue française souhaitent qu'un traducteur les accompagne.

Une confusion de personnes pourrait se produire. Cette mésaventure m'est arrivée. Depuis, je suis vigilante.

⁂

Je me souviens de cette femme. Accompagnée de sa fille, elle a un peu peur car elle n'a jamais consulté. La fille – qui m'a déjà rencontrée – me demande si elle peut accompagner sa maman dans mon bureau. J'accepte. La consultation se passe bien. Puis, je vois de la tôle froissée, un accident de voiture, des morceaux de verres. Je le dis à ma consultante (la mère).

Quelques mois plus tard, c'est la fille et non la mère qui a un accident. Enceinte de cinq mois, elle perd son bébé et reçoit des éclats de verre dans le visage. J'ai capté une information qui ne concernait pas la personne assise en face de moi, mais celle installée à ses côtés. Je pense que la voyance en public peut être dangereuse à ce niveau-là. Si je refuse la présence d'une tierce personne qui assisterait à la consultation, c'est également parce que je pense que c'est tout aussi incompatible qu'une séance chez un psychanaliste. Une consultation ne se réduit pas à « voir ». C'est un véritable échange, une incursion dans l'intimité.

Lorsque j'examine une photo, je préfère que la personne y soit représentée seule. Une dame me tend une photo de son mari et je lui dis :

– « Je vois une femme. Elle ne peut plus marcher. Est-ce sa maman ? »

– « Non, ma belle-mère est très active. »

– « Je vois des mains noires, pleines de graisse, des moteurs, des épaves de voiture. Est-ce le métier de votre mari ? »

– « Non, je ne comprends pas. Mon mari est informaticien. »

Alors je ne poursuis pas. Je suis dans l'erreur. Ma cliente reprend sa photo, déçue et la regarde un moment. Puis elle comprend :

– « Vous venez de parler de l'ami de mon mari qui est à côté de lui sur la photo. Sa maman est paraplégique et lui est mécanicien. »

Je veux bien admettre parfois l'explication de la télépathie. Néanmoins, lorsqu'il est question d'une voyance dans le futur qui se confirme, je ne peux remettre en cause la faculté de voyager dans le temps. Oui, une voyance peut parfois être entachée de télépathie. Mais pour cela il faut que le consultant connaisse déjà les faits. Ce n'est donc possible que pour le présent et le passé, non pour la vision du futur et dans la réalisation de ces prédictions.

La mémoire des lieux et des objets

Vous est-il déjà arrivé d'entrer dans un lieu, une maison, un bâtiment et d'y ressentir quelque chose ? Les sentiments, les émotions s'inscrivent dans la matière. Certaines maisons ont une âme, comme si des empreintes s'y étaient figées. De nombreux archéologues utilisent les services de clairvoyants pour les aider dans leurs recherches. C'est ainsi qu'en 1980, madame

Hella Hammid a découvert une nécropole et un quartier périphérique en Égypte. Elle a indiqué l'emplacement de certains bains publics au nord d'Alexandrie.

Les parapsychologues qui étudient ces phénomènes pensent que les objets ont une mémoire. D'autres estiment que l'objet est un support de voyance au même titre que la boule de cristal ou le tarot. On ne peut évidemment apporter aucune réponse définitive. On a remarqué que si l'objet a été en contact avec une personne, ou encore s'il a vécu un drame ou en a été témoin, la tâche du voyant en sera facilitée. Il n'est d'ailleurs pas rare que le voyant ressente la même souffrance physique ou morale que la personne à laquelle l'objet a appartenu.

Vous vous souvenez peut-être de l'excellente prestation de psychométrie[1] qu'avait faite Maud Kristen dans l'émission *Mystères* d'Alexandre Ballou, en 1992 ? Une expérience réussie sur un fragment du Mur de Berlin. Pour décrire ce fragment, Maud Kristen parle de froid, de pays où il pleut, de gens qui dansent, d'explosions, de révolution, de violence. Elle capte des émotions, « une sorte de mémoire des choses », dit-elle. Cela prouve que l'on peut faire de la voyance sur un lieu ou un objet qui a gardé la mémoire des événements passés, surtout si ces événements ont été porteurs d'émotions fortes.

La perception extra-sensorielle est un phénomène universel, présent partout à chaque instant. Dans les expériences de psychométrie sur photo, on ne peut passer sous silence les voyances réalisées par Yaguel Didier sur des documents enfermés dans des enveloppes. Ces expériences sont racontées dans son livre *La mémoire du futur*. Elle a fait également une démonstration extraordinaire dans une enquête menée par Alix de Saint-André (grand reporter à *Elle*) réalisée par une équipe « pas très convertie » au paranormal, arrosée d'un scepticisme avoué. Yaguel fait trois expériences sur photos. L'une sur David de Michel Ange, l'autre sur le Titanic et la troisième – dont je vais vous parler – sur la photographie du virus du sida. Cette

1. Psychométrie : voyance sur un objet.

photo ressemble à un oursin aplati. Dès qu'elle met la main sur l'enveloppe, elle la lâche en disant : « C'est quelque chose qui tue, ça fait mal... C'est horrible, cela prend mon énergie, je me sens terriblement fatiguée, je vois la mort attachée à cela. » Elle donne quelques autres éléments... En parlant de « cadavres, de gens en vert et blanc qui veulent se battre contre cela ». Puis elle dit : « C'est contagieux, c'est une maladie ». Impressionnant tout de même ! L'article est publié dans le numéro 2189 du 21 décembre 1987 du magazine *Elle*. Vous pouvez aussi vous reporter pour plus de détails à l'ouvrage *Les grandes voyances de l'histoire*[1] qui reprend l'expérience. A partir de documents enfermés dans des enveloppes opaques, la voyante raconte, interroge la personnalité et le destin de personnages historiques dont la vie comporte certaines énigmes. Les incursions médiumniques de Yaguel Didier parlent de l'affaire Anastasia, un portrait du pharaon Akhenaton, de Marilyn Monroe, la disparition de Mozart, Jeanne d'Arc, l'identification de Jacques l'Éventreur. Les séances bousculent l'histoire par des précisions extraordinaires... qui donnent à réfléchir !

Des lieux sont aussi « chargés » d'une histoire. La rencontre avec le passé dépend de la sensibilité et de la réceptivité de celui qui s'y promène. Ce labyrinthe du « passé », je l'ai un jour pénétré.

Retour vers le futur

Je me rappelle une visite, lors de mes vacances en Crète. Nous louons une voiture pour visiter la région. Il fait une chaleur insupportable. Je suis avec mon mari, nous arrivons sur un site archéologique. Je longe les murs pour y trouver un peu d'ombre. On se dirige vers un endroit du site qui est encore en pleine restauration. De grandes tôles ondulées couvrent certaines parties du sol où l'on est en train de faire des fouilles. J'ai mal aux pieds. En marchant, j'ai déplacé une poussière qui s'infiltre

1. *Leur vrai destin*, Éd. Plon.

dans mes sandales et me blesse. Je m'assieds à l'ombre. Quel soulagement !

Seule, je regarde les murs dans tous leurs détails, le grain blanchâtre de la pierre, les statues, le dallage. Je me sens portée, comment dire, baignée dans un océan de lumière... C'est la première fois que j'éprouve ces impressions. Des sensations très fortes.

Tout à coup, j'entends comme des voix qui me parviennent de loin, de très loin. Elles s'accompagnent d'une légère surdité. Ce qui m'oblige à fermer les yeux pour mieux les entendre. Des murmures mêlés à des cris étouffés... Je tends l'oreille. Mon oreille intérieure les entend. Comme un défilé d'échos diffus en provenance « d'ailleurs ». Qu'est-ce que c'est ? J'ouvre les yeux. Je regarde les pierres. Cela dure quelques instants puis ça s'arrête. Je sens la présence de « personnes ». Bien sûr, je ne vois rien. Je les sens là, tout près. Des murmures à quelques centimètres de moi, très clairement. Une sensation physique extrêmement poignante. Ils sortent du temps, revivent un instant. Ils viennent jouer avec moi. Que veulent me dire ces voix ? Je referme les yeux quelques secondes... Plus rien. Mes visiteurs ont regagné leur demeure dans l'Histoire. Surprise de ce que je viens de ressentir, j'aurais aimé que ces voix me racontent. Quelques touristes dispersés se sont approchés. Je ne suis plus seule. Je me lève. J'ai du mal à partir, me retourne. Nostalgique, silencieuse mais emplie de sons.

Le soir, j'ai mis du temps à m'endormir en écoutant le vent. Je ne comprends pas ce qui s'est produit. Je me pose beaucoup de questions. Malgré toutes ces interrogations, je sais qu'à cet endroit, quelqu'un a voulu me dire quelque chose. J'ai eu l'impression de sentir s'animer des personnages invisibles. Je les ai sentis bouger, se déplacer. J'étais en décalage dans le temps. Est-ce moi qui ai fait une incursion dans une autre époque, dans leur époque ? Étaient-ce eux qui m'appelaient ou moi qui me suis déplacée dans leur temps sans posséder les images ? J'ai en quelque sorte assisté au déroulement d'une séquence, avec les yeux bandés. Je me suis déplacée dans un lieu intemporel, mais mon corps, lui, est resté en place dans le présent. Oui, je pense que c'était cela. Comme Alice traverse le miroir du pays des merveilles. Mon esprit a été emporté, comme aspiré, dans une spirale qui m'a laissée hébétée mais aussi éblouie.

⁂

Une voyance... coquine !

Je ne résiste pas à l'envie de vous raconter l'histoire étrange qui m'est arrivée à Malte. C'est l'été 1993, les vacances. Une drôle d'aventure m'attend à Gozo, petite île juste à côté de Malte, appelée aussi « île de Calypso ». La célèbre sirène y aurait tenu Ulysse sous le charme pendant sept heureuses années, raconte-t-on... L'aventure que je vais vivre me laisse un peu honteuse.

Nous allons, mon mari et moi, visiter Gozo. A l'hôtel pour deux semaines de vacances, bien que mon désir premier en vacances soit de paresser au soleil à la piscine ou au bord de la mer, je suis assez séduite par cette petite île. Je trouve qu'elle a un grand pouvoir enchanteur. Après un déplacement par ferry, nous arrivons au temple de Ggantija, un temple à ciel ouvert, qui donne une vue merveilleuse sur l'étendue de l'île. J'ai chaud. Je transpire sous mon chapeau de paille. Je soupire car il n'y a pas une bouteille d'eau à l'horizon. Moi qui ingurgite deux litres d'eau plate par jour, me voilà sous quarante degrés à l'ombre en plein milieu d'après-midi et rien à boire ! J'ai la gorge desséchée, la bouche en béton et je marmonne. Le groupe de touristes avance, mais je me laisse distraire, comme toujours.

Je flâne. Tout à coup, je me sens troublée par... quelque chose d'intime et d'assez personnel. Je ne sais pas ce qui se passe. Là, sous la chaleur, mourant de soif, me voici prise tout à coup... d'une envie folle de faire l'amour ! C'est fort comme les vagues de la mer que j'aperçois au loin. Qu'est-ce qui me prend ? Ce n'est pas le moment. D'accord, il n'y a pas d'heures particulières, me direz-vous, mais quand même ! Le regard pétillant et coquin, je m'approche de mon mari et le lui chuchote à l'oreille. Il me regarde, surpris. Ben oui. « Je ne sais pas ce qui me prend », lui dis-je. Cela dure une à deux minutes, en tout cas suffisamment longtemps pour que cela me semble une éternité.

Et puis, je fais quelques pas, manière de m'occuper... Je rejoins le groupe. Le guide explique que sur les blocs de pierre reposait autrefois l'énorme symbole phallique exposé au musée de Gozo. Interpellée, je tends l'oreille. L'autel, derrière les parois de six mètres de haut, était réservé aux offrandes. Là, sur cette pierre, on offrait aux Dieux de jeunes vierges pour la fécondité (par un acte sexuel). Ces autels étaient également réservés aux oracles. Mon regard croise celui de mon mari, complice dans un sourire de connivence. Nous avons compris. Je n'étais donc ni folle, ni obsédée. Nous en avons bien ri, même si mon mari fut peut-être un peu déçu de ne pas avoir été l'unique source de mon désir charnel inattendu.

C'est là que j'ai compris que les sites et les pierres peuvent produire un étrange écho. Évidemment, cela peut sembler une explication fantaisiste. Les aventures que j'ai vécues par la suite me l'ont prouvé. Je venais de découvrir que je pouvais être en harmonie avec des émotions, avec un vécu. Mon corps, mes sens avaient capté des émotions d'un passé, d'un univers qui n'était plus matériel mais encore présent à condition de l'écouter.

⁂

L'île de Philae sauvée des eaux...

Au printemps 2000, lors d'une croisière sur le Nil en Égypte... Nous partons pour une excursion sur l'île de Philae, toujours en compagnie de mon mari et d'un groupe. Par une fin d'après-midi encore lourde et chaude, nous embarquons à bord d'une felouque pour nous rendre au temple d'Isis. Un petit quart d'heure suffit.

Au milieu du Nil, le temple est là. Il s'approche. Se dresse et se mire dans les eaux, comme malheureux dans le chaos des rochers. Malheureux ? Pourquoi ai-je cette sensation ? Depuis plusieurs jours, nous avons visité divers temples. « Là, quelque chose est différent ». Nous descendons du bateau. Les lumières du soleil couchant éclatent sur les murs de pierres. Les immenses statues représentant Isis m'impressionnent par leur taille et leur côté grandiose. Évidemment, je ne suis pas la seule à vivre cette impression car on ne peut qu'être émerveillée devant de tels monuments. Soudain, j'ai la sensation que mon cœur s'arrête de battre. Je suis figée, immobile, éblouie dans une demi-obscurité. Une tristesse immense m'envahit. Elle est de plus en plus forte. Une marée. L'onde monte en moi. J'avance. Derrière les colonnades chargées d'histoire, mon angoisse augmente, aiguise mes sens, me trouble plus que toute chose. Et puis... ma gorge se noue. J'avale un grand coup.

Que se passe-t-il ? Autour de moi, la foule est silencieuse. Juste quelques murmures... Je suis seule avec une peine qui m'étouffe. J'ai l'impression qu'il n'y a plus personne. Seulement moi et ce chagrin... Je m'écarte alors du groupe. Je m'éloigne de mon mari. Bouleversée. Impossible de trouver une raison motivant cette tristesse. Des larmes coulent derrière mes lunettes de soleil. Je cache mes émotions. Je regarde le temple. Je pense : je ne peux pas pleurer. Ce n'est ni le moment ni l'endroit ! Eh bien si, c'est l'endroit et c'est le moment. Car les murs m'envoient leurs émotions. Mon mari m'observe de loin. Il comprend. Il sait, lui, que quelque chose se passe. J'avance sans réfléchir. Je suis le groupe de loin avec des gestes automatiques, noyée dans un abîme de tristesse qui semble m'engloutir. Oui, c'est le mot. Il m'enveloppe littéralement, comme si j'étais plongée dans un puits sans fond. Qui pourrait comprendre pourquoi je verse ces larmes ? Pourtant je pleure, silencieuse. Le temple me parle. Je suis comme sur une autre fréquence. L'espace d'un songe... éveillée.

La nuit tombe peu à peu. Tout en marchant, nous nous dirigeons vers l'espace où va commencer un spectacle son et lumière. Voici le temple sous les projecteurs. La voix du commentateur explique comment ce monument grandiose a été sauvé grâce à une collaboration internationale. Les commentaires expliquent que Philae, la cité, fut engloutie par les eaux du lac Nasser sur laquelle était construit le temple. L'eau submerge les terres dix mois par an, et recouvre le temple. L'Unesco entreprit alors de sauver ce patrimoine en déplaçant le temple pierre par pierre. Il fut reconstruit à 300 mètres, sur l'île d'Agilka où nous nous trouvons. La narration est agrémentée de conversations entre des personnages mythiques. J'ai l'impression que je suis avec eux... Eux, qui est-ce ? Isis, une déesse malheureuse dont le temple a disparu, emporté dans les tourbillons du Nil.

Je regarde le ciel avec avidité. Je me retourne vers mon mari et lui dis : « Regarde le ciel, les étoiles ». Au même instant, comme en écho, des immenses haut-parleurs fusent ces paroles : « Regarde le ciel, les étoiles et écoute... ». Incroyable. Mot pour mot, l'écho de mes phrases résonne. Mes larmes coulent, coulent. Pendant un long moment, je communie avec l'univers d'Isis. Suis-je venue à Philae dans une vie antérieure ? Les lieux, les murs m'ont-ils parlé de leur souffrance ? Le temple est-il triste d'avoir été déplacé ? Isis pleure-t-elle encore son mari décédé ? Ou bien m'a-t-elle délivré un message ? Ce que je sais, c'est que je n'ai pas besoin d'un psychiatre car j'ai dépassé l'époque où l'on peut encore se poser des questions. J'ai appris à recevoir des émotions d'une richesse qui jalonnent mon chemin. Aujourd'hui, j'en suis heureuse.

Ce lieu sacré et éternel, situé à l'entrée du désert, remonte à trois siècles avant notre ère. Il m'a parlé. Le Nil, le grand fleuve qui a appris aux Égyptiens l'arithmétique, la géométrie et l'astronomie, inspiré la croyance en la résurrection et en l'éternité, m'a envoûtée pendant quelques minutes. Philae renaît. Philae surgit tel un mirage dans sa beauté à jamais éternelle, resplendissante de mille feux. La visite se termine et tout le groupe reprend le bateau. Je fixe le temple. Le bateau glisse doucement vers les lumières du rivage qui se reflètent dans les nuages. Les vagues m'éclaboussent par dessus le bastingage. Je m'éloigne doucement jusqu'à ce que Philae ne soit plus qu'une petite ligne à l'horizon. A nouveau, les larmes coulent sur mes joues. Je suis triste. Je n'ai aucune explication logique ni rationnelle.

J'emplis d'air mes poumons. Je ne veux garder dans mon être qu'un sentiment de paix. J'émerge. « Je reviendrai te voir ». En regardant disparaître au loin le temple d'Isis, je sais que la vie dans ce monde ne se termine pas par la mort physique, mais qu'il y a une mémoire éternelle.

Le soir, au dîner, nous échangeons des commentaires sur la croisière. Nous expliquons à nos compagnons de table que faire un choix de bateau a été ardu étant donnée l'organisation chaotique des croisières sur le Nil. En fait, nous devions effectuer cette croisière sur un autre bateau... Comment s'appelait-il ? Un trou de mémoire. Mon mari réfléchit quelques instants. Il se rappelle : l'*Agilka*. Mais c'est le nom du temple d'Isis (Agilka). Coïncidence... Peut-être !

Le lendemain, en sirotant un verre en tête à tête après le repas, j'essaie d'expliquer à mon mari les émotions qui m'ont envahie. Calme et attentif, comme toujours, il me dit : « N'essaie pas de m'expliquer. Je ne pourrais pas comprendre. C'est comme si tu essayais de décrire à un aveugle le bleu de la couleur du ciel. Crois-tu qu'il comprendrait ? » Il venait de résumer.

UN VOYAGE DANS LE TEMPS

« Le temps n'est rien
et nous ne sommes rien face au temps[1] »

En voyance, la frontière entre passé et présent n'existe plus. On reste perplexe devant le mystère du voyage dans le temps, à moins que l'homme n'accepte l'idée d'une incursion dans une autre dimension[2]. On peut répondre par l'affirmative à partir du moment où par une voyance aujourd'hui, un voyant peut décrire une image précise qui se confirmera dans un an, deux ans ou dix ans plus tard.

Et si, comme l'a dit Einstein, « le passé, le présent et l'avenir n'étaient qu'une illusion » ?

Et si la voyance était un accès fugitif à une autre dimension, où futur et présent co-existeraient ?

Quel formidable voyage dans le temps ! Mais qu'est-ce que le temps ? Et peut-on réellement s'y mouvoir ? J'ai constaté très fréquemment que l'événement raconté ou cité se range soigneu-

1. Laura Tuan.

2. Régis Dutheuil, professeur de physique et de biophysique à l'Université de Poitiers, membre du comité scientifique de la fondation Louis de Broguia, nous parle d'un univers dans lequel présent, passé et futur coexistent. Un univers parallèle qu'il appelle « espace temps superlumineux ». Il explique sa théorie dans son ouvrage *L'homme super lumineux.*

sement dans le tiroir aux archives de la mémoire. Ou dans l'inconscient. Alors, il y a des phrases du style : « Oh, j'avais complètement oublié. Ce que vous me dites est vrai ».

Je me trouvais un jour en présence d'une jeune femme, 27 ans, infirmière. Elle suivait des cours de psychologie à l'Université. Parfois elle avait bien du mal à mener de front études et boulot. Je lui décris une scène particulière.

– Vous êtes immergée. Une immersion complète. Comprenez-vous pourquoi ?

– Non, comme tout le monde, je prends des bains et je ne vais jamais à la piscine.

– C'est surprenant.

Je n'insiste pas. La consultation se poursuit... Au moment où elle va me quitter, je me lève pour la raccompagner.

– Je me demande pourquoi j'ai vu cette immersion complète avec un sentiment de bien-être et de... purification.

– Une purification, dites-vous. Maintenant, je comprends. Je me suis fait baptiser il y a trois semaines par une immersion complète.

Cela s'était produit à Pâques. A l'Église Saint-Denis à Liège. Se faire baptiser à 27 ans, de cette façon, n'est pas chose courante. Cela m'a convaincue. De quoi ? Je ne sais pas comment je fais pour me déplacer dans l'espace et le temps. Mais je suis convaincue que je l'ai fait, vraiment.

Pour le voyant, sa vision est panoramique et lui donne un sentiment de présent, même si l'événement se situe dans le passé ou l'avenir. Insister sur le temps peut l'amener à donner une date erronée.

« Mais quand cela se produira-t-il ? »

Cette question, je l'entends très souvent. Le voyant honnête aura beaucoup de mal à répondre. Je peux le faire parfois. Mais n'oubliez pas que je vais chercher mes informations dans un espace où le passé, le présent et le futur se confondent. Je peux ressentir des retards, des freins, des obstacles. Mais j'ai toujours du mal à fixer un délai précis. Même si quelquefois des éléments de la perception permettent de situer un événement, il ne faut pas ajuster sa vie sur un calendrier de voyance. La période est approximative. Inutile de me téléphoner le 30 mars en me faisant remarquer que j'ai prédit un changement professionnel pour le printemps et que la date est passée de huit jours ! Dans le monde de la voyance, il n'y a ni calendrier ni horloge... Dommage, je ne bénéficie pas de sous-titre sous l'image.

Lorsque je vois, je vois au présent. Le temps est décalé. Par exemple, lorsque je décris à Stella son nouveau compagnon, je lui parle d'un homme libre, les cheveux noirs. Son genou le fait souffrir. Réponse immédiate de Stella :

– Non, je ne vois aucun homme libre ayant mal au genou dans mon entourage.

Cette rencontre, elle la fera deux ans plus tard en allant rendre visite à une amie hospitalisée. N'ayant pas le sens de l'orientation très développé (caractéristique bien féminine, avouons-le), la jeune femme s'est trompée d'étage. C'est un patient sympathique qui la guide au bon numéro de chambre. Séparé de sa compagne depuis six mois, fraîchement opéré du ménisque. C'était lui. Voici un exemple intéressant d'un voyage dans le temps.

Lorsque l'on consulte, on doit rester ouvert. Il ne faut pas à tout prix essayer de donner un sens aux phrases que l'on vous dit aujourd'hui.

La voyance perçoit un fait qui n'est peut-être pas encore d'actualité au moment où il est énoncé.

Quand je décris à Françoise un petit garçon le front bombé et volontaire, le regard espiègle, presque frondeur, costaud, il n'existe pas encore. Françoise est veuve depuis peu. Elle a trente-sept ans et n'envisage pas d'autre enfant dans sa vie. Sa fille a déjà 17 ans. Je lui parle ce jour-là d'un petit garçon. Deux ans plus tard, elle vient me revoir parce qu'elle a rencontré un nouveau compagnon divorcé. Ils envisagent de faire un bébé. Seulement voilà, avant leur rencontre, cet homme a subi une vasectomie. Sa première épouse était atteinte d'une maladie qui lui interdisait d'avoir des enfants. Ils n'avaient donc voulu courir aucun risque. La vie réserve bien des surprises, ils se sont rencontrés. Ils s'aiment et désirent ardemment un bébé. C'est alors que malgré l'obstacle, la difficulté, Françoise s'est souvenue de mes mots, de cette description. Ils tentent l'insémination artificielle. Après trois échecs consécutifs, la voilà découragée. Prête à abandonner, à se résigner.

– On veut laisser tomber. C'est tellement dur physiquement et psychologiquement.

– Impossible, je vois cet enfant. Je le sens comme s'il existait déjà. Accrochez-vous, bon sang !

Le petit garçon a désormais cinq ans. Il est plein de vie et espiègle ! Cette projection du futur a donné à ce couple le courage d'aller jusqu'au bout de leur tentative et d'avoir un petit homme merveilleux. Dans de telles situations, je ne peux m'empêcher de penser que je fais le plus beau métier du monde.

Le voyant voit parfois le bout du chemin sans percevoir toutes les étapes intermédiaires. L'image ne véhicule pas de raisonnement. Quel étrange détour peut parfois prendre une prédiction...

Une sonnerie lui sauve la vie

Marguerite est veuve, la poitrine opulente, la soixantaine, le verbe assuré.

– Je vous vois déménager ?

– Je n'ai aucun projet de déménagement. Je suis propriétaire de ma maison et je m'y sens bien.

Quelques mois plus tard, suite à l'explosion d'une bonbonne de gaz domestique de la maison voisine, la partie avant de son immeuble est totalement soufflée ! Marguerite est allée vivre plusieurs mois à l'hôtel, le temps que les entrepreneurs reconstruisent son bâtiment. Le tout est pris en charge par les assurances. Curieux que pour cette voyance, je n'aie décelé aucune explosion. J'ai vu la conséquence seulement. La vision était exacte et n'avait rien de prévisible. Oui, le « hasard » est parfois surprenant. Au moment de l'explosion, Marguerite se trouve dans sa cuisine. Le téléphone sonne. Elle quitte la pièce pour décrocher le combiné installé dans le salon, à l'arrière du bâtiment. C'est un ami qui appelle. Brusquement, la déflagration arrache toute la partie avant de l'immeuble (où elle se trouvait quelques secondes auparavant). Le coup de téléphone lui a sauvé la vie.

André Malraux a écrit *« Les coïncidences sont le langage du destin »*. Difficile parfois de ne pas se poser la question...

Il m'est arrivé de donner des chiffres très précis. Ainsi, dernièrement, j'ai reçu dans mon bureau une personne intéressée par l'achat d'une maison qui devait être mise à prix en vente publique. J'ai vu clairement le chiffre et c'est à ce prix que la personne a acheté la maison. L'hypothèse du coup de chance ne tient pas. Ou alors c'est incroyable comme je suis vernie !

Chaque jour dans mon bureau, des personnes me posent des questions sur le temps et je les comprends.

– « Je vais rencontrer l'homme de ma vie, mais quand ? »

– « Quand vais-je trouver un emploi ? »

– « Ma maison est à vendre. Quand sera-t-elle vendue ? »

J'accepte les informations comme elles viennent. Certaines images précises vont me donner des informations. Selon que l'événement est plus ou moins éloigné, la vision en est plus ou moins nette. Lorsque l'événement se situe dans le passé, l'image m'apparaît mentalement souvent du côté gauche. Au contraire, lorsque l'événement est dans le futur, le cliché arrive côté droit. Mais pas à chaque fois. Je peux voir des informations qui me donneront des indications sur les saisons : un soleil qui brille, des feuilles qui tombent, un sentiment de froid, la pluie.

⁂

Il y a deux ou trois ans une cliente décide de vendre sa maison. Chanteuse lyrique, son mari dirigeait un grand théâtre. Ils décident de quitter la Belgique pour vivre leur retraite à l'étranger. Je la vois « signer des papiers quand les feuilles tombent. Et en signer d'autres en changeant un calendrier ». C'est donc extrêmement précis : l'automne et la fin d'année. Mes propos se sont avérés justes. Mais pas l'année de la consultation. Cette vente s'est réalisée un an plus tard. Ma cliente a négocié son bâtiment au début de l'automne et signé le compromis de vente au moment du réveillon !

⁂

J'ai des souvenirs de sensations très puissantes que j'ai éprouvées lors de certaines consultations. Ce jour-là, en fin d'entretien, ma consultante me tend la photo de ses parents âgés.

– Je ressens une violente douleur dans le ventre de votre maman.

– Je ne comprends pas, répond-elle. Elle ne se plaint de rien. »

Je n'insiste pas. Je regarde son père.

– J'ai du mal à respirer.

– C'est normal, il fait de l'emphysème.

– Je le vois mettre sa main sur sa poitrine. Est-ce à ce point-là ?

– Non, du tout.

Quelques mois plus tard, elle me téléphone. Lors d'une journée venteuse de novembre, le désespoir de l'hiver attend au coin de la rue. Ses parents sont ce jour-là sur la route. Pour éviter on ne sait quel obstacle, un coup de volant brutal propulse la voiture contre un mur. Son père est tué sur le coup, la poitrine écrasée contre le volant (met la main sur sa poitrine). Sa mère est décédée trois jours plus tard à l'hôpital, les intestins éclatés... (Violente douleur dans le ventre !)

L'artiste

Axelle est active dans son corps. Riche dans sa tête. Toujours en mouvement. C'est la vie même. Entourée de son mari, de ses enfants, de ses plantes vertes, de ses peintures... Quand on la regarde, on a le sentiment qu'elle est douée pour le bonheur. Artiste, Axelle peint et donne des cours de peinture. Elle expose de temps à autre ses aquarelles. Il lui arrive, comme ce jour-là, de me consulter à la fois pour recueillir mes impressions sur ses toiles et pour connaître l'accueil réservé à sa nouvelle exposition. Quand je regarde ses peintures, j'y connais des dépaysements comparables à de grands voyages.

Axelle arrive chez moi. Des aquarelles sous le bras, bien rangées dans une valise. J'aborde différents points de sa vie. Arrive le moment où elle me présente ses toiles, comme elle le fait souvent.

– C'est drôle, lui dis-je (avant qu'elle sorte la première). J'ai le sentiment que vous êtes entrée dans une phase de création médiumnique. Je vois un homme, les cheveux gris. Il tousse à petits coups. Autour de lui, des livres. C'est fou comme je sens une odeur de livres renfermés, à la limite d'être dérangeante.

Les yeux d'Axelle brillent.

– Cet homme que vous me décrivez me fait penser à mon grand-père. Il était bouquiniste. Je me souviens. Quand j'étais enfant, je sentais cette odeur de vieux livres en entrant chez lui, dans la pièce où il se trouvait. En y repensant, je sens encore l'odeur particulière du vieux papier.

Elle sort de sa petite valise quatre aquarelles déjà encadrées. Je regarde le coquelicot rouge. Il est beau. Je l'admire. Elle le range. Avec le second et le troisième tableau se produit la même chose, je donne quelques impressions. Avant qu'elle sorte le quatrième, je lui dis :

– Derrière ce tableau, il y a quelque chose. « Le secret » !

Elle retourne la toile. En effet, l'ébauche de deux ou trois arbres flous sont au verso de ce tableau. Elle me regarde, interloquée.

– C'est comme une peinture différente, abandonnée. Brouillée, particulière.

– Ceci est un paysage de Hesbaye. Je l'ai commencé et je ne l'ai pas terminé. Mais mon grand-père est originaire de Hesbaye.

Axelle est repartie troublée. Quelques mois plus tard, elle revient avec des toiles sous le bras. Un peu agitée à l'idée de me raconter le parcours suivi depuis notre dernière entrevue.

– Vous avez déclenché chez moi quelque chose de bizarre. Les mois qui se sont écoulés m'ont transformée. Je vous ai amené mes peintures, je voudrais que vous m'en donniez le sens.

C'est alors que je propose à Axelle de diriger la voyance différemment.

– Si vous le voulez bien, je vais sentir vos tableaux, sans les regarder. Je vous demanderai de les retourner sur mon bureau afin que je ne voie pas la représentation qui y figure.

Elle ne comprend pas très bien mais elle accepte sans problème.

Je passe alors doucement mes doigts au verso de la toile. Je sens. Je laisse monter en moi les émotions. Sous mes doigts s'imprime un relief. Je touche. Dans la réalité, rien ne se passe mais dans ma tête, je sens. Ce n'est pas lisse. Il y a des excroissances. C'est rugueux. J'ai l'impression que l'œuvre se dessine devant mes yeux. Des formes apparaissent, s'affinent. Des couleurs, des symétries... jusqu'à devenir un tableau. C'est une séquence qui m'a emmenée dans quelque chose d'étrange. Saisissant sur le coup.

Je vois une couleur. Uniforme. Comme une ouverture. Le sujet n'est pas au milieu. C'est décentré. Là, il y a une représentation d'une forme immobile. Aucun personnage. C'est figé. Le ton est très chaud. Je sens le début d'une série. Plusieurs histoires. Oui, c'est sûr, il y en aura d'autres. Nous n'en sommes qu'au commencement. La peinture est inspirée. Quelqu'un vous guide... Ma visiteuse reste presque sans voix. Elle retourne alors le tableau pour me le montrer. Cette toile poignante propose un contraste puissant. Fondamentalement différent. Ses peintures étaient des aquarelles aux tons pastels. Ici, de l'acrylique sur papier chiffonné qui explique parfaitement le relief que j'avais ressenti (mentalement, et non au toucher). Un ton vert foncé domine l'ensemble de la toile. Au centre, une crevasse (l'ouverture) dans laquelle se devinent de minuscules sapins et un paysage très petit. Très fin.

– Je compte faire une série de tableaux pour ma prochaine exposition. Ils seront tous faits sur le même thème, me dit-elle.

Pendant qu'elle me parle et m'explique, une image s'insinue délicatement dans mon esprit. Je vois sa prochaine création ! Elle se dessine devant mes yeux d'une manière claire, précise. Je sens ce qu'elle va exprimer. Je sais que cette toile, elle la peindra. Pour respecter son art, je conviens ce jour-là avec Axelle qu'il est préférable que je ne la lui décrive pas. Ainsi, je n'influence nullement sa créativité.

Axelle l'a-t-elle déjà réalisée au moment où j'écris ces lignes ? Je ne le sais pas encore. Personnellement, j'ai pris des notes sur un bout de papier et les ai rangées soigneusement. Je pense qu'un jour, elle m'apportera cette toile qui n'existe (peut-être) pas encore. Elle se trouve déjà dans son imaginaire. Lorsqu'elle déposera ce tableau sur mon bureau, je reprendrai mes notes. Je comparerai avec les impressions que j'ai eues.

NOTRE DESTIN EST-IL TRACÉ ?

« Le pressentiment, c'est l'ombre du Destin qui s'avance »
Shakespeare

Une étonnante voyance...

Le voyant Marcel Picard raconte un cas étonnant. D'abord la vision d'un bateau retourné. Six corps inertes flottent à la surface de l'eau. Il déconseille à son client de partir en croisière, comme celui-ci l'avait prévu... Un an plus tard, c'est une veuve qui vient le consulter et lui montre la photo de son mari. « Il ne m'a pas écouté ? », demande le voyant.

« Si, dit-elle. Mon mari a annulé sa croisière. Ses amis ont pris le bateau qui s'est retourné et ils ont péri noyés. Mais le jour même, au même moment à Paris, mon mari victime sans doute d'un malaise, s'est noyé dans sa baignoire. »

Notre destin est-il tracé ? Cette question, l'homme se la pose depuis des milliers d'années. Répondre de façon catégorique serait, il faut l'avouer, bien prétentieux. Les situations que j'ai rencontrées m'ont donné de bonnes raisons d'avoir un regard nuancé sur cette question.

Je donne parfois à mes consultants l'image précise d'une situation, d'un évènement. Cette situation, cet événement se produiront. Mais vous jouirez toujours de votre libre arbitre, qui vous permet de la « modifier ». Au fil des années, ma pratique m'a amenée à constater qu'une série de séquences de notre vie sont inscrites. Certaines seraient « programmées ». Tout est-il écrit ? La réponse n'est pas aussi simple. Nous nous dirigeons vers des schémas de la vie qui se construisent petit à petit. C'est l'ensemble de nos actes qui influence notre destinée. Ce qui détermine la destinée n'est pas seulement l'événement, mais ce que l'on en fait. Comme l'enseignait Pythagore : *« Les mots qui ravagent les hommes sont les fruits de leur choix car ils cherchent loin d'eux les biens dont ils portent les fruits ».*

Je crois personnellement au destin, sans pour autant penser que tout est immuable. Il nous est possible, dans une certaine mesure, de conduire notre destinée. Tout l'intérêt de notre vie est de pouvoir agir. Créer, grâce à cette part d'autonomie qui nous est donnée. Pour moi, « destinée » ne veut pas dire « fatalité », au sens de l'inévitable, de l'incontournable. La faculté d'intervention est réelle, à condition de le vouloir. Le libre arbitre joue dans l'attitude que l'on adopte en face de certains événements. Il s'arrête face à la mort. La liberté de l'homme est proportionnelle à sa propre sagesse. Nous sommes des voyageurs en route vers un niveau supérieur. Malgré mon éducation catholique, depuis quelques années, je m'interroge... La philosophie bouddhiste m'interpelle. J'y trouve des réponses de sagesse, riches de sens et de toute chose spirituelle. D'une implacable logique orientée vers la bonté, aussi.

A la naissance d'un être humain, il existe une ligne de destinée. Une série d'événements. Quand l'être arrive devant une séquence, il a la possibilité de la transformer. C'est à ce niveau que le libre arbitre entre en jeu. Ce degré de liberté qui peut déterminer l'avenir. L'avenir proche est déjà en gestation. Le présent est une récolte du passé et l'avenir sera le fruit des actes de notre présent. Il est donc possible d'utiliser une prévision pour intervenir et modifier une partie de ce que nous a dévoilé la prédiction.

Nous pourrions comparer notre vie à un trajet en voiture. Nous sommes le conducteur. Pour effectuer ce périple et arriver à destination, nous sommes tributaires de différents paramètres : caractéristiques de la voiture, météo, travaux sur la route, réserve de carburant... Suivant les circonstances, nous avançons en ligne droite ou modifions notre cap. Nous pouvons nous arrêter en chemin. Boire un café et redémarrer. C'est cela, la destinée. Le résultat de la combinaison de tous ces éléments rend le voyage difficile ou agréable. Nous adaptons, par notre marge de manœuvre, la part d'action qui nous revient.

Prédire l'avenir peut-il le modifier ? Dans une certaine mesure, oui. Si nous partons de notre métaphore, notre vie est le voyage que nous allons entreprendre. Vous êtes le pilote. Quel est alors le rôle de la prédiction ? Des phares ! Oui, le voyant sera comme les phares de la voiture. Ils éclairent, préviennent. Mais au volant, c'est le pilote qui détermine le chemin à emprunter. Chacun reçoit à la naissance un nombre de cartes, d'atouts, de potentiels. Nous en ferons ensuite ce que nous voulons. Il est évident que notre contexte culturel, notre éducation influenceront. Le mélange fait de nous un être unique.

⁂

2 000 ans s'avérèrent nécessaires pour comprendre les fabuleuses découvertes génétiques liées à l'étude de l'ADN. Les médecins peuvent prédire les maladies en lisant dans les gênes. Quel mal risque de frapper ou de tuer un individu. La médecine prédictive est née. En réalité, il s'agit à partir de notre carte « génétique » de déterminer les risques. Mais là, on arrive à la question du tout ou rien. Va-t-on être atteint par la maladie ? Réflexion qu'adresse le sceptique au voyant. (Je risque une faillite ou vais-je faire faillite ?) Lire dans les gênes n'indique pas le moment auquel la maladie se déclenchera ni la gravité de l'atteinte de celle-ci. Les espoirs des médecins sont de prédire pour guérir. Imaginons qu'on détecte une forte probabilité de développer un cancer du sein, le diabète ou un accident cardiovasculaire. Un changement de régime alimentaire, une prise en charge particulière, des contrôles préventifs permettront de sauver des vies. Les médecins vont-ils lire l'avenir de notre santé dans nos cartes génétiques ? Oui. Reste à savoir comment l'homme utilisera ces informations. Ceci devrait lui

permettre de se protéger par une meilleure prise en charge. Rien ni personne ne pourra obliger le patient à suivre les conseils du médecin. Il restera libre. Il restera toujours à l'homme mille façons de façonner l'argile qui l'a construit. Par contre, maintenant il est prouvé que nous sommes porteurs de prédispositions à développer certaines infections. Cela m'amène à une réflexion. On pourrait supposer que le voyant peut capter certaines informations du futur y compris sur la santé de son consultant. Il va se connecter directement sur l'information déjà inscrite.

Une gêne dans la gorge

Une fin d'après-midi d'octobre. Les jours sont plus froids, plus gris. L'hiver approche. Suzanne a 38 ans, un mari, trois enfants, un boulot d'éducatrice et une franchise décapante. Provocatrice ou autoritaire ? Ni l'une ni l'autre. Vraie et sans artifice.

– Quand j'avale, quelque chose ne passe pas. J'ai l'impression d'avoir une gêne là, lui dis-je en mettant le doigt sur ma gorge. Avez-vous des problèmes à ce niveau ?

Sans hésitation, elle me répond :

– Non.

Suzanne m'ayant déjà consultée à plusieurs reprises elle a pleinement confiance en moi. Suite à notre entretien, elle s'est rendue chez son médecin. Les différents tests n'ont rien révélé de particulier. Un an plus tard, on lui enlève un nodule sur la glande tyroïde !

Une fois encore dans ce genre d'exemple, il est nécessaire de reconsidérer l'explication de télépathie. Réfléchissons. Suzanne ignore qu'elle aura un problème à la gorge. Alors, soit je capte une information déjà inscrite, soit il faut classer ce phénomène de la prémonition en acceptant la possibilité d'acquisition d'information dans le futur ?

Un homme averti en vaut deux !

Vous connaissez sans doute l'adage. Voici une autre anecdote révélatrice...

A 14 heures, l'heure fixée, il arrive au rendez-vous. Vincent est un jeune gars de vingt-quatre ou vingt-cinq ans environ. Jeans et blouson de cuir. Brun, sec. Petits yeux pénétrants. C'est la première fois qu'il consulte une voyante. Cela le rend un peu nerveux. Il y croit sans y croire... en y croyant quand même. Pour lui, c'est le jour J.

Il commence par couper le jeu de cartes, en choisit quinze. C'est parti... Mon test se passe bien. Je lui parle de planche, de copeaux de bois... il est menuisier.

– Avez-vous une voiture rouge ? Un rouge lumineux et brillant.

– Oui, répond-il, très fier, en marquant sa surprise ! Une Alfa Roméo. Mais pourquoi me posez-vous cette question ?

– Je vois cette voiture... complètement aplatie. Oui, c'est cela, aplatie et retournée sur le toit !

– Oh non ! Pas ça, je viens à peine de l'acheter. C'est ma première voiture neuve.

– Avez-vous une assurance tous risques ?

– Non, j'ai raclé les fonds de tiroirs pour verser l'acompte. Plus question de faire des frais supplémentaires.

– Cette voiture sur le toit ne m'inspire pas confiance. Cependant soyez rassuré, je ne ressens aucun danger corporel. Non. Seulement, si l'on peut dire, de la tôle froissée.

Quelques mois plus tard, en plein après-midi, un fleuriste sonne à ma porte et me tend un superbe bouquet jaune et blanc. Étonnée et curieuse, je m'empresse de lire la carte qui l'accompagne et j'y découvre un petit mot bien énigmatique : *« Merci, vous m'avez fait économiser plus de 17 000 Euros ! »*. Rien d'autre ! C'était bien maigre pour satisfaire ma curiosité.

L'explication, je l'ai le lendemain, lorsque l'expéditeur anonyme me téléphone. Après sa consultation, le jeune gars avait trouvé plus prudent de s'assurer tous risques. Quelques mois plus tard, il a dérapé sur l'autoroute. Fait un tonneau, et terminé sa course sur le toit ! Plus de peur que de mal, il n'a pas eu le moindre petit bobo. Quant à son Alfa Roméo, elle était bel et bien aplatie !

Dans ce cas, on constate que même si l'événement n'a pu être évité, le consultant averti s'est protégé de complications financières qu'il aurait dû affronter. Les personnes de mauvaise foi diront peut-être qu'en annonçant un accident de voiture à mon consultant, j'ai pu déclencher chez lui un stress lorsqu'il prenait le volant. Je leur répondrai ceci : « Que pensez-vous alors de l'histoire de cette jeune commerçante venue me consulter l'année dernière ? »

Mise en garde concernant un vol dans son commerce, elle fait installer sans tarder un système d'alarme. Quinze jours plus tard, on tente de la cambrioler. Suggestion de ma part aux voleurs ? Faut pas pousser, quand même !

S'il est vrai que le fait de savoir que l'on est prédisposé à subir certains événements peut déclencher une attitude pour réaliser la prédiction, cette remarque ne saurait s'appliquer dans tous les cas. Je veux bien admettre par exemple le cas banal de l'annonce heureuse de l'arrivée de la Belle au Bois Dormant que le voyant prédit au jeune homme transi. Il se préparera le cœur une fois sorti du cabinet. La pensée a un pouvoir merveilleux.

Mais comment expliquer les événements qui ne concernent pas directement le consultant, mais ses proches ou des personnes qui lui sont étrangères ?

Comment pourrais-je influencer de manière à créer ce mécanisme ? D'autant qu'entre la prédiction et le moment où l'événement se produit, des mois ou des années peuvent s'écouler !

Tout feu tout flamme !

Il fait beau. Une journée de septembre ensoleillée. L'été indien.

Serge et moi, nous nous connaissons depuis des années. Sa passion : les voitures américaines des années 60.

Sa dernière trouvaille mesure 6 mètres et ronronne comme un chaton. De temps à autre, il me consulte. La séance est très détendue. Serge déborde d'enthousiasme. Il vient tout juste de reprendre une baraque à frites ambulante. Après une période de chômage, il a décidé de se jeter à l'eau en tant qu'indépendant.

– « J'ai 41 ans, c'est maintenant ou jamais », me dit-il.

Il avait pu bénéficier des avantages que l'office national pour l'emploi accordait à cette époque. Le fameux « prêt aux chômeurs ».

Je l'écoute parler lorsque brusquement je sens monter en moi une bouffée de chaleur. Je crois d'abord que c'est l'atmosphère lourde de ce mois de septembre. Doucement et de manière de plus en plus intense, je sens cette chaleur se localiser sur mon visage. De plus en plus forte. Sensation très désagréable. Je gesticule sur ma chaise, ne sachant quelle pose adopter.

Tout à coup, je vois une flamme au-dessus de l'épaule droite de Serge.

– Ne panique pas, mais je vois une flamme sur ton épaule. Une petite flamme semblable à celle d'une bougie.

– Quoi ? Une flamme sur mon épaule ? Tu rigoles ?

– Non, je ne ris pas. Je suis même très sérieuse. J'ai si chaud tout à coup... Je ne me sens vraiment pas bien.

– Ne me dis pas que je vais brûler, ou... ma friterie peut-être ?

Serge grimace.

– Je te conseille d'être prudent et prévoyant en matière d'assurances. Cette sensation ne m'inspire rien de bon.

L'entretien touche à sa fin. Je dois avouer que ce jour-là, mon copain me quitte plus inquiet qu'il ne l'était avant d'entrer dans mon bureau. De mon côté, je n'étais pas rassurée. Quatre mois plus tard, la friterie de Serge brûle complètement. L'œuvre de vandales, un samedi soir. Il n'est resté que des cendres.

Coïncidence ou destin ?

L'heure de notre mort est-elle programmée ? Grande question qui hante les hommes depuis toujours.

Je me souviens d'une consultante venue me voir quelques semaines avant l'opération à cœur ouvert qu'elle devait subir. Elle a à peine la cinquantaine. Lorsque je consulte mon tarot, voici la réponse que j'obtiens : « le retard » (les projets doivent être retardés).

- Choisissez une autre carte s'il vous plaît.

Elle sort « le destin ». Étonnement de la cliente (et de moi). Elle veut savoir si l'intervention se déroulera bien. La réponse : il faut retarder.

– Impossible. Je me vois mal dire à l'éminent professeur en cardiologie qui va m'opérer qu'il faut décaler l'opération parce qu'une voyante m'a dit que...

L'opération s'est déroulée le jour prévu...

Voici dans quelles conditions. Elle s'est retrouvée dans une chambre à deux lits. Opération prévue à huit heures du matin et sa compagne de chambre devait subir la même intervention dans l'après-midi. Par on ne sait quel « hasard », ce n'est pas elle mais sa compagne de chambre qui a été opérée le matin. Celle-ci n'est jamais remontée de la salle d'opération. Elle est décédée durant l'intervention. Ma consultante a été opérée plus tard et tout s'est bien passé. Coïncidence, encore ? Je veux bien. Je laisse le soin aux sceptiques mathématiciens de faire le calcul des possibilités qui, en associant deux jeux de tarot, laisse 190 possibilités de réponses ! Le retard associé au destin furent les deux seules cartes choisies par ma consultante en réponse à sa question. Difficile de ne pas être troublée.

Comment encore se poser des questions sur une force qui vient de je ne sais où ? D'un guide ? D'une destinée ? De l'univers ? Au moins convient-il de s'interroger devant certains « hasards » de la vie...

Au delà de ces « hasards », une marge de manœuvre peut s'utiliser. C'est surtout à cela que la voyance doit servir. Néanmoins, ne tombez pas dans l'excès inverse, en gérant votre vie uniquement en fonction des propos de voyants ou d'astrologues ! Pas question de prononcer des phrases du genre « Tant pis, c'est écrit » ou « Je n'ai pas de chance », en attendant que le ciel vous tombe sur la tête... Le rôle du voyant est de permettre de mieux aborder certains événements de la vie afin de moins les subir et au contraire, mieux les gérer.

Si tout est écrit, à quoi sert la voyance ? A anticiper. A faire savoir ce qui doit être connu. Le voyant capte dans l'avenir des images, des climats, des fragments de vie, des avertissements.

Quelles sont alors les possibilités de choix ? Je reste persuadée qu'à certains moments, on peut influencer les événements. Je donne au consultant des points de repère. Il garde sa liberté d'action. Le bon usage de la voyance implique que le consultant prenne ses responsabilités en face d'une prédiction difficile. Par exemple, consulter son médecin, son avocat... pour aborder l'obstacle qu'il peut gérer lui-même.

Consulter, c'est le moyen de prendre une partie de sa vie en charge. Si j'annonce demain à un consultant une année difficile dans sa société, il est libre ou non d'agir en connaissance de cause. Finalement, j'ai souvent constaté que dans certaines situations, nous sommes parfois libres de dire oui ou non.

Le voyant est là pour éclairer les choix. Renseigner sur les éventuelles opportunités ou les obstacles. Il faut utiliser la voyance à la manière d'une source d'informations. Un panneau de signalisation. La voyance prévient qu'une route est sans issue, qu'un chemin est sinueux, que la voie est rapide ou qu'elle est libre. Son signalement est un conseil, et non une interdiction. A vous de bien l'utiliser. Pourquoi s'entêter et s'enfoncer dans un chemin en cul-de-sac si, à côté, la route est libre ? C'est ça notre liberté. Pourquoi Pierre s'est-il entêté à vendre sa maison pendant plus d'un an par le biais d'une agence immobilière alors que je l'avais vu signer une transaction qu'il réaliserait lui-même par une conversation venant d'une femme ? Ce qui se fit, comme je l'avais vu, deux semaines après la fin de son contrat d'exclusivité avec l'agence. Il a vendu sa maison au patron de sa voisine. Il s'est promis de tenir compte, une prochaine fois, de la bonne information de la voyance.

Consulter ne veut pas dire renoncer. Au contraire, en étant éclairé, on peut modifier les conséquences et gagner du temps. Quand on connaît les choses, on peut agir. Une partie des événements est inscrit. Et le hasard ? Dans la vie, je ne crois pas au hasard. Je pense qu'il n'y a que des rendez-vous avec le destin. Quand on songe à sa vie, à ses expériences, on éprouve quelquefois l'intime conviction que tout cela doit bien avoir un sens. Alors qu'à d'autres moments, on a l'impression qu'on n'arrive plus à s'y retrouver. Notre chemin de vie a une influence sur toute chose. Par exemple, je suis convaincue que ce n'est pas un accident si vous avez ce livre entre les mains. En réalité, il y a toujours un lien entre nos problèmes quotidiens, nos rencontres, nos interrogations et les événements que nous vivons. Il m'arrive souvent en consultation d'échanger, avec les hommes et les femmes que je reçois, des idées sur ce sujet. Je rencontre des gens qui de prime abord ont tout (famille, carrière, argent...) et se posent des questions sur le sens de leur vie. Parfois, ils ont l'impression de subir leur vie. Fatigués d'essayer, d'essayer... « Mais qu'ai-je fait pour mériter cela » ? La souffrance n'a rien à voir avec les évènements mais plutôt avec la réaction que l'on a à leur égard. Souvent, les évènements nous les produisons par choix, volontairement. D'autres sont ceux que nous attirons consciemment ou non. Certains font partie du destin. C'est ce que l'on appelle les expériences. Échappent-ils à notre contrôle ? Je ne le pense pas. L'important n'est pas la souffrance mais la leçon ou plutôt l'attitude que l'on va adopter à leur égard. Nous sommes aussi ce que nous choisissons d'être. C'est ça, le défi de toute notre vie.

Il fallait juste un peu de temps...

L'ascension d'André fait rêver, titille les envieux. Petit bourgeois mais pas trop, heureux pas trop non plus. Son monde semble paisible, gentiment matérialiste. Installé le soir dans son divan douillet, un verre de porto à la main, toute sa vie semble tracée. Il vit dans une belle maison, aux côtés de sa jeune femme et de leur fille.

– Vous êtes mal, n'est-ce pas ? lui dis-je en montrant mon cœur du doigt.

Dans son costume raffiné, agrémenté d'une cravate soyeuse, André laisse tomber le masque, son sourire disparaît.

– « Mon travail occupe la moitié de ma vie et de mon esprit. Mais ce n'est qu'une fuite. Voilà trois ans que j'entretiens une liaison avec une femme. Elle-même mariée, tout était en place.

Seulement voilà, elle quitte son mari. Que va-t-il advenir de notre amour ? Je ne m'étais pas rendu compte à quel point elle comptait pour moi. Mon épouse est gentille, bonne mère, je l'aime bien et ne veux en aucun cas lui faire du mal. Mais mon amie me comprend si bien, nous nous complétons merveilleusement. Je l'aime. Je suis mal, si mal. J'ai perdu mon père quand j'étais enfant, et l'idée de ne plus voir ma fille m'est insupportable. Vais-je vieillir aux côtés d'une épouse avec qui je ne partage plus grand chose ? L'avenir fera-t-il de nous un couple aigri qui finit par ne plus se supporter ? Est-ce ainsi que ma fille sera heureuse ? Est-ce plus moral de faire semblant ou d'oser faire des choix pour le bonheur de tous ? Pourtant, l'idée de tout chambouler me paralyse. Voilà où j'en suis... »

Il fallut une grosse année à André pour comprendre que rester dans son couple n'avait plus de sens et n'aurait été que mensonge. « Cela a été dur, mais ça en valait la peine », m'a-t-il dit par la suite. « Enfin, je suis heureux. Je vis avec mon amie, ma fille et elles sont très complices. Quant à mon ex-épouse, elle a souffert au début de notre séparation puis elle a rencontré un gentil garçon. Ils sont faits l'un pour l'autre. »

J'avais vu pour André des raisons d'espérer une nouvelle vie. Malgré sa culpabilité, sa déception, je savais qu'il sortirait de son ambivalence relationnelle. Malgré sa tristesse, je voyais la clarté. Il lui fallait juste un peu de temps pour accepter ce qu'il venait de découvrir et aller vers son destin.

N'est-il pas malheureux de regretter d'avoir pris le mauvais chemin ou de s'être trop attardé quelque part alors qu'on savait que c'était une erreur ? Aborder ses problèmes avec un autre regard peut nous conduire sur un chemin plus facile ou tout simplement plus serein.

Êtes-vous sur la bonne voie ou faites-vous fausse route ? C'est dans ce sens que la voyance peut nous éclairer. Avoir le courage d'entendre le message et bien l'utiliser. Comprendre notre mode de fonctionnement. Garder notre libre arbitre et nous comporter en adultes libres. Et ce qui peut nous sembler un échec aujourd'hui, peut être vécu comme une expérience, une étape ou une leçon.

⁂

Une consultante divorcée depuis dix ans refusait sa séparation. Vie réellement bloquée. Rien ne changeait, et rien ne changera pour elle. Pourquoi ? Elle s'enferme. S'empêche de continuer sa route, sa vie. Il faut savoir « lâcher prise » pour poursuivre. Émotionnellement, nous avons le choix de la liberté. J'ai rencontré des gens prisonniers de leur passé. Des opportunités se présentent et ils les refusent, prétextant : « Je n'ai pas eu de chance », « Je suis foutu ».

D'autres traversent des tempêtes, mais ils décident de se relever. Les mauvais coups du destin ne les empêchent pas de réagir. J'entends parfois « Que voulez-vous que j'y fasse ? Je ne pourrais rien y changer. »

J'ai croisé des consultants qui accusent à tort le destin, la malchance ou les autres de tous leurs maux. Ils oublient qu'eux-mêmes construisent leur vie. Dans certaines situations, un examen de conscience honnête serait plus bénéfique que des lamentations. Être artisan de sa vie, c'est se remettre aussi en question. Crier à l'injustice ou subir ne sert à rien. Il faut comprendre les causes et essayer d'y remédier par des solutions. Pour amorcer un changement, il faut parfois admettre que les autres ne sont pas les seuls coupables de notre malheur et assumer sa part de responsabilité. Cela demande beaucoup de courage et d'énergie, mais c'est ce qui fait progresser. Si vous croyez en Dieu ou en une puissance supérieure, faites de la prière suivante une devise.

« Mon Dieu, donnez-moi la sérénité d'accepter les choses que je ne puis changer, le courage de changer celles que je peux et la sagesse d'en connaître la différence. »

N'oubliez pas que vous ne pouvez pas changer les autres. Vous pouvez vous changer vous-même.

La vie n'est pas un long fleuve tranquille. Elle apporte chaque jour son lot de joies et de peines, des moments heureux dont on se souvient toute la vie et puis, d'autres qu'on voudrait tant effacer. Chacun a un chemin à suivre. Quoiqu'il en soit, celui qui souffre n'a jamais été consolé de savoir qu'il y a pire ! A ce moment-là, on s'en fout, des autres. C'est normal, c'est humain.

Sur des centaines de vie que ma pratique m'a amenée à croiser, j'ai aussi vu des hommes et des femmes qui ont connu de grands malheurs. Perte d'un enfant, maladie longue et incurable qui a rongé un être cher ou tragédies qu'ils n'avaient pas cherchées. Que pouvais-je répondre à leur « pourquoi ? ». Rien ! Juste quelques mots de réconfort maladroits. Je compare souvent la vie à une valise, un bagage. Certaines sont plus légères, d'autres plus lourdes et davantage difficiles à porter. Mais la vie nous apprend toujours ce qu'elle doit nous apprendre. C'est la loi du Karma.

L'avenir de l'homme

La précognition est une prévention au niveau de l'avenir de l'homme. Son degré de liberté devrait l'amener à corriger le destin de la terre, transformer les dangers vers lesquels nous courons. L'homme n'est pas dispensé d'agir au nom du fatalisme. Plutôt que d'attendre que le ciel lui tombe sur la tête, il doit au contraire utiliser l'avertissement. Pour cela, il faut qu'il soit responsable, qu'il prenne conscience que tout acte provoque une conséquence, bonne ou mauvaise.

Je suis en France, dans le Périgord. J'ai commencé la rédaction de cet ouvrage. Mes premiers pas dans le domaine de l'écriture entraînent des réflexions complexes et enrichissantes. Je me promène seule dans un petit bois qui m'attire à chaque séjour là-bas. Les arbres me baignent de paix et je sens à proximité l'odeur de la récolte du maïs. Je laisse voguer mon esprit. Ma solitude grandit. Je me dis que Dieu nous a donné la terre entière, à nous de la choyer plutôt que de la massacrer. Je m'efforce d'y croire, d'y croire... Mais j'ai des angoisses. Quelques semaines plus tard, des agriculteurs sont obligés de verser des centaines de litres de lait dans les égouts, par crainte d'une contamination à la Dioxine. Au même moment, des enfants au

Kosovo meurent de faim. Qu'en penser ? Comme le clame haut et fort Albert Jacquard, biologiste, généticien de renom et homme d'engagement, « on court à la catastrophe. Il faut être conscient que c'est mal parti, mais qu'il est temps ».

Dans le magazine *Le Vif l'Express*, je lis un titre auquel je n'ai pu rester insensible : *« Dioxine : une crise prémonitoire ? »*. De quoi être sensibilisé aux nombreux scénarios du futur pour envisager tous les risques d'accidents qui vont perturber fortement notre société. Prévoir pour agir adéquatement le moment voulu. Il ne s'agit pas seulement d'établir la liste des menaces. Il faut surtout mener les démarches à effectuer pour les prévenir et y répondre. Vite ! La crise de la Dioxine est une alerte dont nous devons tirer leçon. Nous ne pouvons nous retrancher derrière l'argument de la modernité ou du « pas de chance ». Nous devons agir. C'est cela, le libre arbitre. Les lois de l'univers ainsi que celles de causes à effets sont clairement exposées par nos scientifiques et les physiciens. Nos dirigeants ne peuvent les ignorer et nous non plus.

Le nucléaire, les mutations génétiques... Un désenchantement terrifiant. La science devait apporter le progrès, le bonheur et la voilà prise dans un tourbillon technologique... comme un cheval emballé. Alors, croire en quoi ! Serais-je négative ? Non, juste alarmée.

L'homme évolue, dit-on... Oui, sûrement. Que penser du clonage ? Quelle sera la suite ? Le clonage humain ! L'homme a une connaissance rationnelle. Il analyse, raisonne. Il gagne en logique mais perd en bon sens. L'homme part à la conquête de l'espace... Alors qu'il ne connaît pas encore la terre. Pire, que fait-il de la terre et de la mer, base de toute vie ? Il démolit. Il détruit à grands coups de pollution. Que respirons-nous ? Que mangeons-nous ? Je ne suis pas fermée au progrès. Loin de là ! J'utilise un four à micro-ondes, un magnétoscope, un téléphone portable, un fax, un ordinateur... Mais je m'interroge. Je constate que l'évolution de la technique et de la science n'a pas que du positif. Je ne peux m'empêcher d'être inquiète sur l'avenir de l'homme, du monde. La réalité dépasse-t-elle la fiction ? Je me le demande... La maladie de la vache folle, les hormones dans le veau, les poulets bourrés d'antibiotiques. Les porcs nourris avec des aliments transgéniques. C'est cela le progrès. C'est surtout la course effrénée aux dollars. Savez-vous qu'on a testé l'introduction d'un gêne de scorpion dans les tomates pour qu'elles résistent mieux aux insectes ? Pire, on a même procédé à l'implantation d'un gêne humain dans les pommes de terre pour les rendre plus tolérantes aux métaux lourds et nocifs présents dans le sol ! Cette machinerie infernale s'est heureusement arrêtée au niveau des tests. Certes, avant, existaient des épidémies d'autre nature. Les gens mouraient d'autre chose. C'est vrai mais alors, à quoi sert le progrès ? On se lance à corps perdu dans des manipulations sans savoir quelles vont être à long terme leurs conséquences sur l'environnement. La médaille a son revers. L'homme de demain possèdera de plus grands moyens de communication, de déplacements, de production... mais aussi de plus grands moyens de destruction. L'homme veut emprisonner la nature, mettre la vie en équation. Ne s'éloigne-t-il pas de la vérité ? C'est uniquement ce qu'il fera de ce progrès qui en fera évolution ou destruction. L'énergie nucléaire, c'est formidable, mais cela dépend de la manière dont on l'utilise ! La radioactivité soigne mais une irradiation cause la mort en quelques minutes... Toute la question est de savoir si l'homme s'achemine vers sa fin ou au contraire, s'il est à l'orée d'une renaissance. Nous ne sommes pas les citoyens d'un pays. Nous vivons à l'échelle planétaire. Il faut impérativement retenir cette évidence.

La faillite du système engendre une crise morale et spirituelle qui explique un retour aux valeurs authentiques. C'est précisément dans cette voie que l'intuition et la parapsychologie nous guident. Confrontés à l'engouement du paranormal, les rationalistes cherchent des réponses. Ils disent que « ces croyances ne sont qu'une échappatoire, une crise de fin de siècle. » Pour nous rassurer, les hommes politiques eux évoquent la fin d'une crise. C'est faux. Notre société ne vit pas une crise, elle est en pleine mutation. Les changements que nous vivons ne nous permettront plus de faire marche arrière. C'est là qu'une éthique et une prise de conscience auront un grand intérêt. Nous sortons de siècles de matérialisme durant lesquels on nous a persuadés que nous vivions selon des codes binaires. C'était blanc ou noir, masculin ou féminin, raison ou intuition, cartésien... ou rien! Or, la raison ne peut apporter de réponse à tout. Notre société nous échappe, elle est malade. Cela ne peut durer éternellement. Quand l'humanité sera complètement en danger, alors seulement l'homme prendra possession des connaissances cachées pour sauver la terre. La sauver en réconciliant l'intuition et la raison sera l'enjeu du troisième millénaire.

Je ne cherche pas à faire de prédictions alarmistes. Ce n'est pas mon objectif. J'ai des craintes, je voulais en parler. Les prédictions à la petite semaine ne sont pas mon lot. Mais depuis plus de trois ans, je vois en rêve des scènes qui m'effraient. Comme si la terre était noyée et éventrée à la fois. De l'eau, de la boue... J'ai vu des villes détruites, des explosions gigantesques dignes de films de science-fiction. Un fanatisme religieux délirant. Le «pouvoir» qui pète les plombs. Rien de réjouissant, je le crains. Je me souviens d'un soir, avoir vu dans un demi-sommeil des gens en blanc, tenant en main des milliers de petites bougies. Un message puissant! Ceci m'amène à interpréter les deux courants vers lesquels nous nous dirigeons. D'une part, le danger qu'il faudra affronter et de l'autre une renaissance authentique avec une société qui développera la raison et le spirituel. Tout est encore possible. Un éveil général peut nous sauver. J'appelle cela l'Espoir.

EST-CE QUE ÇA MARCHE À TOUS LES COUPS ?

Il m'arrive pour certaines questions de répondre : « Je ne sais pas, je ne vois rien ». Le regard de mon interlocuteur, à ce moment est toujours amusant : « Comment cela, vous ne savez pas ? »

Je vois une partie de faits très clairement, d'autres moins bien, il m'arrive de passer à côté de certaines choses ou de ne rien voir. Plutôt que d'induire mon visiteur en erreur, je m'abstiens. C'est à mon avis la seule façon de pratiquer la voyance, avec le respect de l'autre, de soi-même et de son art...

Une voyante n'est pas une machine à tout voir. Si vous vous rendez chez elle en attendant qu'elle vous décrive et vous raconte toute votre vie comme si elle visionnait un film, alors ne consultez pas. Ce n'est pas comme cela que ça se passe. Ce serait même plutôt inquiétant si je vous donnais des détails complets du jour et de l'heure. J'ai rencontré dans mon cabinet des personnes ayant consulté des voyants qui leur avaient donné des dates tellement précises que la voyance avait été plus négative que constructive. Imaginez que l'on vous dise que dans trois mois et deux jours, vous rencontrerez votre futur mari. L'événement ne s'étant pas produit comme prévu, vous rejetterez toute la prédiction. N'oubliez pas, comme nous l'avons souligné au chapitre précédent, que la voyance abolit le temps.

Je me souviens d'une cliente (certes très gentille et je l'apprécie beaucoup) qui me téléphone un jour en me disant : « Voilà plus de dix ans que je vous consulte et vous ne vous êtes jamais trompée. Mais aujourd'hui, je suis un peu déçue. Nous nous sommes vues en consultation il y a deux mois et vous n'aviez pas vu la fracture que j'allais me faire à la jambe. » Elle me raconte alors qu'en promenant son chien, celui-ci s'est fait agresser par un autre molosse à quatre pattes. C'est en s'interposant entre les deux qu'elle fait un vol plané et se retrouve à l'hôpital avec une fracture de la jambe. Déçue que je ne l'aie pas vu !

Ai-je parfois des pannes ? M'arrive-t-il de ne rien voir ? Oui, bien sûr. Dans ce cas, je renvoie la personne sans la faire payer. Pas plus tard qu'il y a quelques jours encore, une dame me consulte. Les informations que je lui ai données en début d'entretien sont totalement fausses. J'ai interrompu la consultation et lui ai proposé un autre rendez-vous.

La voyance « pure » ne tient aucun compte des heures de bureau. Comme un romancier peut être à court d'idées, la voyante peut subir une panne de perception. La voyance est sujette à des caprices et malgré les réussites fréquentes, cela n'empêche pas l'échec. Raison pour laquelle il est indispensable et prudent de faire un test par lequel je vérifie immédiatement si oui ou non je capte correctement la personne.

Imaginez que je dise à une mère de famille mariée que je la vois célibataire aux côtés d'un petit chat. Cela n'aurait aucun sens. Poursuivre serait inutile.

Je ne connais pas toutes les raisons de ces pannes. Personnellement, voici quelques éléments non propices à la voyance. Au niveau corporel, il y a la fatigue, principalement, ou mon état de santé.

Il m'est arrivé de renvoyer des consultants parce que je souffrais d'une rage de dents ou d'une grippe. Je me rappelle pourtant un jour où j'étais malade.

Ce mercredi-là, c'est loin d'être la grande forme. J'ai la gorge en feu, une laryngite. Lorsque ma consultante me tend la photo de son frère et me questionne sur sa santé.

– « Je le vois tout jaune, comme un canari ! »

– « Pas étonnant, on craint une hépatite », me confirme-t-elle.

Bien qu'il n'y ai pas de mode d'emploi type pour faire une bonne voyance, je dois toutefois me mettre dans des conditions optimales pour favoriser mes perceptions. Néfastes au niveau psychologique, une ambiance stressante, un environnement hostile ou un état d'angoisse.

Je constate que j'ai parfois des difficultés à m'harmoniser avec certaines personnes alors que je peux faire une excellente voyance pour une autre deux heures après. Il y a des gens avec lesquels je me sens mieux. En harmonie. Question de vibrations et pas nécessairement de sympathie personnelle. Dans le cas de figure négatif, j'explique à la personne que je ne lui conviens peut-être pas. Je donne les coordonnées d'un confrère. Je pourrais tenir un discours passe-partout ou débiter un blabla standard pour faire plaisir. Cela, je m'y refuse par respect pour le consultant, pour moi et pour ma pratique. La voyance n'est pas reproductible à souhait, ce qui la rend si difficile à étudier sur le plan scientifique.

Un jour, un rationaliste dit à André Malraux, intéressé par les phénomènes parapsychologiques : « Je ne crois ni au spiritisme, ni à la voyance, ni à la parapsychologie car il est impossible de renouveler les phénomènes et les expériences à volonté ». Malraux répondit : « Les artistes non plus ne contrôlent pas leur don... » Et il ajouta cette phrase de Victor Hugo : « C'est bien moi qui ai écrit Olympia, mais je ne l'écris pas tous les matins »[1].

Au début de ma pratique, l'angoisse de la panne me tourmentait et j'étais tentée de faire des efforts pour « voir ». Aujourd'hui, j'ai compris que c'est inutile. La faculté de voir est libre et je dois l'accepter de cette manière. Il arrive qu'on me demande, lors de la prise de rendez-vous au téléphone : « A quelle heure êtes-vous le plus en forme ? Le matin ou le soir ? » Il n'existe pas d'heures plus propices que d'autres.

Avant tout, il me faut un rythme de vie sain, sans cadences à

1. Rapporté par Guy Breton dans *Nouvelles historiques magique*, chez Albin Michel.

la chaîne. Au-delà de trois ou quatre consultations, je ne vois plus. Impossible pour moi de recevoir quinze ou vingt personnes par jour. Pourquoi ? Parce qu'il y a entre le voyant et le consultant un échange, une investigation qui demande de l'énergie et de l'attention. Lorsque mon activité professionnelle devient trop intense, j'ai besoin de décrocher. Je me sens à la fois vidée et remplie. Vide d'énergie et remplie d'informations. Je me trouve en état d'apesanteur intellectuelle.

Tout comme l'intuition, la voyance est spontanée. Vous avez déjà eu des pressentiments, des intuitions, mais jamais vous ne vous êtes levés un jour en vous disant : « Tiens, là maintenant, je veux avoir une intuition ». Pour le voyant, c'est la même chose. Il faut la laisser venir. Ceci dit, il y a des techniques de respiration et de méditation qui peuvent favoriser l'état de perception. J'ai maintes fois constaté que les meilleurs résultats, je les obtiens en voyance spontanée, sûrement pas face à un consultant qui se présente avec dix dossiers de questions sous le bras comme s'il était devant un distributeur automatique. Il ne suffit pas d'introduire une pièce pour recevoir une réponse.

Le voyant qui pratique en professionnel doit accepter les limites de sa faculté. C'est la raison pour laquelle il est indispensable de faire un test avant de commencer une consultation. C'est dans ces conditions seulement que l'on peut en faire une pratique quotidienne. J'ai compris que les personnes agitées ou qui m'interrompent toutes les deux minutes me bloquent. Si je me heurte à un barrage de septicisme ironique ou d'attitude négative, il est alors inutile de poursuivre. Je ne suis pas là pour entrer dans un rapport de force.

Il m'est déjà arrivé (rarement) d'interrompre une consultation et de renvoyer la personne car elle était de mauvaise foi. En quinze ans de métier, cela s'est peut-être produit quatre ou cinq fois, pas plus.

Je me souviens de l'une d'elles. Je lui avais parlé tout de suite de son mari.

« Je le vois les pieds dans la boue, des bottes qui pataugent dans une sorte de... terre gluante. Votre mari travaille-t-il sur des chantiers ? Est-il entrepreneur ? »

Elle ne répond pas. J'insiste.

– Manifestement vous vous trompez, réplique-t-elle avec un sourire narquois. Mon mari est agriculteur. Vous êtes à côté de la plaque !

D'accord, mon interprétation n'avait pas été correcte mais je trouve regrettable d'avoir un esprit aussi étroit et fermé. Après deux ou trois réflexions de ce genre, l'entretien ne peut se poursuivre d'une façon agréable ni intéressante.

Les sceptiques agressifs me bloquent car un minimum de confiance et de sincérité ne gâche rien. Je ne pourrai être détendue et efficace si l'on me soupçonne de tricherie ou si, en commençant, le regard de l'autre exprime déjà l'accusation. Dans ces conditions, il vaut mieux en rester là. Les études scientifiques sur les perceptions extra-sensorielles démontrent qu'une attitude bienveillante et ouverte est essentielle pour la mise en condition du sujet psi. On parle de l'effet « chèvre » et « mouton ». Nous y reviendrons dans un autre chapitre.

Une consultation est un échange riche d'émotions. Et elle sera réussie si cet échange se fait à deux. Des remarques désobligeantes, à la limite de l'ironie, me ferment. Je n'ai alors pas envie d'entrer en fusion avec la personne qui consulte. Il n'y a pas de consultant idéal, mais il est certain que celui qui sera ouvert facilitera la rencontre. Plus le consultant est détendu et a confiance, mieux je me sens. J'ai alors réellement envie de me dépasser, pour lui. Confiance ! Ce lien si précieux et pourtant impossible à mesurer par la science !

J'ai aussi constaté que celui qui consulte doit avoir un vrai besoin de savoir où il en est. Il se crée alors entre lui et moi une vraie fusion. Si au contraire il cherche à me piéger, son inconscient devient une forteresse que je n'arriverai jamais à pénétrer.

Autre point sur lequel je voudrais vous rassurer : le voyant ne voit pas tout le temps. J'ai appris à m'ouvrir et à me fermer. C'est une grande chance pour moi. Ne craignez pas que je « scanne » d'office votre vie lorsque je partage un repas au resto ou une soirée. Je n'en vois pas l'intérêt. Je ne suis pas du genre « voyeuse », même si je suis voyante. Je n'ai pas à pénétrer dans votre intimité sans votre autorisation. Et puis je suis là comme vous pour me détendre, me distraire. Rien d'autre. Inutile de me harceler de questions, entre l'entrée et le plat, sur l'examen de repêchage de votre fils aîné qui se traîne péniblement dans ses études... Désolée ! Je ne fais pas de la voyance fast-food et... je refuse d'être un clown qui se donne en spectacle. J'ai aussi besoin d'être motivée.

Je croise des personnes qui s'imaginent que je vois 24 h sur 24 et qui essaient d'avoir une petite voyance à l'œil, juste une réponse comme cela en passant. Ou pire, ceux qui me testent de manière provocante. « Vous êtes voyante ? Vous qui savez tout (sourire malicieux), vous devez savoir si mon chef de service va quitter le bureau en septembre ? »Je ne le sais pas et je m'en fiche. Cela ne vient pas comme cela, n'importe où ou sur commande. L'été dernier, j'ai été invitée à un barbecue dans mon quartier. J'ai appris quelques jours plus tard qu'une voisine avait demandé à ne pas être placée en face de moi lors du repas. Elle avait peur que je vois des choses pour elle et que je lui en parle. Qu'elle se rassure. Et si elle lit ces lignes, qu'elle sache surtout que j'ai passé un agréable après-midi. J'ai « vu » les fleurs, les petites côtes d'agneau succulentes, les abeilles butiner, le tout arrosé d'un rosé bien frais à l'ombre d'un parasol. Cela m'a suffi.

Les risques d'erreurs

Comme vous l'avez maintenant compris, la voyante n'est pas infaillible. Croyez-vous que l'éminent cardiologue invité à de grands colloques soit infaillible ? Lui, comme nous tous, ne sommes que des êtres humains. Les gens sont déconcertés lorsqu'ils me demandent : « Vous êtes-vous déjà trompée ? » Je réponds : « Oui, bien sûr ». Ils me regardent, saisis. J'enchaîne : « Vous, ne vous êtes-vous jamais trompés ? » Ils bégaient : « Si, si... ». Et bien, je suis comme tout le monde, sujette à l'erreur. Au début, je vivais cela comme de terribles échecs et cela me plongeait dans une grande incertitude. Aujourd'hui, lorsque l'on me dit que je me suis trompée, j'explore toutes les possibilités. Parfois, la personne a mal interprété. Mais il se peut aussi que ce soit moi qui aie mal interprété. Le voyant a ses ratés, comme un champion peut échouer.

Je ne connais pas un seul voyant (honnête) qui puisse affirmer qu'il ne s'est jamais trompé, si bon soit-il. Si j'accepte les erreurs, cela ne veut pas dire que je n'en cherche pas les causes. Mes nombreuses années de pratique m'ont amenée à plusieurs réponses. L'une d'elles est que la voyance est aléatoire et capricieuse. Il faut en accepter son côté imparfait. Exige-t-on d'un médecin une obligation absolue de résultat ? Non. J'ai lu dernièrement qu'un remède médical ou un diagnostic par examen donne un résultat estimé à 80 % par un laboratoire ou par le spécialiste. J'accepte alors facilement que mes perceptions soient fiables à 80 %.

L'erreur d'interprétation est la plus fréquente, c'est à ce moment qu'elle peut se glisser. Depuis deux ans, je répétais à Claudine que j'entendais des conversations de grossesse chaque fois qu'elle me montrait la photo de sa fille et de son compagnon. Elle me répétait :

– « Vous vous trompez. Ma fille ne veut pas d'enfant. »

L'été dernier, Claudine est arrivée catastrophée. Son beau-fils quittait brutalement sa fille. Il allait être papa. Il entretenait une liaison depuis un an et sa maîtresse était enceinte de sept mois ! J'avais senti la grossesse, mais je n'avais pu la situer. Claudine me rappela que je lui avais dit quelques années auparavant que ce couple vivrait un passage heureux de leur vie ensemble, et puis, une fracture se marquait !

C'est un exemple intéressant d'erreur, si l'on peut dire. En tout cas, de voyance brouillée par la compréhension logique. La grossesse a bien été prédite et nous pensions qu'il s'agissait de la fille de Claudine alors que c'était son partenaire qui était en cause.

L'erreur peut être aussi expliquée par la passivité du consultant. Imaginez que vous demandiez à votre entraîneur de marathon si vous êtes capable de courir dix kilomètres. Ne lui en veuillez pas par la suite si vous ne prenez pas la peine de participer à la course. Il en va de même pour mes prédictions. Lorsqu'elles sont inscrites comme réalisables, c'est à vous de les mettre en action. Sans cela, rien ne se passera. Il ne s'agit pas de rejeter la faute sur le consultant mais de comprendre pourquoi il y a des « erreurs ».

J'avais dit à Paul que je voyais un emploi se dessiner pour lui dans le domaine des chiffres.

Je voyais s'aligner des colonnes de chiffres. Il revint me consulter l'année suivante, toujours au chômage.

– Vous m'aviez dit que j'aurais du travail. Je suis extrêmement déçu car rien a changé dans ma vie.

– Rien ne s'est présenté ?, lui demandai-je.

– Si. Je pouvais être embauché dans l'entreprise de mon beau-frère comme employé au service facturation, mais j'ai refusé. C'était trop loin de mon domicile.

J'estime, dans ce cas, ne pas avoir commis d'erreur. L'opportunité s'est présentée. J'ai bien capté la possibilité (les chiffres), mais il a refusé. Un train s'arrête. On est toujours libre de le prendre ou de le laisser partir. L'erreur pure et simple existe aussi. Je ne suis qu'une femme, pas un robot. Reconnaître ses erreurs, c'est progresser. L'erreur, c'est le moyen qu'emploie la nature pour nous rappeler que nous ne sommes que des êtres humains. Pas des Dieux.

Mon propre avenir

J'écoute la radio au volant de ma voiture. Devant moi, une Peugeot verte freine brutalement. Je plonge sur mes freins. Zut ! Trop tard ! Je lui rentre dedans. Plus de peur que de mal, juste deux pare-chocs repliés ! Un petit homme rond, moustachu, bronzé comme un méditerranéen sort de la voiture et s'avance vers moi.

– J'ai freiné parce qu'un chat traversait, dit-il gentiment. Désolé.

Soulagée que ce ne soit pas plus grave et... de ne pas recevoir d'engueulade, j'enchaîne :

– Ce n'est pas bien grave. Je regrette seulement de ne pas avoir pu vous éviter.

Nous échangeons quelques mots, puis timidement, il me demande :
– Serait-il possible que je vous aie vu à la télévision ?
– Oui, c'est possible.
– Alors, vous êtes voyante ? C'est ça ?
– C'est cela.
– Vous n'aviez pas vu que j'allais freiner ?
– Eh bien non ! Je ne l'avais pas vu.

Question typique qu'entend la voyante. Si dans cette situation, la question a été naïve et gentille, il arrive qu'elle relève d'une ironie mesquine, visant à narguer, qui m'agace au plus haut point. La blague qui rapporte que le client frappe à la porte d'une voyante et s'entend dire « qui est là ? » est un trait d'humour simpliste.

Certains voyants affirment voir ce qui les concerne. Ce n'est pas fréquent. Pour ma part, je patauge souvent dans les méandres de ma vie comme la majorité des gens. Mes désirs conscients et inconscients, mes peurs, m'empêchent d'y voir clair. Il est difficile d'être objective pour soi-même, pour ses amis, pour sa famille. L'affectif et les émotions créent un écran. J'entends beaucoup de mécontentements parce que je refuse de faire de la voyance pour mes amis. D'abord parce que la qualité de mes voyances est supérieure quand je ne dispose d'aucun élément concernant la personne. Or, pour mes proches, je détiens déjà des informations qui pourraient m'amener à un raisonnement logique.

Mon mari ne me demande jamais de consulter mon tarot pour lui et je lui en suis reconnaissante. Notre relation est basée sur l'amour, le respect de l'univers privé de l'un et de l'autre. Il n'intervient pas dans mon métier. Il m'écoute parler de mes progrès, de mes doutes, de mes projets. Ça s'arrête là. Il me répète : « C'est la femme que j'aime, pas la voyante ». J'en suis heureuse...

Pour moi-même, la voyance se base sur des certitudes. « Je le sais », même si parfois cela ne m'arrange pas ou que je souhaiterais sur le moment qu'il en soit autrement.

Ces certitudes que j'ai des bons et moins bons événements qui traversent ma vie se confirment dans beaucoup de situations.

Bizarrement, je ne cherche pas à savoir. Je laisse venir, comme une recette de vie composée de deux ingrédients. Le premier est d'une telle banalité que nous oublions d'y penser. C'est la puissance de ma liberté. Si je suis sincère envers moi-même, je dois admettre que, la plupart du temps, je suis l'auteur de mon sort. Le second, est que l'imprévisible existe et que ma liberté ne consiste pas à l'ignorer mais à accepter mon destin. Si l'avenir a tant de prix, c'est qu'il signifie le lieu de « tous les possibles ». A l'inverse du passé où les choses demeurent figées pour l'éternité.

J'ai le sentiment d'être guidée. Les événements de ma vie ont une cohérence, même s'ils sont parfois éprouvants. Dans ma vie, je constate que j'ai fréquemment reçu des signes, des aides au moment où il le fallait. J'ai toujours rencontré des gens, comme si on les plaçait volontairement sur mon chemin... Malgré cela, il y a quelques surprises et des épreuves. La vie me donne aussi des leçons, probablement nécessaires à mon cheminement.

Une consœur voyante m'a raconté qu'un jour, elle avait annoncé à un client qu'il allait tromper sa femme. Sans avoir deviné qu'il s'agirait d'elle. Il lui a répondu :

– Cela m'étonnerait, je n'ai jamais trompé mon épouse.

Le sujet est clos sans autre commentaire.

– A l'époque, j'étais mariée et amoureuse de mon mari. La preuve lorsque je l'ai revu en dehors de mon bureau, j'avais oublié cette prédiction. C'est plus tard, lorsque nous sommes tombés amoureux l'un de l'autre, qu'il me l'a rappelée. Tu vois, me dit-elle, je n'ai rien vu pour moi ! Et je peux affirmer que je ne savais pas que j'étais cette femme dont j'avais parlé.

Souvent, mes rêves m'ont informé. Pendant le sommeil, notre conscience peut enfreindre les lois de l'espace et du temps, donnant des indications sur le présent et le futur. Je l'ai vécu. Souvent. Mes rêves prémonitoires se sont fréquemment confirmés.

Un dimanche matin. Je suis seule. Mon mari séjourne avec un

ami dans le Périgord où nous avons une petite maison de vacances à restaurer. Je m'éveille chiffonnée à cause d'un rêve bizarre. Le voici. Je me trouve dans le salon de notre maison (en France). La pièce est surprenante. Un décor inhabituel, comme celui d'un musée. Au mur, je vois une armure de chevalier, en métal. Je m'avance et face à moi, trône une immense cheminée semblable à celle des châteaux moyenâgeux. Juste un grand trou nu avec des onglées de pierres blanches, sans poutre ni décoration. De chaque côté de la cheminée, un long drapé de tissu rouge vif pend jusqu'à terre. Sur celui-ci, brodées, des armoiries dorées. Puis, tout s'est arrêté net. Vers 9 heures du matin, mon mari me téléphone.

– Ça va ?

– Non, pas vraiment. Nous avons éteint le feu jusqu'à deux heures du matin.

– Quoi ? Le feu ?

– Oui, hier nous avions allumé un feu dans l'âtre puis nous sommes partis manger une pizza. Pendant notre absence, la vieille poutre décorative placée sur la cheminée s'est consumée et écroulée. Ne t'inquiète pas, aujourd'hui tout va bien.

Mon rêve contenait toutes les indications réelles et symboliques, dans leur moindre détail. Le feu se matérialise par la couleur rouge des drapés. L'énorme trou représente la cheminée brûlée. Sans poutre. Telle qu'elle est après l'incendie. Quant aux armoiries, c'était clairement les deux fleurs de lys en fer forgé que mon mari avait fixées sur la poutre six mois plus tôt. J'ai vécu en rêve l'incendie que mon mari (peut-être l'armure du chevalier ?) a éteint. Ce rêve est, à mon sens, un rêve télépathique et non prémonitoire. Mais il m'est arrivé de voir des images prémonitoires liées à ma vie sentimentale. L'amour déclenche une communication profonde, fusionnelle, entre deux êtres. Mes rêves ont parfois annoncé des évènements totalement inattendus de ma vie. Je me rappelle d'un songe marquant, l'été dernier, tant il allait à l'encontre de toute logique ou d'une volonté personnelle.

Au réveil, je l'ai noté, lui donnant une valeur symbolique. C'était, je le croyais, la seule explication possible associée au fait qu'il révélait une émotion poignante attachée à une époque passée de ma vie. Trois mois plus tard, il devenait une réalité que je ne pouvais soupçonner. Je me suis retrouvée dans la scène de la « carte postale » que j'avais vue. Conforme à mon rêve, je marchais le long d'un port méditerranéen (voyage non prévu), ensoleillé (alors que l'on est en novembre), face à des bateaux de plaisance blancs, aux côtés de la personne vue dans mon rêve (impossible à imaginer deux mois plus tôt). C'est en voyant des dauphins bleus sur les enseignes de commerce (dauphins présents dans mon rêve) que j'ai eu le souffle coupé. Par une circonstance imprévisible, je me trouvais dans le décor (port, bateaux, soleil, dauphins), envahie de l'émotion puissante vécue dans mon rêve. Tout y était. Sur le coup, c'est saisissant !

DIRE LE MEILLEUR, C'EST FACILE... MAIS POUR LE PIRE ?

Bien vu !

Les premiers rayons de soleil entrent dans mon bureau. Un air de printemps flotte sur Aywaille et sur mon humeur. Je suis gaie comme un pinson lorsque le soleil brille...

Fabienne a des cheveux blonds nattés dans le dos. Elle est simple, sportive et célibataire. Elle a ce petit quelque chose en plus qui lui donne un tempérament haut en couleur. Elle me tend une photo de l'élu de son cœur. Impatiente de connaître mes impressions. Je sens son être intérieur semblable à une cocotte-minute restée trop longtemps sur un feu vif.

– Tiens, je vois une alliance ? Il n'est pas libre ?

– Oh si, il est divorcé.

– Bizarre. Je sens des choses cachées, des secrets...

– On ne se voit pas facilement. Il est pilote et voyage beaucoup. Souvent absent.

– Quelque chose m'échappe. Cet homme n'est pas net. Il ne dit pas tout.

Quelques semaines après notre rencontre, le téléphone sonne :

– Bonjour, c'est Fabienne, vous souvenez-vous de moi ? Je vous ai consultée il y a trois semaines.

Hésitation de ma part (je n'ai pas de mémoire).

– Vous m'avez parlé d'une alliance lorsque vous avez vu la photo de mon ami. Cela m'a turlupinée. J'ai mené ma petite enquête. Dingue. Vous aviez raison. Ce salaud n'est pas pilote mais gendarme. Marié et père de deux enfants. Je ne sais pas comment vous faites, mais bravo ! Malgré la douche froide que j'ai reçue, je suis heureuse de connaître la vérité. J'ai rompu.

Dans ce cas de figure, la voyance joue bien le rôle d'information. Libre ensuite à la consultante de poursuivre sa relation ou non. Je ne pose jamais de jugement.

Le voyant peut-il et doit-il tout dire ? Personnellement, je pense que je dois être la plus sincère possible, même si la vérité n'est pas toujours agréable à entendre. Le consultant vient vers moi en confiance. Cette confiance, je dois m'en montrer digne. Ne jamais tricher. Ainsi, si l'entreprise qui vous emploie va fermer ses portes, je dois vous prévenir.

L'entreprise qui occupe Monique et son mari connaît des difficultés. Monique s'avoue inquiète pour l'avenir. En effet, qu'adviendrait-il s'ils devaient être tous les deux licenciés ? Parents de deux jeunes garçons qui n'ont pas terminé leurs études, maison à payer, etc. Ses craintes sont légitimes. L'angoisse du chômage est, il faut le reconnaître, un fléau des années actuelles. Ce que je ressens ne va guère vers l'optimisme. Je suis convaincue que cette usine meurt doucement. Elle se vide, s'éteint.

– Votre mari conservera son emploi. Il suivra des cours et aura même l'opportunité d'aller travailler à l'étranger pour cette boîte. Ce sera financièrement très intéressant. Pour vous Monique, je vois une cassure, un arrêt de travail.

Monique revient me voir six mois plus tard. Le manque de commandes que connaît l'entreprise nationale, autrefois forte et florissante, l'oblige à réduire le personnel et confirme mes dires. La direction propose des primes de départ volontaire. Le montant en est fixé à 7 500 euros. Monique s'interroge. Faut-il prendre la prime ou rester ? Avec le risque d'être licenciée, sans prime, dans six mois ou l'an prochain ?

– Le dédommagement sera augmenté à deux reprises, lui dis-je. La troisième fois, je vous conseille d'accepter car peu de temps après, on fermera les robinets, faute d'argent. La société qui vous emploie s'éteindra. Je vois cependant quelque chose qui viendra de l'étranger ! Votre mari restera.

Quelques mois plus tard, la prime de départ passe de 7 500 € à 12 400 €. Six mois plus tard : 17 400 € ! C'est à ce moment que Monique quitte l'entreprise. Heureusement ! Peu de temps après, il n'y a plus d'argent. Aujourd'hui, cette usine appartient à un groupe français qui l'a rachetée. Le mari de Monique a obtenu un nouveau contrat de travail. Il est allé travailler en France pendant un an pour former des techniciens français. A ce jour, il est toujours employé par cette firme.

Il est évident, que je n'ai pas évité le licenciement de Monique. En revanche, la voyance lui a permis de quitter le navire au bon moment... Juste avant le naufrage ! C'est ainsi que je perçois la façon d'utiliser une prédiction.

Il y a toujours une façon de dire les choses. J'appelle cela l'intelligence du cœur. Certains sujets sont plus délicats à aborder. Tout dépend également de l'état de la personne qui me consulte. Une phrase peut causer des ravages. Je me suis toujours imposée de ne rien inventer. De ne jamais mentir. Mais parce que certaines vérités feraient plus de mal que de bien, il arrive aussi qu'un écran tombe devant moi. Que ces vérités ne se formulent pas. J'en suis heureuse.

M'est-il arrivé de voir des choses très douloureuses ? Oui. Alors, je reste particulièrement prudente. Je n'ai pas le droit à l'erreur pour annoncer des événements dramatiques. A plus forte raison si je ne suis pas persuadée que ma prédiction pourra empêcher l'événement.

La mort ! Voilà une question qu'on me pose souvent lorsque je donne des conférences.

« La mort, vous l'annoncez ? »

Je le répète, la voyance ne permet pas de tout voir. Tant mieux, parfois. La voyance doit être utile. Annoncer un décès n'a rien de constructif. Sauf s'il s'agit de préparer une personne à accompagner à s'en aller un proche gravement malade. Ainsi, lui donner encore plus d'amour avant son départ. Mieux accepter la séparation qui s'annonce.

Peut-être me trouverez-vous philosophe et calme devant la mort ? Détrompez-vous. La disparition de ma maman m'a laissée démunie. Je l'ai refusée. Longtemps refusée. Je l'ai trouvée injuste. Elle avait à peine cinquante ans. Trop jeune pour partir suite à un cancer de la gorge après de nombreuses souffrances morales et physiques. Aujourd'hui, je pense que sa vie avait été tellement difficile, avec des désespoirs profonds ! Peut-être était-il temps pour elle d'aller vers un chemin plus lumineux. De l'autre côté.

Imaginez une seconde que j'annonce à une maman la mort de son enfant... Tout d'abord, le risque d'erreur existe. Ensuite, je serais sans doute incapable de situer l'événement dans le temps. Qui peut m'affirmer que cette prédiction changerait le cours du destin ? Par éthique et par respect de la personne qui me consulte, je ne peux courir autant de risques. Je serais inconsciente et intellectuellement criminelle si j'osais le faire. Je ne suis pas le Bon Dieu. Parfois devant la mort, la maladie, je suis comme vous. Une rebelle, qui claque la porte, qui n'est pas d'accord. Je n'ai aucun pouvoir. Oui, il m'est arrivé de voir des situations quelquefois inacceptables qui me touchaient profondément. Dans ce cas, je reste impuissante face à la douleur. Je ne peux apporter que des mots de réconfort. Alors que j'ai envie de hurler au Bon Dieu que ce n'est pas juste. C'est bien peu...

La route des vacances

1987, Odette m'a consultée à plusieurs reprises. A l'heure où se déroulent les faits, elle est âgée de 49 ans. Cheveux acajou. L'image même de la féminité. Elle allie douceur, grâce et fermeté. Mariée, mère de deux enfants. Une fille rangée. Un fils de 17 ans, toujours étudiant. Lors d'une précédente visite, je me souviens qu'Odette m'avait tendu une photo de son jeune fils.

– Fera-t-il son service militaire, car il ne cesse de répéter qu'il ne veut pas rejoindre l'armée. Il n'a que dix-sept ans, mais il en parle déjà beaucoup.

– Non, votre fils ne fera pas son service. J'ignore la raison mais il n'ira pas, c'est certain.

Elle m'interroge sur ses études. Souhaite que je lui en dise un peu plus sur son avenir professionnel. Je ne peux donner aucun détail. Je ne perçois rien. J'en conclus que je ne suis pas en forme.

Début juillet, Odette revient me consulter, elle s'inquiète de la santé de sa maman. La consultation évolue normalement lorsque soudain... Je vois une image rapide mais très nette, comme une séquence de film qui défile en accéléré. Oui, je vois le fils d'Odette faire – en quelque sorte – un bond par-dessus le guidon d'une moto, éjecté...

– Votre fils a-t-il une moto?

– Oui, pourquoi me demandez-vous cela?

– Oh, il va sûrement faire une chute!

Ce que je viens de capter me perturbe, mais je ne veux pas alarmer mon interlocutrice. Peut-être y aurait-il plus de peur que de mal. Plus prudent de s'en tenir là. Odette enchaîne sur ma réponse évasive en me disant qu'elle fera des recommandations de prudence à son fils, même si elle sait qu'elle n'aura que peu d'influence sur la conduite insouciante de ce jeune adolescent. A 17 ans... on considère que les mamans radotent lorsqu'elles ont peur pour leurs « petits ».Cette image m'a troublée et j'en reste imprégnée après son départ. De quel droit pouvais-je décider d'inquiéter cette maman? Imaginez un seul instant que son fils ne soit victime que d'une simple chute. Une jambe cassée, tout bêtement.

A peine un mois plus tard, Odette me téléphone. La gorge nouée, elle prononce des mots de douleur. Son fils, parti en France pour les vacances avec un copain du même âge, a eu un grave accident de la route. Au sommet d'une côte, une voiture qui en doublait une autre a débouché, percutant de plein fouet les deux jeunes motards. Tous deux ont été tués sur le coup.

Ceci m'amène à penser que s'il existe des situations où l'on peut intervenir, d'autres, en revanche, sont écrites dans la destinée, dans le grand livre de notre vie. Je pense que pour ceux-là, il est impossible d'en modifier le parcours. Si dans la situation que je viens d'évoquer, je n'ai pu – hélas – mesurer l'ampleur ni l'aboutissement de la scène, il m'est aussi arrivé de jouer le rôle du signal d'alarme prévoyant.

***

Ai-je vraiment eu tort d'envoyer Charles chez le médecin ? Lui répond « non », sans hésiter une seule seconde.

Charles accompagne son épouse. Celle-ci veut en savoir plus sur l'issue d'un procès. C'est en invitant le couple à prendre place dans la salle d'attente que je ressens un problème de santé pour Charles. Je l'ai à peine croisé.

Son épouse me suit dans le bureau. Il attend bien sagement dans la salle d'attente. Je fais part de mes impressions sur le déroulement du procès. Puis, je lui parle de ce que j'ai senti pour la santé de son mari.

– Votre mari devrait absolument consulter son médecin. Une analyse de sang révèlera des anomalies. Il doit se faire soigner. Je sens quelque chose « en trop » ! Un déséquilibre dangereux.

– Mon mari malade ?, répond-elle amusée. Je vous assure qu'il va très bien. En plus, je doute qu'il accepte de faire une prise de sang. Il a horreur de cela. Il a peur des aiguilles.

– Je ne plaisante pas, Madame. Ce ne sont pas des propos à la légère. Je le dirai moi-même à votre mari en vous raccompagnant, si vous le permettez.

Ce que je fais quelques minutes plus tard en prenant congé du couple. Bercé par la musique, Charles est à demi endormi dans la salle d'attente. Nous le trouvons tassé dans le fauteuil en rotin blanc. Il sursaute à notre arrivée. Il m'écoute en me scrutant. Étonné, sans réaction.

Plus tard, l'épouse de Charles m'appelle. Alerté par cet avertissement, il a suivi mes conseils. Le résultat de l'analyse a révélé

13,78 de triglycérides dans le sang et la moyenne est de 2,75 ! Charles s'est fait soigner. Il fait du vélo et surveille de près sa santé. « Ceci lui a évité de gros problèmes », lui a dit son médecin.

⁂

Le médecin de Charles...

Savez-vous qui est venu me consulter quelques temps après ? Le médecin de Charles ! Au téléphone, il insiste sur le fait qu'il ne croit pas à la voyance, mais... Plusieurs patients lui ont parlé de moi. Je l'intrigue. Il marche sur des œufs, comme si le fait d'avouer son intérêt pour le paranormal pouvait lui être préjudiciable dans son métier. Ah, ces vieux préjugés ! Quoiqu'il en soit, ce jour-là, j'apprécie sa démarche. Elle traduit une ouverture d'esprit. Ceci est assez rare pour le souligner. Combien de fois n'ai-je pas entendu des personnes rejeter la voyance sans avoir pris la peine d'essayer. C'est exactement comme si vous décrétiez que vous n'aimez pas les fraises sans en avoir jamais goûté. Idiot, non ? Si avaler n'importe quoi n'est pas faire preuve d'intelligence, il en est de même du rejet catégorique.

Revenons au médecin de Charles. Le jour de notre entrevue, mon interlocuteur ne se montre pas très loquace. Il se contente de m'écouter avec attention. Une ambiance assez lourde règne. J'ai le sentiment de passer un examen oral devant un jury imperturbable. Il attend que je fasse mes preuves. OK, c'est la règle du jeu. J'entre dans l'arène. Je me mets à lui citer des années précises de sa vie durant lesquelles il a eu de grands changements. Je lui décris les détails d'une habitation... Il m'écoute. Je me lance dans la description d'un os dont il a souffert. Me voilà, moi qui sais à peine situer le fémur, en train de « disséquer » devant un médecin. Exercice périlleux. Le sourire de mon interlocuteur reflète bien la difficulté que j'éprouve à détailler cet os. Je tente d'échanger avec lui quelques impressions. A mon grand regret, il reste insondable et énigmatique ! Finalement, lorsqu'il me quitte, je suis même un peu frustrée. Pourtant, quelques semaines plus tard, m'arrive un courrier. Voici le contenu :

Chère amie « pré »voyante,

A propos de vos perceptions, je vais confirmer certaines choses que vous n'avez pas comprises le jour de notre entrevue et qui pourtant étaient bien exactes... Vous m'avez renversé (...).

Dommage qu'il ne soit pas plus fréquent que des médecins s'intéressent à ce phénomène. Nous pourrions collaborer, échanger des points de vue. Il faut que les choses soient claires. Je n'ai pas la prétention de soigner. Il ne me viendrait pas à l'esprit une seconde de prescrire un remède. Mon rôle s'arrête là où celui du médecin commence. Mais il faut admettre que les facultés extra-sensorielles permettent de ressentir un problème qui touche à la santé. Au fil des années, je me suis rendue compte que j'étais parfois capable de « sentir » des points et des zones fragiles.

Des gens me disent : « Dites-moi tout. Si je dois mourir, je veux le savoir ». Si je le faisais, je serais meurtrière. A partir de ce moment déjà, celui qui reçoit cette information arrêterait de vivre. Normalement du moins. Je pense aussi que face à la maladie grave, notre volonté et notre combat interviennent pour un très gros pourcentage. Alors, si demain vous devez vous battre, je vous laisserai toutes vos chances. Je ne peux, ni ne veux condamner. Cette règle, je ne veux jamais l'enfreindre. Se résigner, c'est mettre un pied dans le cercueil. Personne ne détient le pouvoir de décider que le Périple est terminé. Aucun être n'a de prise sur le grand départ.

L'utilisation du tarot ne me permet pas non plus catégoriquement de prédire la mort. Son langage est symbolique, comme nous l'avons dit. La lame de la mort n'est pas nécessairement synonyme de mort physique. La « Mort » (c'est d'ailleurs ainsi qu'elle apparaît dans le Bouddhisme) peut très bien représenter une cassure. La fin d'un couple. La fin d'une étape qui nous conduit à autre chose. La fin d'une histoire.

Combien de fois ai-je vu cette « mort » apparaître dans des tirages. Elle est aussi symbole d'un renouveau. Naissance.

Autre vie. Un cycle se clôture et nous conduit au renouveau. N'ayez pas peur de cette vilaine lame caractérisée par la grande faucheuse. Elle est également source de joie et d'espoir.

Certains événements nous restent cachés. Parfois, c'est mieux ainsi. La mort en fait partie. Qui est apte à la déchiffrer? Le tarot est sage et traduit la mort de façon subtile. La mort peut apparaître comme un grand voyage. Des cartes négatives expriment un réel danger ou la mauvaise évolution d'une maladie. L'interprétation du message doit se faire avec subtilité. En temps voulu, on reçoit ce qu'il faut savoir. Ce que l'on est capable d'entendre.

Je vous ai déjà dit que je préfère ne pas recevoir des amis en consultation. Je vous en ai expliqué les raisons. Vous allez mieux comprendre encore en lisant ces lignes que certains événements peuvent rester cachés.

Bouleversante vérité

Je connais Pierre depuis treize ans au moins. Lorsqu'il est venu me consulter, très vite la sympathie s'est installée entre nous. Puis sa femme, Marie, m'a rendu visite. Le chassé-croisé des consultations a duré plusieurs années. Ils alternent. Un dimanche, nous nous croisons en dehors de mon bureau. A Liège au Palais des Congrès, lors d'une exposition de photos. Mon mari m'accompagne. Les présentations faites, le courant passe bien entre nos couples. On se retrouve autour d'une table dans un sympathique petit resto grec. Nous devenons amis. Après quelques temps des liens trop étroits se tissent pour que je puisse continuer à les recevoir comme clients. Je le leur explique. Ils acceptent de bon gré malgré la situation, jusqu'à l'automne 1998.

Pierre doit prendre une décision professionnelle importante pour son avenir. Il veut me voir pour une consultation. Insistant, il emploie divers stratagèmes pour me faire changer d'avis. J'ai tenu des mois. Puis, il gagne. Beaucoup de carrefours s'inscrivent dans son jeu. Changements incompréhensibles qui ne rejoignent pas réellement ses projets. Je le vois emprunter un chemin. Puis tout à coup, bifurquer. Il me parle d'une route, moi, d'une autre. A la fin de l'entretien, il me fait remarquer que je ne lui ai pas dit un mot concernant sa femme Marie, alors que celle-ci craint de recevoir son préavis de licenciement... Je n'avais rien à dire. Ni flash de voyance. Ni information par la lecture du tarot. J'en conclus que cette consultation « forcée » m'a peut-être bloquée. Non, ce n'était pas la raison.

Quelques mois plus tard, en un matin froid de février, un message de détresse résonne sur mon répondeur téléphonique. Affreux. Pierre hurle en m'annonçant qu'il vient de s'éveiller au petit matin, Marie morte à ses côtés, frappée d'une rupture d'anévrisme dans son sommeil.

Je reste sans voix. Ébranlée. Le soir, lorsque je suis auprès de Pierre, devant le corps tout de blanc vêtu de Marie, nous comprenons pourquoi elle n'était plus dans le jeu. Et pourquoi la route de Pierre bifurquait. La dernière consultation avec Pierre était exacte en tous points. Marie n'était plus dans sa vie. Les signes du destin étaient justes. Les dés déjà étaient jetés.

Rien ne pouvait laisser prévoir cette issue, ni son état de santé, ni le médecin qui la suivait, ni les projets qu'elle avait. Le plus insupportable pour moi, au-delà de mon chagrin, c'est que j'avais été incapable de voir cette mort imminente. J'avais la confirmation une fois encore qu'il est difficile de prédire et d'interpréter pour ceux que j'aime. Par quel mécanisme : blocage affectif, auto-protection ? Le phénomène est bien connu par d'autres voyants.

Ce type de consultation ne peut être compris qu'après. Sur le moment, nous ne pouvions imaginer un seul instant cette cruelle explication. Et si je l'avais vu ? Qu'aurais-je fait ? Aurais-je évité le décès ? Le destin était-il tracé ? Encore. Toujours. Le médecin de Pierre lui a expliqué que Marie vivait sans doute depuis bien des années avec une « bombe à retardement » dans la tête.

Faut-il tout dire ? Il n'y a pas à mon sens de réponse toute faite. Dans le chapitre précédent, j'ai parlé de la médecine prédictive. Le médecin de demain se trouvera lui aussi dans les mêmes cas d'éthique. Ce sera comme pour le voyant, du cas par cas. Il s'agira de déterminer si le patient est capable d'encaisser l'annonce d'un risque de maladie. Annoncer à une femme qu'elle est « à risque » pouvant développer un cancer du sein, cela l'amènera à se surveiller et à intervenir de suite si un nodule douteux apparaît, évitant ainsi un cancer plus grave. Être averti de choses sur lesquelles on peut agir, c'est constructif. Mais pas n'importe quoi, ni n'importe comment.

Parce que l'erreur est humaine et qu'un voyant même compétent peut se tromper, il n'a pas le droit de prendre des risques dans ce domaine précis. Annoncer catégoriquement une mort est inhumain, malsain et dangereux. C'est pourquoi je regrette qu'il y ait des voyants qui lancent brutalement à un consultant l'annonce de la mort inévitable d'un proche. Ignoble. Destructeur.

Je me rappelle un dérapage de ce genre survenu à un de mes consultants...

Christa est sa sœur.

– Avant de commencer la consultation, je voudrais vous poser une question et que vous répondiez franchement, dit-elle un peu gênée. Y a-t-il un événement que vous auriez vu et que vous n'auriez pas osé révéler à mon frère lorsque vous l'avez reçu la dernière fois ?

Pourquoi me posait-elle cette question ? Elle me raconte alors :

– J'ai consulté une voyante qui m'a annoncé que mon frère allait se tuer dans un accident de voiture d'ici la fin de l'année. J'ai peur pour lui. Que puis-je faire pour le sauver ? Avez-vous vu cet accident ?

Abasourdie et pleine de colère, j'ai eu bien du mal à garder mon calme, je l'avoue. Comment une voyante peut-elle annoncer un événement aussi tragique comme inéluctable ? Aujourd'hui (sept ans après cette prédiction), le frère de Christa est en pleine forme, père de deux enfants.

Voyance ou psychologie ?

Voyants, astrologues, psychologues, psychiatres... Nous faisons des métiers qui impliquent une grande responsabilité.

Si nous ne pensons pas à la fragilité de la personne qui est en face de nous, nous sommes dangereux. C'est pourquoi je cherche à capter, dès le début de la consultation, la personnalité, l'enfance, le parcours de mon consultant avant de commencer mon voyage dans l'avenir. Prendre connaissance des états émotionnels de son passé et du présent est indispensable pour la suite. Le voyant a une responsabilité énorme qui exige qu'il mesure l'effet de ses paroles.

Les mots utilisés par le voyant et la façon de dire ses intuitions ont un impact important. Il est donc capital de savoir comment présenter les informations et de s'assurer que la personne qui consulte est suffisamment forte et apte à entendre. Il faut faire passer le message en termes adéquats. J'ai parfois ramassé des gens à la petite cuillère, démolis par des individus dangereux aux discours noirs et fatalistes qu'ils avaient consultés... Vous savez, ces « grands voyants » dont on trouve les publicités dans toutes les boîtes aux lettres. Ils osent dire : « Votre mari se tuera cette année dans un accident de la route. C'est écrit, chère petite madame. Vous ne pouvez rien y changer. » Ou encore : « Votre fils va se noyer cet été. Quel drame ! Je ne peux pas vous en dire plus. » Moi, je dis : C'est honteux ! Ces « praticiens » sont des malades qui devraient se faire soigner. Je suis révoltée par de telles pratiques. Le voyant doit être conscient de la responsabilité de ses mots. La richesse d'un praticien est encore plus grande lorsque celui-ci a suivi une thérapie ou s'est intéressé à des techniques d'évolution personnelle. Car la voyance est avant tout un mode de communication d'inconscient à inconscient, où des zones d'ombre du consultant et du consulté se mêlent. Quand le voyant ne maîtrise pas ce savoir, il peut se projeter sur l'autre et cela peut devenir dangereux pour le consultant. C'est la raison pour laquelle tous les membres de l'association *Delta Blanc* Belgique (dont nous parlerons plus loin) se sont soumis à un entretien avec un psychologue conseil. Celui-ci a pu s'assurer de l'équilibre des voyants, des tarologues ou des astrologues et des limites que se posent ceux-ci, dans l'exercice de leur pratique.

Sans mauvaise comparaison, je pense que le voyant rejoint le psy avec une dimension supplémentaire, celle d'une intuition supérieure. Le psy a besoin de temps, de plusieurs séances. Si certains psychanalystes reconnaissent les vertus thérapeutiques du voyant sérieux, ils insistent toutefois sur la prédominance manifeste de la psychanalyse. Celle-ci opère un travail plus en profondeur. C'est vrai, mais cela ne vaut pas pour tout le monde ni dans toutes les situations.

Sur le chemin de notre vie, on peut rester ouvert à différentes techniques de recherche. Voyance et psychothérapie ne sont pas opposées. Elles se rejoignent et se complètent. Cela permet de guérir des blessures du passé, d'accepter de faire des nettoyages, de mieux comprendre les chemins empruntés. La relation est tout de même différente. Pourquoi? D'abord, parce que le psy ne fait aucun commentaire (ou très peu). Le voyant, lui, se mouille. Nous ne sommes pas en concurrence. Ces disciplines peuvent s'aider conjointement, tout comme la médecine traditionnelle et les médecines douces. Ce n'est pas parce qu'on fait appel à un ostéopathe pour un mal de dos que l'on refuse l'opération chirurgicale en cas d'appendicite. L'avantage de la voyance est qu'elle apporte des réponses immédiates aux interrogations urgentes. Aller voir un psy ou un voyant prouve que psychanalyse et spiritualité font partie d'un tout. C'est une ouverture d'esprit qui permet d'évoluer. Pourquoi faudrait-il les enfermer et les classer? Très souvent, j'ai entendu des consultants me dire: «J'ai fait une thérapie de deux ans à raison d'une fois par semaine, et vous venez de résumer ce travail en vingt minutes. Mais je ne sais franchement pas si j'aurais tout compris de vos propos si je n'avais pas décortiqué préalablement par analyse thérapeutique». Au contraire, dans d'autres cas, il m'est arrivé de conseiller à des consultants de suivre une thérapie pour «se retrouver».

Si j'aime assez mettre en parallèle ces deux disciplines complémentaires, je les distingue néanmoins. La différence entre la consultation de voyance et la thérapie est d'abord dans la relation. Le consultant qui vient chez le voyant consulte quand il le décide. C'est lui qui fixe la fréquence des échanges. Ainsi, je peux recevoir une personne trois fois la même année et puis, ne plus la revoir pendant cinq ans. Elle seule décide librement de nos rencontres. Tandis qu'en thérapie, on sait qu'on s'engage dans un travail de suivi qui oblige à une constance, à une régularité. C'est un long travail sur soi, une recherche en profondeur. On ne consulte pas nécessairement une voyante pour une remise en cause de sa vie, mais peut-être pour une question bien précise.

Par exemple, lorsque Carine me consulte parce qu'elle souhaite acheter avec son mari une petite maison dans le sud de l'Espagne pour y vivre leur retraite, elle attend de moi des éléments qui lui permettent d'en savoir plus sur la réalisation de son projet (maison qu'elle dénichera par la suite, conforme à la description que je lui ai faite). Lorsqu'Éric vient me voir pour la signature d'un contrat avec un nouveau partenaire de sa société, il n'a pas besoin d'un psychothérapeute. Je lui décris la personnalité de son futur partenaire sur la base de son écriture, apporte des précisions sur l'harmonie possible entre eux dans leur relation professionnelle. Ceci va lui permettre de prendre la bonne décision. Cet homme répond-il à ses attentes ? Leurs personnalités sont-elles en harmonie ? Que peut apporter ce partenaire à l'entreprise ? Je donne à Éric des informations utiles qui l'aideront à faire son choix. Car si son choix n'est pas bon, aucun des deux hommes ne sera épanoui et tous deux seront perdants. Il y a, dans ce type de consultation, une approche différente de ce que l'on fait en séance de thérapie. Il est donc indispensable à la fois de bien différencier les deux demandes et de les comprendre. Si j'insiste sur ce point, c'est parce que je voudrais qu'on en finisse avec cette définition idiote : « Le voyant est le psychologue du pauvre ». Il faut, bien sûr, un grand sens de la psychologie au voyant, tant sur sa capacité d'écoute que sur la façon dont il va présenter les choses. Mais psychologie et voyance sont deux arts différents. Elles se rejoignent dans le fait que l'échange avec le consultant exige un grand sens de responsabilité et d'écoute.

Si je ne suis pas d'accord pour qu'on associe le voyant à un bon psychologue, c'est parce que « voir » n'a rien à voir avec la psychologie. Le voyant « voit ». Il décrit une situation sans avoir au départ connaissance de la vie de la personne. Chez le voyant, le consultant est passif. Il est à l'écoute et reçoit des informations, des réponses claires à des questions précises. C'est ainsi, par exemple, que si votre commerce périclite et que la banque vous donne trois mois pour céder votre affaire au risque d'une vente forcée, le psychologue ne va pas vous apporter la réponse. Le voyant, par contre, vous éclairera sur le déroulement et l'issue des opérations. Il vous permettra de prendre les bonnes décisions. Il est vrai que dans certaines situations, le voyant peut aider une personne en lui indiquant les points fragiles ou les blocages de sa personnalité.

Victime de l'amour

Elle se prénomme Sophie. Jeune femme de 35 ans. Belle. Pleine réussite professionnelle. Ses cheveux aile de corbeau, ses yeux noisette captivent les regards des hommes. Elle a un fils d'une quinzaine d'années, sain, équilibré. Hélas, Sophie tombe amoureuse d'hommes mariés, d'infidèles, d'instables ou de buveurs, persuadée que son amour les transformera en princes charmants. Elle collectionne les fiascos. Éternelle « victime of love ». Sophie accumule les échecs amoureux. Une fois de plus, elle s'est plantée et souffre. Oui, ça fait mal un chagrin d'amour, quand on a cru en l'autre, que l'on s'est abandonnée et que, tout à coup, tout ce que l'on a construit avec son cœur s'effondre. Ces douleurs arrachent le ventre, le cœur, les tripes. Reste une blessure si grande qu'il y a du sang partout...

J'ai déjà reçu Sophie. Je me souviens parfaitement de notre dernière entrevue. Lorsqu'elle me montre la photo de son nouvel amour, je lui dis :

– Cet homme entre et sort d'une maison avec un sac de sport à la main, comme s'il déménageait. Il ne connaît pas son chemin. Il cherche.

Ce que je capte sur l'évolution de l'histoire m'inquiète. Je sentais un déroulement malheureux. Des scènes, des larmes...

Un an passe. Jean-Paul a déménagé cinq ou six fois, ne sachant pas lui-même si le célibat ou la vie de couple lui convenait. Des mois durant lesquels Sophie souffre de ces ruptures à répétition. Les scènes, les pleurs se sont, hélas, matérialisés. Je sentais de gros blocages venant du passé et du père. Je lui en avais déjà parlé lors de la précédente consultation. Aujourd'hui, il faut aller plus loin. Sans cela, elle restera dans un éternel labyrinthe. Sophie doit réaliser quels blocages l'emprisonnent.

Sur mes conseils, elle consulte un psychologue qui lui permet de comprendre ses choix inconscients en amour. Mal aimée par son père, elle cherche à combler ce manque affectif auprès d'hommes en souffrance. Sophie choisit des compagnons qui la repoussent, qui l'aiment mal. Elle a fait un travail sur elle-même et a compris le lien dont je lui avais parlé entre ce passé (le père) et ses échecs. La voyance l'a guidée.

Mission accomplie. Il faut savoir passer le relais au psychologue, au thérapeute ou au psychanalyste. En épousant ce métier, il est nécessaire d'avoir envers son prochain des sentiments d'honnêteté et de compassion. La compassion, l'élément moteur du Bouddhisme. Décidément...

La personne qui consulte est parfois dans un état de grande fragilité. Je n'ai pas de formation en psychologie, mais j'en fais sur le terrain depuis quinze ans. La voyance m'a ouvert de nouveaux horizons dont je n'imaginais pas l'étendue. Elle m'a enrichie sur le plan de la compréhension des autres, de la vie. Elle a transformé mon système de valeurs. Les rencontres avec les consultants m'ont appris bien des choses sur l'existence humaine dans ses richesses et ses méandres.

Mes consultations m'ont appris à établir une vraie communication. J'ai développé mon écoute et mon attention à l'autre sans jugement, sans projection. Être à l'écoute avec mon cœur, car lorsque quelqu'un parle de lui, de ce qu'il a vécu, qu'il exprime ses émotions, l'écouter, c'est lui permettre de s'ouvrir. Pour celui qui consulte, la rencontre est toujours un espoir conscient ou inconscient d'une aspiration à se frayer un chemin à travers mille obscurités.

La vie, l'amour, les transformations, la souffrance... une exploration fascinante ! Mon travail apporte des enrichissements réciproques. Aujourd'hui, mon regard a bien changé. Si le mot «psychologie» m'accompagne chaque jour dans ma rencontre avec les autres, vous allez comprendre que la voyance pure n'est pas pour autant de la psychologie. Le jour où un psychologue vous dira que votre toit va s'envoler... vous me préviendrez !

⁂

Ce jour-là, lors de ma consultation, une intuition étrange m'envahit.

– Je vous vois regarder en l'air..., c'est quelque chose qui vous effraie. Vous levez les yeux... C'est comme un choc.

Ma cliente me téléphone par la suite pour m'expliquer que le toit de l'étable dans laquelle elle travaillait s'est envolé. Oui, vous avez bien lu, envolé ! Le comble, c'est que le bâtiment était neuf. Un défaut, d'après les experts.

– Ah, pour avoir peur, j'ai eu peur. Ce n'est pas vraiment le genre de chose qui vous arrive tous les jours, a-t-elle ajouté. Si après cela, on me soutient que la voyance, c'est de la psychologie, c'est que je n'ai rien compris !

La voyance n'a rien à voir avec la psychologie ni avec la logique. Comme pour Marie-France, esthéticienne, à qui je dis :

– Je vois de grandes étendues d'herbes séchées par le soleil, un climat chaud et des meubles en rotin. Cela me fait penser à un autre pays que nos bonnes Ardennes belges pluvieuses.

Ma consultante me répond :

– Pourquoi irais-je vivre dans un autre pays alors que je viens de racheter mon institut de beauté il y a un an ? Vous devez vous tromper. Je n'envisage pas une minute de quitter la Belgique, ni ma famille.

Marie-France a rencontré un vigneron français lors d'une foire du vin. Ils se sont mariés. Marie-France vit là-bas, sous le soleil du Beaujolais, au milieu des vignobles, dans l'exploitation agricole de son mari. Elle m'a envoyé une délicieuse bouteille de Saint Amour en souvenir de notre rencontre.

Cette anecdote montre bien pourquoi il est impératif de faire abstraction de ce que l'on peut connaître déjà de son consultant. Si j'avais réfléchi au fait que ma cliente s'investissait dans l'évolution de son commerce, j'aurais empêché la vision du futur. Raison pour laquelle j'ai du mal à faire de la voyance pour une personne qui m'est trop proche. Je possède déjà trop d'informations. Celles-ci peuvent constituer un obstacle. Dans la véritable voyance, le voyant n'est plus lui-même. Il n'est plus qu'une sorte de canal par où passe l'information.

Souvent, j'ai l'impression que j'explore « l'intérieur » de l'autre en lui donnant des réponses à ses questions. Sans ces rencontres, je m'asphyxie. J'ai besoin du contact, du partage, de l'échange que mes consultations m'offrent. Certaines rencontres m'ont éblouie, émue, d'autres m'ont surprise et toutes m'ont enrichie. J'ai rencontré des gens différents dans leur caractère, comme dans leur physique et dans leur vie. A mesure que nos chemins se croisent, j'ai l'impression que je grandis. J'ai pu nouer des rencontres enrichissantes avec des hommes et des femmes que j'ai revus parfois, souvent ou jamais. Ce sont toujours eux qui ont décidé. Mon « métier », il est vrai, est parfois difficile. Mais c'est ma passion dans la vie. Mon goût de connaître, de me dépasser, de progresser. Lorsque je rentre dans mon bureau, je ne suis plus inquiète ou de mauvaise humeur. Je m'efface pour entrer dans la vie de l'autre. Car à ce moment-là, une espèce de sortie hors de moi-même s'opère. Cette faculté d'entrer dans la vie de l'autre a toujours été une grande chance dans ma vie. Lorsque j'ai vécu des moments difficiles, elle a été ma « porte de sortie ». Comme les thérapeutes, peut-être, le voyant cherche-t-il à renforcer sa propre guérison en se consacrant à celle des autres ?

J'aime beaucoup cette phrase de Yaguel Didier :

« La voyance est un don, l'interprétation un art, et la consultation un acte d'amour ».

Être voyante n'est pas un métier. C'est pratiquer un art, une connaissance faisant appel à la sensibilité, au don de soi et à un savoir inné.

Troisième partie

QUI CONSULTE ? POURQUOI ? QUAND ?

Aujourd'hui, on ne se cache plus. On consulte au « grand jour » : hommes, femmes, de tous les âges et de toutes les catégories sociales. En France, un sondage Sofres publié dans *l'Express* montre que 46 % des personnes ayant suivi un enseignement supérieur scientifique, et 54 % de celles qui ont fait des études littéraires supérieures admettent l'existence des phénomènes paranormaux.

Il faudrait donc arrêter de croire qu'il n'y a que les faibles, les naïfs ou les incultes qui ont recours à la voyance. Il y a quinze ans, ma clientèle était surtout composée de femmes. Aujourd'hui, elle tend à s'équilibrer. Je reçois soixante pour cent de femmes et... forcément quarante pour cent d'hommes.

Je constate avec plaisir que les hommes ne longent plus les murs avant de sonner à ma porte. Clientèle de cadres, d'indépendants, évolution de carrière, signature de contrat, investissement immobilier, chefs d'entreprise. Une extraordinaire variété de consultants m'interrogent sur un éventail de questions (enjeu politique, vie professionnelle, relations amoureuses...).

Depuis deux ou trois ans, je reçois régulièrement des hommes d'affaires. S'ils reviennent, j'en déduis que mes voyances apportent des informations utiles et complémentaires à leur raisonnement. Ainsi, il y a un an, j'ai pu donner des éléments intéressants à la commercialisation d'un nouveau produit dans le secteur alimentaire. J'ai trouvé cette expérience passionnante. J'ai également eu l'occasion de donner mes impressions sur l'évolution d'un brevet.

⁂

Yves m'a consulté la première fois pour des raisons personnelles. J'avais abordé ensuite les problèmes de son entreprise dont l'activité principale est un bureau d'études et de recherches. A la fin de la consultation, il m'avait tendu un objet en acier de plus ou moins quinze centimètres de long, trois, quatre centimètres de diamètre et mince.

– Notre dernier brevet ! avait-il lancé sans autre explication. Juste par curiosité, je voudrais votre avis.

Je lui donne quelques indications qui semblent intéressantes, bien que de mon côté, je ne comprenne pas très bien de quoi il s'agit. Une image attire particulièrement mon attention. Cette pièce se meut dans les airs. Elle flotte. Ou plutôt ; une prévisualisation sur ordinateur en trois dimensions (un olographe, pour ceux qui connaissent). Je le lui dis, il n'ajoute rien.

Yves vient me revoir quelques mois plus tard.

– Tout porte à croire que vous avez vu juste. Nous sommes en pourparlers avec un centre aérospatial pour la commercialisation de notre brevet.

S'il est vrai que les hommes évoquent plus largement leur vie professionnelle, cela ne signifie pas que l'amour soit absent de leurs questions. La femme, elle, a changé depuis quelques années, ses questions sont différentes : « Où en suis-je dans ma vie ? » Elle n'est plus seulement mère ou épouse. Elle est femme à part entière. S'interroge sur sa carrière professionnelle, sa vie amoureuse, sa sexualité, son rôle de mère... Elle existe en tout. Les femmes sont aujourd'hui à la recherche de leur soi profond et d'une spiritualité.

Pourquoi consulte-t-on? Pour tout, cela dépend. La première démarche vers le voyant se fait souvent à un moment de doute. Puis on a vite compris que ça marche. D'où une ou plusieurs reprises de contact hors situations douloureuses. Parfois, c'est vrai on a mal, on a peur, on attend. Savoir permet une attitude plus adaptée à une situation : active ou défensive, inflexible ou souple, combattive ou plus sereine. La voyance est une rencontre individuelle que le consultant retrouve dans notre société actuelle de solitude. C'est aussi un rendez-vous avec soi-même. Vous pensez peut-être que j'entends toujours les mêmes phrases, que je réponds aux mêmes questions : « M'aime-t-il encore? Vais-je trouver un emploi? » C'est vrai. En partie. Chacun apporte son histoire, introduit quelque chose de différent. Ce n'est jamais monotone. Nouvelle consultation, nouvelle aventure. Cela peut aller de la remise en question et d'un bilan de vie, à la signature d'un contrat, à l'achat d'une maison, parfois à la direction des études d'un enfant... Il n'y a ni profil type de demande ni profil type du consultant. Chaque vie est unique.

En général, les gens qui sortent de mon cabinet vont mieux et j'en suis heureuse. Non parce que je leur ai annoncé un avenir radieux, mais parce qu'ils sont éclairés sur leurs questions. Ils possèdent des éléments d'ensemble qui leur permettent d'avancer avec davantage de clarté vers l'avenir. S'ils ont une épreuve à traverser, ils savent qu'au bout, le ciel peut s'éclaircir. Celui qui « sait » peut agir en connaissance de cause. Celui qui est à bord de son navire et prévoit la tempête va consolider son bateau. Une histoire d'amour commence : « Je l'aime, mais il est marié. Qu'est-ce que je représente pour lui? Une conquête éphémère? Suis-je un baume sur le cœur, un alibi pour échapper au poids de son couple, une petite parenthèse? Puis-je espérer des projets de vie commune? »

Une consultation aide à débroussailler. Un couple qui se brise, une perte d'emploi brutale, un enfant qui tarde à venir... Pas facile, la vie. Comment rester la tête haute contre vents et marées? On attend du voyant une piste pour une quête du « mieux être ».

Consulter, ce n'est pas attendre bêtement que les catastrophes nous tombent sur la tête. Beaucoup de mes clients fidèles me disent : « Lorsque je suis mal, le fait de venir vous voir me fait beaucoup de bien ». Je me dis alors que mon aide n'est jamais inutile. Comme l'explique parfaitement Richard Alouche, maître assistant de sociologie à l'université de Lyon II, *« ce qui crée l'angoisse face à l'avenir, c'est que tous les obstacles sont possibles à la fois. En lui révélant son avenir, le voyant le met face à un seul scénario et de ce fait élimine tous les autres futurs possibles qui paralysent. Comme lorsqu'un candidat a le trac en attendant les questions de son examen. Il imagine toutes les questions en même temps, d'où son sentiment de ne plus rien savoir. C'est quand il saura la question à laquelle il lui faut répondre, qu'il aura écarté toutes les autres de son esprit, que l'épreuve lui paraîtra abordable. »* La précognition, dit Richard Alouche, agit comme une question d'examen connue d'avance. Non seulement le consultant fait l'économie du trac paralysant, mais de plus il se familiarise avec l'épreuve, s'y prépare[1].

Pas facile la vie

Je me souviens d'une consultante convaincue de l'échec total de sa vie, envahie d'un sentiment d'incapacité en tout. Elle touche le fond du puits, elle est « en panne ». C'est « le noir ». Au carrefour de sa vie se dresse un panneau « Stop ». C'est l'heure du bilan. Que vaut la vie sans de véritables raisons de vivre, sans y croire et sans un avenir porteur de satisfaction ? Josée n'a plus confiance en elle. La vie qu'elle subit ne lui permet pas d'entrevoir une évolution. Elle pense parfois à se créer des buts, mais cela requiert des forces et elle n'en a plus. Sinon celle de tenir, chaque jour. Parfois, elle s'abandonne à la tentation de s'anéantir, d'oublier et de trouver enfin la paix. Dans ces instants de détresse, la mort lui semble la seule issue. Puis elle réagit par ondes subtiles ou par grandes bouffées exal-

1. Cf. : *Un voyant dans la ville.*

tantes. Son esprit fonctionne et son instinct de survie lui dit qu'elle ne peut se laisser glisser ainsi, même si c'était pourtant plus facile.

Alors je lui raconte sa vie. Elle a grandi et vécu à la campagne. Je vois ses trois enfants. Je sens une autorité dans laquelle elle a été enfermée. Deux hommes dominateurs. Son effacement. Elle m'explique que pendant des années, elle s'est inclinée. D'abord, face à un père autoritaire. Ensuite, devant un mari directif. Sa personnalité s'est effacée. Envolée. Elle n'a jamais ou si peu existé. Il lui semble qu'au fil des années, elle est devenue inapte à affirmer ses désirs. L'idée de faire un choix personnel la paralyse. Elle est incapable de décider. Se rebeller ? Pas si facile...

– Oui, je suis dans le fond. En fait, je ne suis peut-être qu'une femme trop égoïste qui suit son chemin, trop faible pour oser le choisir.

Je l'écoute. J'ai le sentiment d'entendre son murmure intérieur qui se révolte et a soif d'autre chose. Ce que je sens n'est pas sa résignation, mais son explosion, son dépassement. Des images se succèdent dans ma tête : un escalier qui conduit à un petit appartement intime, chaud. Elle bouge, parle, rit.

Le marasme prend fin pour elle quelques mois plus tard. Elle a eu le courage de quitter son mari. Je dis courage car il faut plus de courage pour partir et oser changer sa vie que pour rester. Elle a osé. N'ayant jamais travaillé auparavant, à presque cinquante ans, elle réussit à trouver un travail de cuisinière dans une école. Aujourd'hui, elle vit libre et heureuse dans son petit appartement du troisième étage. Lorsqu'elle est sortie de chez moi, le jour de notre rencontre, je l'ai vue animée d'un souffle d'espoir et de renouveau. Elle a dit oui à un avenir possible. Josée est l'exemple vivant que la rupture n'est pas un abandon ou une fuite. Juste une halte nécessaire qui entraîne une force libératrice. Une renaissance. La rupture en tant que processus vivant est parfaitement bien abordée dans le livre de Simone Barbaras, *« La rupture pour vivre »*.

Placés à la croisée des chemins, nous hésitons... Lequel dois-je prendre ? Et c'est ici qu'interviennent certains esprits critiques qui voient dans l'appel à la voyance un signe de faiblesse. Non, au contraire, je pense que c'est une forme d'intelligence de demander son chemin. Ce n'est pas parce que vous allez consulter que vous êtes incapable de vous en sortir vous-même. Prenons un exemple. Vous avez décidé de rendre visite à de nouveaux amis rencontrés lors de vos dernières vacances. Vous avez l'adresse d'un petit bled perdu. Vous vous retrouvez en pleinc campagne. Pas de panneau indicateur. Juste une adresse. Est-ce vraiment une preuve d'intelligence que de tourner une heure en essayant de trouver votre chemin ? Alors qu'il serait tout à fait normal et plus facile de demander votre route au paysan que vous apercevez au coin d'un champ.

Le doute est un sentiment qui nous bloque et nous empêche d'avancer. La peur, suite à des échecs répétés, peut nous plonger dans un chaos dépressif. La peur nous fait souffrir plus que tout. Car nous souffrons seuls. Même notre corps subit les effets dévastateurs de la peur. Angoisses, insomnies, crampes à l'estomac, palpitations, blocages de dos... en sont les symptômes. « Pourquoi ai-je du mal à m'engager ? Pourquoi est-ce que je n'arrive pas à m'affirmer ? » des questions existentielles que l'on se pose tous un jour ou l'autre. On pense alors « Parce que je suis comme ça », tellement convaincus de notre incapacité à nous transformer. Nous restons bloqués dans de vieilles habitudes de pensées. Mécanisme inconscient. Peur de ne pas être aimés, peur d'être jugés, de décevoir... Nos craintes se sont formées selon notre histoire et les blessures vécues dans notre enfance. Tous, nous avons des peurs qui nous poursuivent. Et souvent, c'est l'idée que nous avons de nous-mêmes qui nous empêche d'être heureux.

Va au bout de tes rêves

J'emprunte cette phrase à Antoine Filissiadis, auteur du best-seller qui porte ce titre.

« Elle » me tend la photo de son mari, une petite photo d'identité délavée.

– Il est routier ?

– Non, commerçant.

– C'est étonnant. Je le vois assis sur une énorme roue. Comme dans une bande dessinée, je le vois souriant sur un gros pneu de camion !

Je venais de décrire le rêve d'enfant d'Antoine. Fils unique. Ses parents, propriétaires d'un commerce de matériaux de jardin ont travaillé d'arrache-pied pour lui offrir une affaire florissante. C'est ainsi qu'à 22 ans, après ses études, il se retrouve avec papa et maman à vendre des tondeuses à gazon. Ça rapporte... Il en a de la chance, Antoine, d'avoir eu des parents si dévoués. Oui, de la chance. Mais son rêve à lui, c'était d'être routier. A 38 ans, le dos bloqué presque en permanence, un ulcère à l'estomac, il a étouffé son rêve. Était-ce la faute de ses parents ? Qu'importe !

Interpellé par le cliché rapporté par sa femme, Antoine vient me consulter. Sur un plateau de la balance, le connu dans lequel on l'a conditionné ; sur l'autre, une aventure qui l'impressionne mais dont il rêve. Habité par son incertitude, la question revient « Serais-je capable ? ».

– Au lieu de vous poser cette question, il faut dire « j'essaie ».

C'est ce qu'il a fait. Antoine est maintenant heureux au volant de son bahut. Il est enfin lui-même... sans ulcère à l'estomac.

L'utilisation des arts divinatoires et de la voyance permet de déceler les périodes fastes ou néfastes de notre vie. Comme pour les fleurs ou la moisson. On sait qu'il y a des saisons pour récolter. Inutile d'espérer la cueillette des noisettes en plein mois de mars ou de penser que les marguerites pointeront le bout du nez en janvier. Il faut respecter des cycles. Avant de tirer le vin, il faut d'abord planter les vignes. Parfois, il faut du temps. Prendre le temps. C'est nous qui donnons au temps sa notion d'urgence comme un élément de mesure. Rien n'est plus éloigné de la vérité, l'attente est souvent un calendrier divin ! Les évènements du futur doivent se mettre en place. Il en est ainsi pour écrire notre livre de vie. Et notre livre d'amour. La rencontre de notre partenaire ne dépend pas seulement de nous. Cela dépend aussi de... lui.

⁂

Marie-Thérèse voulait vraiment refaire sa vie. Sans mari, ni enfant. Elle a fait le deuil de ce mari « tordu » qui l'a quittée comme de sales individus abandonnent leur chien. Elle s'impatiente de rencontrer l'âme-sœur. Je lui parle d'un homme seul, sûrement divorcé. Il est tout près d'elle.

– C'est drôle, j'ai le sentiment que vous le connaissez.

Rien. Déçue, elle revient me voir à deux reprises. Je lui répète les mêmes mots.

– Impossible. J'ai beau regarder, je ne vois personne. Ou alors c'est l'homme invisible, décline-t-elle avec humour !

Quelques années plus tard, elle m'apprend que celui-ci n'était autre que son voisin. A l'époque de la prédiction, il vivait toujours avec sa femme. C'est lui qui n'était pas prêt.

⁂

L'âge de ma clientèle est très varié. Des personnes jeunes ou moins jeunes. Personnellement, je refuse des consultants en dessous de dix-huit ans. A cet âge, on est beaucoup trop influençable pour recevoir une prédiction. Imaginez que je décrive à une jeune fille son futur mari, un roux aux yeux verts. Elle risque de remballer tous les petits bruns moustachus qui vont se présenter à elle. Or, ces derniers feront partie des expériences qu'elle doit vivre et sont une portion de son chemin. L'impact de mes propos pourrait alors enfermer la personne dans un avenir préfabriqué. La doyenne de mes consultantes a quatre-vingt-deux ans. C'est une femme extraordinaire. Passionnée d'art, élégante, pétillante comme du champagne, elle a une jeunesse d'esprit épatante. Mais vous vous demandez : « A quatre-vingt-deux ans, qu'attend-elle de l'avenir ? » L'amour. Deux fois veuve, elle est venue me consulter après avoir passé une petite annonce à laquelle elle avait reçu plusieurs réponses. Elle m'a présenté l'écriture des différents soupirants pour être guidée sur une éventuelle possibilité d'harmonie avec l'un d'eux. Elle a encore envie de vivre, de bouger, d'aller au théâtre, de se promener, de partager... C'est formidable. Et elle a trouvé le complice qu'elle cherchait!

Les consultants ne soumettent pas nécessairement une demande spécifique ou un problème personnel. Parfois, ils souhaitent avoir une vue d'ensemble sur leur avenir. Ils s'installent alors en face de moi et me laissent parler. Depuis deux ou trois ans, des chefs d'entreprise m'apportent des Curriculum Vitae de candidats à un emploi. A partir de ces documents, je vais déceler les atouts et les points faibles de la personne. J'observe les possibilités d'harmonie qui se dégagent entre les deux individus. Je ne fais pas le choix, j'indique des pistes. Les patrons qui m'ont consultée affirment avoir été très satisfaits des indications que je leur ai données. La preuve? Ils reviennent. Dans ce cas, vous constaterez que le consultant n'attend pas de moi l'avenir mais une aide, afin d'effectuer un choix dans le présent.

J'ai rencontré également le même type de demande pour l'emplacement de nouveaux commerces. On me présente des photos afin que j'évalue les potentialités de réussite et d'évolution de ces points de vente. Et ça marche.

A Pol, petit homme à la démarche rapide, avenant, avec ses lunettes en demi-lune, je dis d'emblée que je pressens un problème de parking, avant même qu'il me présente la photo de la supérette dans laquelle il envisage d'investir. « Incroyable », dit-il, « c'est le point qui me freine et vous mettez le doigt dessus de suite. »

Cette utilisation de la voyance montre bien que le voyant a dans ce cas le rôle d'informateur. Tels l'avocat, le conseiller, le comptable, le banquier. Je vais apporter une information complémentaire face à une situation que l'on connaît déjà. J'interviens pour une question actuelle. Certains consultants reviennent régulièrement, d'autres au bout de deux, trois, quatre ans lorsque ce que je leur ai prédit s'est produit. Cela dépend de ce qu'ils vivent ou non dans leur vie. C'est selon leurs interrogations ou leurs difficultés. Il y a ceux qui me rendent visite une ou deux fois l'an. Comme cette avocate qui vient de Suisse chaque année à Pâques. Je reste vigilante par rapport à la dépendance que pourraient provoquer des visites trop rapprochées. Je refuse la consultation si je sens que la personne risque de devenir « accro ». Attention à l'overdose ! Bien sûr, il arrive que certaines personnes consultent un peu plus à certaines étapes de leur vie. Elles subissent des turbulences, ou sont dans des moments de choix, de grandes remises en question, de décisions qui entraînent plus d'interrogations. L'imprévu est un intrus qui franchit parfois la porte sans prévenir. Comme le dentiste, je reçois parfois tôt le matin dans les cas d'urgence. Beaucoup me sont fidèles depuis mes débuts. Avec eux, des liens se sont tissés au fil des années. Leurs témoignages sur la réalisation de mes prédictions m'ont apporté la confiance, et m'ont permis de vérifier la richesse de la voyance. Sans oublier les bouquets de fleurs et les ballotins de chocolats que je reçois souvent en guise de remerciement. Je pense que j'ai une grande chance d'avoir de tels rapports privilégiés avec mes consultants.

Les délais pour obtenir un rendez-vous sont un peu longs. C'est vrai. Mais je pense que si ma clientèle l'accepte, c'est qu'elle revient vers moi en confiance. J'ai du mal à imaginer que des personnes me consulteraient depuis quinze ans si, pendant toutes ces années, je leur avais raconté des sornettes. Ma plus grande récompense, c'est une fidélité de cinq, dix ou quinze ans. Je remercie tous ceux dont je partage la vie depuis tant d'années. Le bouche à oreille a été depuis mes débuts ma seule publicité.

Boum, quand notre cœur fait boum !

Vertige de l'amour, chante Bashung. L'amour. Ah, l'amour ! Les romans et les chansons en parlent. « L'homme de ma vie... » Il est très demandé ! La probabilité de rencontre du prince charmant (que Cendrillon nous a piqué) est une question que je retrouve régulièrement lors de mes consultations. Regardez autour de vous et vous constaterez qu'il est peu courant aujourd'hui de faire toute sa vie avec le même partenaire. Terminée, l'époque où l'on se mariait pour le meilleur et pour le pire...

même s'il fallait souvent supporter le pire ! Aujourd'hui, on peut changer sa vie, revoir ses choix. Divorces et séparations se banalisent, mais les rapports affectifs restent difficiles. C'est loin d'être tout rose. Il m'est arrivé de rencontrer des femmes qui n'étaient pas prêtes pour rencontrer le prince charmant. A les entendre, on pouvait croire qu'elles étaient cloîtrées dans un couvent ou que tous les hommes qui les entouraient étaient vieux, mariés ou homosexuels. Je pense que dans ce genre de situation, quand il y a des blocages, il est bon que nous nous lançions dans une petite introspection[1]. Que nous cherchions aussi la cause de l'angoisse. Essayer de voir ce qui fait peur dans l'attachement lié à l'évolution d'une relation. Cette peur est parfois tellement grande qu'elle peut nous empêcher de dépasser les premiers stades d'une rencontre et nous faire condamner le candidat au deuxième rendez-vous, sous prétexte que finalement, « on ne va pas du tout ensemble, qu'il va trop vite, qu'il fait du bruit en mastiquant son chewing-gum, qu'il est toujours mal coiffé... Qu'on n'aime pas ses chaussures ou qu'il a quelques kilos de trop. »

On rêve d'un prince charmant... qui n'existe pas ! L'amour est une chose fragile. On se perd quelque fois dans son immensité. Mais quoiqu'en disent les blessés ou ceux qui ont peur, il est bien difficile de vivre sans. Il y a des hommes et des femmes avec qui l'on vit des histoires plus ou moins longues. Des êtres que l'on croise, des partenaires avec qui l'on construit. Derrière la question : « Quand vais-je le rencontrer ? », pointe une autre question dont le consultant n'a pas toujours conscience : « Quand serai-je prêt à l'accueillir et à aimer à nouveau ? » Première règle : pour tomber amoureux, il faut être disponible dans sa tête. Cela paraît bête mais c'est comme cela.

La rencontre de Roméo ne sert à rien si l'on n'est pas capable de bâtir avec lui une belle histoire. Parfois, quand notre cœur a saigné, il a peur. Il réclame l'amour mais faut-il encore aller à la rencontre de l'autre, s'ouvrir, réapprendre, vaincre ses peurs.

1. A lire : *Pour en finir avec la solitude*, Ch. Hurteau.

Pas facile de faire repousser le gazon quand il a été piétiné pendant des années...

La citrouille et le carrosse

Comme Simone... Aujourd'hui, elle vit heureuse aux côtés de l'homme dont je lui ai parlé et qu'elle ne « voulait » pas. Enfouie au pays du « plus jamais », il ne fallait pas lui parler d'un prince charmant qui l'attendait au coin de la rue. D'ailleurs, la citrouille ne fut pas un carrosse mais une jeep.

– J'entends des rires. Je vois des caisses de déménagement. Deux mains qui s'unissent. Un homme. Derrière lui, il y a beaucoup d'arbres, ça sent la nature.

– Cela m'étonnerait, réplique-t-elle. Je sors d'un divorce. Mon ex-mari était jaloux. Il dirigeait tout. Il n'est plus question de me faire « avoir » par un homme. Je n'en veux plus. J'ai donné !

Je lui souris. Je voyais pour elle quelques liaisons sans lendemain, ensuite elle se réconciliait avec l'amour. Elle vient me revoir par la suite, me raconte ses quelques aventures. En rit. Plus question pour elle de se laisser apprivoiser. Jusqu'au jour où, il y a deux ans, guérie et libérée de son passé, elle me téléphone pour m'annoncer l'heureuse nouvelle.

– Il est là. Et vous savez pourquoi vous avez vu tous ces arbres ? Il est garde-forestier.

Avec lui, elle a appris la signification du verbe « aimer ».

Un bon amant, c'est une chose. S'éveiller le matin à côté de l'être qu'on aime et qui vous aime s'appelle « partager ». S'enrichir de ses points forts, accepter ses faiblesses. Un pari difficile à relever, certes, mais faisable quand on trouve le bon équilibre.

Cela me rappelle Marie-Thérèse, la soixantaine, un peu lourde mais bien portée. Son regard lumineux comme un ciel de printemps atteste de son bonheur. Ses rides au coin des yeux ne sont pas un problème, l'amour lui va si bien. Professeur de langues pendant trente-cinq ans, pour elle la grande roue de l'amour a tourné, tourné... Elle a aimé plusieurs hommes dans sa vie. Elle a souffert d'aimer, compris qu'il n'y a aucune assurance amour, ni garantie du cœur. De ses histoires ratées et de périodes de vie en solo Marie-Thérèse a conclu que pour elle, chacun son territoire, c'est mieux.

– Mon ami et moi vivons chacun dans nos appartements respectifs. C'est si bon, de me glisser le soir sous ma couette avec un bon roman plutôt que de devoir me farcir un match de foot à la télé. Et quelle joie lorsque mon ami arrive chez moi pour partager des petits dîners ou des promenades main dans la main. Nous sommes tous les deux assez indépendants et avons trouvé la formule qui rend notre relation équilibrée et harmonieuse.

Aimer, c'est proposer à l'autre d'exister plus et non lui imposer d'exister moins.

L'amour est tout un programme dans un cabinet de voyance. Parfois, j'entends : « Lequel dois-je choisir ? » Il y a plusieurs façons de vivre une histoire d'amour : tendresse, passion, négation, sécurité, réparation, amitié, sublimation... Nous avons tous des besoins différents. Question de tempérament et d'histoires personnelles. Je peux délivrer un conseil. Jamais effectuer un choix à votre place, ni me projeter sur vous. Je peux vous donner des informations qui vous sortiront de l'indécision et des pistes pour faire votre choix, des indications sur l'évolution des rapports entre vous et un homme qui vous permettront d'y voir plus clair. Réflexion qui m'a fait sourire et qui est très représentative de l'évolution de notre vie. Une dame me raconte :

– A dix-huit ans, lorsque j'ai rencontré mon futur mari, il correspondait à mon idéal. Si je le rencontrais aujourd'hui, il ne me séduirait plus. Lorsque je l'ai vu pour la première fois, j'ai vibré. Il était grand, les cheveux longs, un air artiste. Le coup de foudre ! Son petit air perdu m'attirait. Nous nous sommes mariés et avons vécu quinze ans ensemble. Je me suis lassée de son côté irresponsable et bohème. Aujourd'hui, je vis avec Pierre qui est tout le contraire. Adulte. Aucun point commun avec mon ex. Cheveux courts. Regard sérieux, BCBG. C'est moi qui ai changé ! A vingt ans, je cherchais tout autre chose qu'à quarante ans. Si je rencontrais mon premier mari maintenant, il ne m'intéresserait plus. Et si j'avais connu mon mari actuel plus tôt, je n'aurais pas flashé.

Ce que nous appelons « le bon », l'est-il nécessairement pour toute une vie ? Il faudrait commencer par se poser cette question. Nos attentes d'aujourd'hui seront-elles encore nos attentes dans vingt ans ? Chaque histoire apporte quelque chose. Répond à nos besoins du moment, nous fait progresser.

Décidément, c'est drôle, les coïncidences... Au moment où j'écris ces pages, je me trouve dans un état d'apesanteur. Voilà deux jours que malgré la volonté d'avancer dans la rédaction de ce passage, rien ne sort. C'est normal, paraît-il, la page blanche. Le téléphone sonne :

– Esméralda ? Je vous ai consultée il y a dix ans. A l'époque, vous m'avez dit que l'homme avec lequel j'entretenais une liaison ne quitterait pas sa femme... Je ne vous ai pas crue. Je le reconnais. Il m'avait fait tant de promesses ! Aujourd'hui, dix ans ont passé, je suis à bout. J'ai compris que j'ai attendu pour rien. J'ai 58 ans et je constate que j'ai vécu d'illusions. Je voulais simplement vous le dire. Au revoir.

Cette malheureuse a connu le piège de l'attente. Lorsque l'on a patienté six mois, un an, deux ans, trois ans, pourquoi ne pas attendre un an encore ? Plus elle attendait, plus elle avait le sentiment de devoir attendre davantage, de façon à être récompensée de son investissement. Comme la jeune Sarah, 29 ans, empêtrée depuis quatre ans dans une galère extra-conjugale. Belle comme un cœur, sexy, elle a toujours une cour d'admirateurs autour d'elle. Seulement voilà, elle aime Christophe. Ah Christophe, justement, parlons-en ! Un air penseur, « ex » coureur de jupons, surveillé par une épouse jalouse. Pauvre chéri, comme il est malheureux de vivre avec un espion du KGB. C'était la description qu'il faisait de lui-même. Pas mes intuitions. Elle m'en voulait un peu pour cela. Elle avait bien tenté de rompre mais à chaque fois il disait « mon amour, je t'aime, j'ai besoin de toi. Pour le moment je reste avec ma femme pour mes enfants, sois patiente» Puis un jour, elle apprend que cette épouse qu'il dit ne plus aimer et ne plus toucher depuis longtemps est enceinte du troisième enfant. La gifle qui la réveille. Après quatre ans de rendez-vous clandestins, elle réalise que, non seulement il ne quittera jamais sa femme mais qu'il lui a menti. Il serait tout à fait d'accord, lui, homme marié, pour continuer son agréable double vie. Sa femme d'un côté pour le confort, les soirées en famille devant la télé, les vacances, et de l'autre sa maîtresse, toute dévouée. Disponible. Avec laquelle il vit une parfaite entente sexuelle qui le rend fier de sa fabuleuse virilité. Lui, il serait toujours d'accord pour continuer à... la désirer. Sarah s'est réveillée. Elle a rompu. C'est pour éviter de tomber dans ce type de piège qu'une consultation de voyance peut s'avérer utile.

J'ai croisé d'autres femmes qui ont espéré pendant dix ou quinze ans que leur mari alcoolique arrêterait de boire. Dix ou quinze ans d'illusions... de gueules de bois, de menaces, de fausses promesses et d'années passées pour finir par comprendre qu'il n'avait pas envie de changer quoi que ce soit. Et qu'on ne change pas l'autre !

Dites-moi, dites-moi... où est passé mon cœur

Je me rappelle Ingrid. 35 ans peut-être. Plus de trente en tout cas. Les yeux gris pâle. Un look baba cool. Elle arrive le cœur en mille morceaux. Depuis deux ans, elle vit une histoire d'amour chaotique. Deux voyants lui ont promis le retour de son tendre amour. « Il reviendra. C'est l'homme de votre vie... Attendez ». C'est dans cet état d'esprit qu'Ingrid vivote depuis plus de deux ans.

Sur sa chaise, comme une poupée de chiffon, elle est tendue comme la corde d'un arc.

J'ai la photo de son ami dans les mains. Elle choisit cinq cartes. Je vois la coupure. Il est absent de son présent et de son avenir. Je le lui dis. Elle refuse. Pleure. Finit par se calmer. M'écoute. Machinalement, sans trop prêter attention à ce que je lui raconte. Elle n'entend battre que les échos de son cœur... Tente de m'influencer de toutes les manières, de me faire dire ce qu'elle veut entendre.

« Dites-moi que ce n'est pas fini, qu'il reviendra ».

Je lui parle d'un autre homme qui arrive. Dans sa tristesse et son effondrement, elle devient un peu agressive.

Lorsqu'elle quitte mon bureau, une longue route l'attend. Je la sens tellement effondrée, j'ai mal pour elle. Pourtant, je devais lui dire la vérité et cesser d'entretenir ses fausses illusions. Je la revois huit mois plus tard. Radieuse. Quelques semaines après notre entrevue, Ingrid décide sur un coup de tête de prendre des vacances en Bulgarie. L'amour l'y attend. La vérité lui a permis d'avancer alors que les illusions l'enfermaient dans une histoire qui n'avait plus de sens ni de futur.

J'ai rencontré des gens prisonniers de leurs obsessions qui n'entendaient rien ou croyaient entendre telle ou telle chose, qui tentaient aussi de me faire dire ce qu'ils voulaient entendre. C'est humain. Lorsque la vie nous matraque et que l'on souffre, c'est un sentiment compréhensible. Je comprends à ce moment que la réalité fait mal. Je vais semer aujourd'hui une petite graine qui grandira. Il lui faudra du temps, de la pluie, du soleil, quelques saisons ou des années pour comprendre. C'est ce que j'appelle, au moment de la consultation, un refus de la réalité. Pour une rupture, un voyant ne doit jamais prononcer des phrases du style : « Quittez-le ». La personne a un chemin à faire. Il convient de lui présenter les choses en termes adéquats. Annoncer une cassure trop brutalement peut anéantir celui qui consulte. La manière de présenter les choses implique également une responsabilité. Pour pratiquer la voyance au quotidien, il faut aimer les gens et les respecter. On ne manipule pas cette pratique n'importe comment. C'est pour moi une relation directe et authentique avec l'autre, une vraie rencontre. J'ai la chance de recevoir des gens formidables. Leur contact m'a enrichie. Chaque histoire est fascinante. Une telle diversité d'échange est une véritable école de la vie. Pratiquer au quotidien, c'est éprouver le désir de donner à l'autre des repères qui lui font défaut au moment où il vient consulter. Chaque être a une communication qui me permet d'aller dans une dimension que vous ne connaissez pas. Je m'insinue dans votre espace.

La voyance peut s'avérer dangereuse dans des mains incompétentes et malsaines. Elle pourrait avoir des effets négatifs et donner des sentiments de pouvoir à celui qui la pratique. La recherche de la notoriété, le besoin d'être sans cesse reconnu comme une star conduit à exercer un «pouvoir» gratifiant et flatteur. La voyance peut représenter un danger fait d'orgueil et de vanité.

La connaissance implique que l'on soit responsable. Être capable de «voir» au-delà du temps peut être destructeur ou utile, selon la sagesse de celui qui détient la capacité. La voyance est une précieuse alliée, source d'aide si on l'utilise avec sagesse et équilibre. Que serait un objet dangereux dans les mains d'un enfant ou d'un fou? Prenons un bistouri. Dans les mains du chirurgien il sauvera une vie, dans celles d'un assassin il tuera. La voyance peut monter à la tête de celui qui la pratique. Son ego gonfle. Il faut toujours rester vigilant. Le voyant n'est qu'un simple canal. Mes consultations m'ont beaucoup appris de la vie et de l'être humain. J'ai appris qu'une épreuve douloureuse permet de grandir, d'acquérir un autre regard sur notre vie ou d'avoir un détachement par rapport à des futilités. Ma pratique m'a amenée à me poser des questions devant certaines douleurs. J'ai réalisé que la souffrance a un sens et permet d'aller plus loin, qu'une épreuve peut devenir positive. Tout échec est dur à gérer, mais il nous amène à des réflexions bénéfiques pour l'avenir. Toutes les situations nous transforment. J'ai aussi personnellement traversé des moments difficiles dans ma vie. Des jours où la tempête soufflait. Parce que j'ai vécu ces déchirures avec mes «tripes», je peux encore mieux comprendre. Parfois, on s'écroule parce qu'on n'entrevoit pas la possibilité de faire face à une situation. Nous ne voyons plus que... l'impossible. En réalité, c'est en nous que nous ne croyons plus. Les épreuves laissent des cicatrices, des plus fines aux plus profondes. Pourtant, toujours elles s'atténuent.

Nous ne devons jamais dire ou penser: «Je ne m'en sortirai jamais». Les situations pénibles ne durent pas. Nous avons l'énergie nécessaire pour en sortir. Il faut lutter, vouloir et « y croire » pour obtenir le bonheur. Chaque coup dur est toujours surmonté. Quand on a tout perdu, il reste encore l'espoir et la force de se dire que le meilleur est à venir. « Dans la vie il n'y a pas d'échec, seulement des expériences et des leçons ».

Nous devons accepter certaines situations certes, mais pas toute notre vie en attendant béatement que Dame Chance fasse le reste. Aide-toi et le ciel t'aidera ! (ce n'est pas de moi !) La chance, on peut aussi la conquérir et venir à bout de beaucoup d'épreuves. Tout au long de notre vie, nous passons par des moments éprouvants. Nous avons très souvent des raisons d'être ébranlés. Nonobstant cela, nous résistons. Certaines personnes davantage que d'autres. Depuis l'enfance, nous avons été influencés par beaucoup d'événements. Notre milieu familial, notre éducation, nos diverses expériences. Nos réussites, nos échecs nous conditionnent. Parfois, nous sommes tentés de baisser pavillon. A ce moment, il convient de penser *impérativement* de manière positive. Difficile quand on est mal, évidemment. Le pouvoir de la pensée n'est plus à démontrer. Il représente une force extrême, puissante et agissante. Ce que j'appelle la puissance de l'esprit. Regardez autour de vous. Les événements donnent souvent raison aux gens convaincus de leur bonne étoile, parce que leurs pensées sont positives. Cette pensée positive, on l'appelle aussi « la foi ». Il ne s'agit pas d'aller au-delà de ce qu'il est possible de croire. Si vous vous réveillez tous les matins en vous disant : « Formidable, je vais avoir une Rolls », il est évident que ce ne sera pas suffisant pour qu'elle arrive devant votre porte. On s'est compris. Mais lorsque l'on examine un peu plus à la loupe, on constate que les pensées négatives sont destructrices, à l'inverse des pensées positives qui peuvent littéralement accomplir des miracles. La pensée négative est l'ennemie de la réussite. Elle provoque des blocages. Obstacles majeurs au succès. Ce fait que j'ai remarqué lors de certaines consultations illustre bien le pouvoir incroyable de la pensée...

Je reçois Carine depuis trois ou quatre ans. Sa vie sentimentale est un vrai désert. 24 ans. Mignonne pourtant avec ses petites taches de rousseur. Elle ne rencontre pas d'amoureux... Convaincue qu'elle ne plaît pas car elle ne SE plaît pas. Elle élève des barrières autour d'elle. Pourtant, elle sort avec des amis, fréquente les discothèques. Un jour, je la revois transformée. Elle vient de subir une intervention de chirurgie esthétique ! Elle s'est fait refaire le nez. Du coup, elle rencontre le compagnon avec qui elle vit aujourd'hui. Lequel n'a pas été, j'en suis sûre, séduit seulement par son nouveau nez !

Pour réussir sa consultation

Jusqu'ici, j'ai tenté par le biais de différentes anecdotes de vous expliquer comment le voyant perçoit les informations. Si je ne peux délivrer un mode d'emploi du mécanisme de la voyance, je peux toutefois vous guider sur la manière de consulter. Quelques règles essentielles vous permettront d'aborder une consultation en en tirant le maximum de profit. Voici quelques conseils : à faire et à éviter. Souvent, quand nous décidons de consulter, il y a urgence. Alors on se précipite tête baissée. On a besoin d'être éclairé de suite. Pour éviter les échecs, ne perdre ni votre argent ni votre temps, voici la manière dont vous pouvez vous préparer.

1. Aborder une consultation avec sérieux

Consulter est une décision importante qui ne doit jamais tomber dans la banalisation. On ne consulte pas parce qu'on a rien d'autre à faire ! Si vous voulez vous changer les idées, allez vous faire coiffer ou acheter un nouveau pull. Ce sera plus utile et plus marrant. La voyance n'est pas un jeu. Une consultation est une décision sérieuse, importante, à laquelle il faut se préparer. Vous allez confier à une personne ce que vous avez de plus précieux : *vous-même.* Cette rencontre est une aventure émouvante, riche et parfois plus inattendue qu'un lointain voyage. Pour que cet échange soit réussi, ne le faites jamais à la légère. Prenez un rendez-vous, un vrai.

Vous avez un peu peur devant la porte, c'est normal. L'envie, tout à coup, de prendre vos jambes à votre cou et de disparaître dans la rue avant que la porte du bureau s'ouvre est bien naturelle.

2. Comment choisir un voyant ?

Le meilleur choix est celui du bouche à oreille, recommandé par des proches qui eux-mêmes ont été satisfaits et qui ont pu vérifier l'exactitude des prédictions de celui, ou de celle qu'ils ont consulté.

3. Jouer le jeu

Comme vous, le praticien a besoin de se sentir en confiance. Iriez-vous au restaurant dans l'idée de rester à jeun ? Non. C'est la même chose. Si vous décidez de consulter, jouez le jeu franchement. Et si au bout de dix minutes, le praticien se rend compte qu'il ne voit pas pour vous et arrête l'entretien, retenez surtout qu'il veut rester honnête. Ça peut très bien marcher trois jours plus tard.

4. Sachez écouter

Dans une consultation, les mots et les messages sont importants. Un conseil : prenez quelques notes si vous avez peur d'oublier. En rentrant chez vous, relisez-les pour ne pas les déformer. Les phrases que le voyant prononce aujourd'hui n'auront peut-être pas de sens pour vous, mais la vie est faite de surprises, de transformations et de séries de « hasard » comme seul le destin peut les mettre en scène... Restez ouvert !

5. Laissez le temps au temps

Avant de hurler que la prédiction est fausse, laissez faire le temps. Comme je l'ai dit, la notion de temps est très difficile à évaluer et sujette à l'erreur. N'attendez pas d'un voyant le jour et l'heure où se passera « l' »événement. Sachez patienter.

6. Dites-moi ce que je veux entendre

Il y a parfois un monde entre vos souhaits et ce que la vie vous réserve.

« Monsieur Y m'a annoncé ceci. Madame X également tandis que Z s'est trompé et m'a dit l'inverse. Et vous, qu'en pensez-vous ? » Ces propos sont clairs. « Dites-moi ce que je veux entendre et si vous avez le malheur de prédire le contraire, pas de doute, vous êtes une mauvaise voyante et n'avez rien vu de juste. »

Ne demandez pas au voyant de vous *inventer une vie.*

La voyance et la pratique des arts divinatoires ne sont pas des machines programmées à jouer uniquement votre air préféré et sur lesquelles on pourrait sélectionner le programme. Si vous ne supportez pas d'entendre aujourd'hui des choses qui ne vous arrangent pas, alors, ne consultez pas.

7. Consulter pour vous

Vous avez compris que pour une voyante, donner une bonne consultation est un exercice difficile, parler de la vie d'un absent l'est encore plus. L'art de l'interprétation y joue un rôle. S'il vous plaît, limitez-vous à *vos* questions. « Et pour ma cousine, croyez-vous que son mari la trompe ? » Ni vous ni moi n'avons à violer la vie privée d'une personne absente. Lorsque vous vous rendez chez votre comptable, vous ne posez pas de question sur l'entreprise de votre voisin ! Si votre cousine veut réellement en savoir plus sur son avenir, elle prendra un rendez-vous elle-même. Si elle n'ose pas le faire, c'est qu'elle n'est pas prête à entendre. Et puis, franchement, cela vous ferait-il plaisir qu'un proche me questionne sur votre vie amoureuse, vos affaires, votre compte en banque... ? Et en admettant que je réponde à une question destinée en toute bonne foi à être rapportée à votre cousine, quel chemin prendraient mes propos ? Arriveront-ils comme je les ai exprimés ? Imaginez le chemin parcouru par mes phrases et le risque qu'elles soient déformées ! Limitez-vous à vos problèmes personnels.

Il m'est arrivé que des personnes sortent un album de photos complet. Ils me demandent : « Tant que vous y êtes, regardez pour mes fils, mes belles-filles, la santé de mes huit petits enfants et de mes parents... » Bref, il faudrait que je scanne la vie de vingt personnes. Désolée, je ne suis pas une machine !

8. Les miracles ?

Pour les miracles, il est préférable d'aller directement à Lourdes ou à Banneux. Si vous entrez avec un million d'Euros de dettes dans le bureau d'une voyante, vous sortirez avec un million de dettes. La voyante ne possède ni le nez de Samantha, ni une baguette magique qui permette de transformer l'eau en vin. Elle peut seulement vous indiquer des pistes sur l'évolution de la situation.

9. Ne devenez pas accro

« J'ai consulté huit voyants ces trois derniers mois, ils m'ont dit que... Vous aussi vous verrez cela, j'en suis sûr... Tous ceux que je consulte me le disent ». *Stop* ! Laissez le voyant faire son travail. Ne l'influencez pas par ce qu'il doit vous dire. Et ne tombez pas dans la dépendance.

La voyance est utile, tonique. Elle peut aider efficacement lors de choix ou d'orientations à prendre. Elle ne doit jamais devenir une drogue.

10. Acceptez les limites

La voyance est magique... Mais pas infaillible. Si vous n'acceptez pas l'idée qu'une erreur puisse se produire, ne consultez pas. L'erreur est comme nous, humaine !

LES DÉRIVES DE LA VOYANCE

J'ai pris la plume pour vous aider à mieux comprendre comment « marche » la voyance. Une autre raison m'y a poussée : la colère et la déception devant de véritables escroqueries. Dérives graves, inacceptables, malheureusement bien réelles, qui discréditent un domaine déjà si fragile. Les escrocs me vomiront. Les professionnels sérieux se réjouiront, je l'espère, de mes propos. Les consultants qui se sont fait posséder naïvement, qui sont restés dans le silence seront peut-être soulagés d'apprendre qu'ils n'ont pas été les seuls. Il y a d'autres victimes potentielles. Celles-là seront mises en garde. Les curieux, avides de pistes permettant de différencier le bon grain de l'ivraie, seront intéressés. Mes proches vous diront que je fais tout avec passion. Je déteste le mensonge. Et j'aime mon « métier ». Scandale ! Une voyante dénonce les arnaques de la voyance ! Avocate ou journaliste, mon discours aurait certainement été le même. Le Bélier part au combat pour défendre ce qu'il croit juste. Toute vérité n'est pas toujours bonne à dire ? Faut voir... Elle peut s'avérer nécessaire et utile. Il faut oser la regarder en face et prononcer les mots qui feront écho.

Il faut même quelquefois adopter un ton percutant pour réveiller un collectif prêt à gober n'importe quoi.

S'il existe de bons voyants, il faut avouer que cette « profession » est aussi infestée de champions de l'arnaque qui se servent de leur pouvoir de manipulation pour faire un business honteux. Si ma critique paraît sévère, elle est réaliste, hélas ! Tant pis si je subis des réactions. Tant que j'aurai la conviction d'apporter une pierre à l'édifice, je continuerai à me battre pour le respect de ma pratique. Ce chapitre doit être un pavé dans la mare et soulever des réactions, quelles qu'elles soient. J'aurai ainsi atteint mon objectif. Que mes propos fassent leur chemin, qu'ils soient utiles aux professionnels compétents, aux consultants et à tous ceux qui cherchent à comprendre.

Depuis mes débuts, mes propos et ma pratique n'ont pas varié. Au contraire, je me révolte aujourd'hui de plus belle car les dizaines de témoignages que j'ai recueillis ne peuvent être étouffés. Convaincue que la voyance apporte un bien-être et un éclairage constructif, je sais aussi qu'elle peut se transformer en une arme redoutable capable de briser ou détruire à coup d'affirmations dangereuses ou de pratiques scandaleuses. L'envers du décor n'est pas joli, joli. Ce chapitre ne sera pas un inventaire complet des abus que l'on peut rencontrer dans le monde des pseudo-voyants. Ce sera juste un aperçu de quelques témoignages. Si je n'avais pas entendu des victimes me raconter leurs mésaventures le cœur brisé, jamais sans doute je n'aurais eu envie de les raconter et de réagir. Partout, la malhonnêteté existe. Malheureusement, dans ce domaine non réglementé, la porte est largement ouverte à tout et à n'importe quoi. Le problème est que le manque d'information débouche sur deux tendances. Soit, mettre tous les praticiens dans le même panier «tous des escrocs», soit tout croire. Et là, attention au danger!

Depuis le début des années 90, les arts divinatoires sont à la mode. Les Salons de Voyance poussent comme des champignons. Radio et télévision font de l'audimat avec un produit de consommation en vogue. Le développement de ce marché, auquel la crise et la fin de siècle ne sont pas étrangères, frise le délire! De tous temps, les hommes se sont interrogés sur leur avenir. Les arts divinatoires viennent de la nuit des temps. La rencontre importante qu'est la consultation s'est tristement banalisée pour devenir un vulgaire produit de consommation. Certains «professionnels de l'avenir» rivalisent entre les médailles d'or et les coupes d'argent. De la voyante la plus extraordinaire à l'infaillible mage Z, (je vous en passe et des meilleures) qui garantissent des résultats à 100 %.

Notre pays est riche en bons voyants, astrologues ou tarologues, j'en connais plus d'un qui pratiquent avec sérieux et sincérité. *Le guide de la voyance*[1] donne dans le domaine des appréciations intéressantes fondées sur le test de la consultation. Hélas, ne nions pas qu'il est aussi fréquenté par des champions de l'escroquerie. L'incompréhensible, c'est l'immobilisme des pouvoirs juridiques qui laissent faire. Pire, il arrive qu'une victime courageuse (et il en faut du courage, dans ce cas) ose se plaindre et s'entende répondre par un policier ricaneur. « Vous avez payé 2 000 Euros pour un retour d'affection ? Vous n'aviez pas à être si bête. Tant pis pour vous ! Comment peut-on marcher dans de telles imbécillités ? » Voilà que la victime se retrouve coupable. Coupable de naïveté, coupable d'avoir accordé sa confiance à un individu sans scrupule, parce qu'elle était plus fragile à ce moment-là (moment que nous pouvons tous connaître).

Dans la ronde de la grosse arnaque, les margoulins s'en donnent à cœur joie sous le regard d'une loi tolérante. Oui, mes propos sont violents car à cause de ces maîtres de l'arnaque, ma profession est sans cesse éclaboussée. La vraie voyance se place au-dessus de tout cela. Voir, c'est emprunter un chemin qui ouvre une nouvelle voie, celle de la sagesse et non celle de l'argent. Si l'argent est indispensable dans notre société, (et je ne crache pas dans la soupe), il existe au moins deux façons de le gagner. Mais il faut se rendre à l'évidence. Dans le monde de l'irrationnel, ce ne sont pas les praticiens honnêtes qui en gagnent le plus !

En abordant ce chapitre, je vais m'attirer les foudres de certains « confrères » ! J'en accepte les règles. J'aime ma profession et j'ai envie qu'on la respecte. Alors, autant tout dire clairement. Heureusement, ces « praticiens » ne tiennent pas le coup très longtemps. Ils sont obligés de changer de nom. Ils déménagent

1. Éd. Ph. Lebaud

régulièrement pour fuir les plaintes ou les réclamations. Il n'empêche qu'ils souillent la voyance et la pratique des arts divinatoires. Alors, comment distinguer le professionnel sérieux du charlatan ?

Ce livre est en préparation depuis plusieurs mois. Et si encore récemment, je me posais des questions sur le chapitre que je vais aborder, le récit que j'ai entendu dans mon bureau en ce milieu d'année dissipe tous les doutes sur la question : « Dois-je écrire ces lignes ou pas ? » Le témoignage dont vous allez prendre connaissance est authentique et renversant. A lui seul, il prouve les dangereuses pratiques de certains malfrats qui n'hésitent pas à démolir psychologiquement leurs victimes pour... l'argent.

• Les envoûtements

Les noms du bourreau et de la victime ont été modifiés. Mais l'incroyable histoire de Marianne reste vraie. Je vais baptiser, pour la petite histoire, le voyant en question « le grand Saint-Pierre ».

Marianne me consulte régulièrement depuis une douzaine d'années. En ce début d'année 2000, elle me téléphone afin d'obtenir un rendez-vous. J'ai la grippe. Impossible de la recevoir. Ce sera quatre mois plus tard, lorsqu'elle viendra en consultation, qu'elle me raconte l'anecdote. Gênée de cette mésaventure, dont elle n'est guère fière, elle ne sait par où commencer. J'ai l'impression d'avoir en face de moi une petite fille timide qui se comporte comme si elle avait mal fait, mais qui éprouve quand même le besoin d'en parler. Elle chasse une mèche rebelle qui rebondit sur son front. Reste dans un long silence, puis enfin, se décide à parler. Timidement, elle me raconte. Étant donné que je n'ai pu la recevoir en février, une de ses amies lui a suggéré de contacter un voyant « connu » qu'elle entend chaque semaine sur une radio locale. Il donne des consultations à l'antenne et propose aussi de recevoir après l'émission.

Voici Marianne en chemin pour la radio en compagnie de son

amie où elle sera reçue par « le Grand Saint-Pierre ». Elle entre dans la pièce.

– Qu'est-ce qui vous amène, chère madame ?, questionne-t-il d'une voix rassurante.

– J'ai vraiment besoin d'aide, Grand Saint-Pierre.

Tout en l'écoutant, le voyant brasse un jeu de cartes.

– Donnez-moi trois cartes.

Elle s'exécute d'une main tremblante.

– Je vois, je vois. Regardez, vous avez choisi la faux et la mort, enchaîne-t-il sur un ton grave. Vous n'avez que de la malchance.

Fragile, elle s'effondre en pleurs.

– Je viens de perdre mon mari il y a un an à peine. Je suis très mal. Je ne m'en remets pas.

– Oui, c'est la faux, madame.

– Que voulez-vous dire ? Expliquez-moi.

– Votre mari ne devait pas mourir. Il est mort à cause de la faux.

Marianne est déroutée, bouche bée.

– Je veux parler de magie. Vous êtes hélas victime d'un envoûtement occulte. Une personne cherche à vous détruire.

Elle a bien entendu parler de jeteurs de sort et de magie noire. Mais de là à être victime d'un maléfice ?

– J'ai eu un cancer du sein il y a un an et demi, avec ablation et traitement de chimiothérapie. Est-ce aussi à cause de cette faux ?

– Oui, sans aucun doute, c'est la magie qui détruit tout.

– Mais qui ? Pourquoi ? réussit-elle à articuler à travers ses sanglots.

– Cela peut être une amie, une voisine. Vous savez, les gens sont tellement méchants ! Mais je dois vous prévenir : votre cancer risque de récidiver.

Marianne regarde l'amie qui l'a accompagnée. Son cœur explose littéralement. La panique gagne également son amie qui s'exclame :

– Mais ce n'est pas possible, Grand Saint-Pierre. Que peut-elle faire ?

L'air compatissant, le voyant tente de rassurer les deux femmes :

– Rassurez-vous. Je ne vais pas vous abandonner dans un problème aussi grave. Il est possible de remédier à cet envoûtement, mais il faut agir vite. Il en va de votre vie. Mon rôle est de vous aider. Mon action est très puissante. Faites-moi confiance. Je détiens des secrets pour combattre la magie noire. Je peux vous dégager du maléfice, ajoute-t-il d'un air assuré. Je peux établir une protection.

Sans perdre une seconde, il vient de ferrer sa proie. Reste un détail : l'argent.

– Cela ne vous coûtera que 700 Euros. Mon travail va durer vingt et un jours. Après quoi, vous serez protégée et pour ce prix-là, ce sera à vie, bien entendu.

Elle bégaie et interrompt le Grand Saint-Pierre :

– Je suis d'accord. Mais puis-je vous faire un chèque car je n'ai pas 700 Euros en liquide sur moi ?

– Pour la consultation, je vous demanderai 37 Euros. Vous pouvez me régler comme vous voulez. Mais pour le travail de protection, je préfère du liquide.

A ce stade, Marianne ne raisonne plus. Elle est perdue. Elle s'en va à la banque retirer les 700 Euros demandés par son sauveur et les lui apporte en mains propres.

– Ayez confiance, madame. Nous nous reverrons dans vingt et un jours pour voir si vous êtes débarrassée des ondes négatives. Bien sûr, la séance de voyance sera gratuite à ce moment-là. Fixons le jeudi 25 à quatorze heures. Cela vous convient il ?

La nuit d'après, Marianne ne trouve pas le sommeil, ainsi que durant les trois semaines qui suivirent. Et si son cancer récidivait ? Qui peut bien lui vouloir du mal ? Sa voisine ? Une amie ? Elle rumine, perdue dans ses angoisses. Envoûtée ? Hm... je ne sais pas. Atterrée, assurément. Que ne donnerait-on pas pour échapper à la maladie ou à la mort ? A cet instant, l'argent ne compte plus. Tant pis, même s'il faut emprunter.

Le 25 février à quatorze heures précises, Marianne arrive comme convenu chez son sauveur. Elle coupe le jeu, tire trois cartes. Avec le regard rayonnant du vainqueur, le Grand Saint-

Pierre annonce que l'envoûtement a disparu et que Marianne est protégée à vie. Il n'y a plus que du bonheur qui l'attend. C'est là qu'il commet l'erreur. Au bout d'une dizaine de minutes, il réclame 37 Euros pour la consultation. A ce moment, (puisqu'il lui avait annoncé que cette consultation serait gratuite), elle réalise la supercherie. Trop tard !

La voici maintenant en face de moi en train de me raconter sa mésaventure. Les nerfs tendus depuis des semaines, elle parle d'une manière saccadée. Finit par se calmer un peu.

– Mon cancer, il ne reviendra pas ? J'ai si peur...

Ayant pris conscience de la manipulation, elle ne s'est pourtant pas dégagée de la peur. Après l'avoir apaisée, je lui suggère d'agir de manière à ne pas laisser un tel individu sans scrupules continuer ses agissements dangereux.

– Portez plainte, votre amie est témoin.

Elle me répond ceci :

– C'est un escroc. Mais... s'il avait quand même un peu de pouvoir ! J'ai trop peur. Je ne veux pas courir le risque.

– Mais enfin, réfléchissez ! Le seul pouvoir qu'il possède est le pouvoir de manipulation et de persuasion.

Et chaque semaine, notre Grand Saint-Pierre continue à diffuser la bonne parole à la radio !

Aujourd'hui, si vous voulez trouver un prêtre exorciste, vous aurez à traverser la moitié de la Belgique. Tandis que vous avez de fortes chances de trouver un désenvoûteur au coin de la rue. Des marabouts, on en retrouve chaque semaine dans les journaux. Ils n'ont rien à voir avec des chefs religieux traditionnels qui détiennent un savoir issu d'une tradition transmise par un sage ou un ancien. Ceux-là, qu'on leur accorde ou non une puissance divine, ont fait un long parcours initiatique. Ils exercent leur savoir avec modestie et sans publicité. Je ne nie pas l'existence de la magie. La science a authentifié des faits déroutants, mais je sais aussi qu'il y a peu de sorciers dans nos régions. Je comprends l'angoisse de certaines personnes qui se croient envoûtées lorsque les catastrophes ne cessent de pleuvoir.

Pour ceux qui se prétendent « spécialistes », le travail est donc assez simple. Qui les contacte ? Ceux qui se croient habités par une entité diabolique ou malfaisante envoyée par un ennemi bien terrestre. Les malheureux finissent par s'auto-convaincre. Ils cherchent seulement une confirmation. Qui a lancé la malédiction ? Une collègue de bureau jalouse, une belle-mère (vous lui avez volé son petit garçon adoré). Quoi qu'il en soit, la victime devient prisonnière d'un ennemi qui s'acharne sans relâche. Pas étonnant que celle-ci se sente mal depuis des mois puisque quelqu'un de « compétent » confirme ses craintes ! « Vous êtes en danger grave. Si vous ne faites rien, ça va vous détruire. »

Une fois le diagnostic établi, il reste à déjouer le maléfice. On consulte alors la carte des prix pour faire « plus vrai ». En avant pour tout le show qui entoure l'exercice de haute voltige. En Occident, les sorciers sont surtout des as de l'arnaque et des malins de la persuasion. Ils ont trouvé un bon moyen de se remplir les poches.

On découvre un abondant racolage publicitaire sur le sujet. La panoplie est dense : *travaux occultes, protections en tous genres.* Le catalogue est fourni. *Augmentation de la clientèle, réussite aux examens, réussite au permis de conduire, éloigne de vous tout maléfice, retour de l'être aimé* (j'ai même lu « à date fixe » ! !), *combat les sorcelleries, travaux occultes de haut niveau...*

Voilà les mots délirants que l'on peut lire dans les petites annonces. Si le jury d'éthique publicitaire faisait correctement son travail, quatre-vingt pour cent des escroqueries seraient empêchées. C'est sans compter que *« la publicité rapporte »* à certains journaux. Alors, on laisse faire !

C'est textuellement ce que m'a dit le rédacteur en chef d'un grand journal « toutes boîtes » il y a quelques années. Je venais de créer l'association *Delta Blanc Belgique*. Je l'informe de cette action qui pourrait intéresser les lecteurs... Vous avez lu plus haut sa réponse. Incroyable mais vrai. Heureusement, il en faut plus pour me décourager.

Je refuse de tomber dans un laxisme qui consiste à penser que des escrocs existent dans toutes les professions même si je déclenche des réactions peu sympathiques de certains confrères.

« Confrères », qui, s'ils étaient forcés de respecter les règles de déontologie, seraient obligés de changer de métier...

• La publicité

Plus le tapage publicitaire est grand, plus vous devez vous méfier. Les publicités du style *« Les plus Grands la consultent, pourquoi pas vous ? »*, ou encore *« Consulté par toutes les stars et par la presse »*, prouvent que ceux qui paient les publicités manquent de clients ou que ceux qui les consultent ne reviennent pas. Attention ! La dimension de l'étiquette est proportionnelle au danger. Il est vrai que l'intérêt sans cesse croissant du public pour l'occulte ouvre la porte à des slogans de plus en plus extravagants. Le tri est difficile à faire pour celui qui ignore tout du domaine. Sans parler que les mots grotesques de telles publicités alimentent le refus d'aborder le sujet des arts divinatoires comme étant digne d'intérêt. Je comprends parfaitement. Quand on lit que la deuxième Sainte Rita est à votre service vingt-quatre heures sur vingt-quatre, il y a de quoi sourire ! Ou que Madame Miracle peut changer votre vie ! Chouette alors...

Notez, la publicité n'est pas toujours un facteur négatif. Méfiez-vous simplement de ceux qui inondent les journaux chaque semaine de promesses mirifiques. Un praticien qui débute doit se faire connaître, c'est un fait. L'annonce restera sobre et ne promettra ni travaux occultes ni assurances fallacieuses. Un professionnel sérieux n'éprouve pas le besoin de faire du tapage. Il a une clientèle satisfaite, régulière. Sa renommée se fait automatiquement. Naturellement par le bouche à oreille. C'est le meilleur gage de garantie.

• Le prix à payer

Il existe une industrie de gris-gris et autres amulettes porte-bonheur sans laquelle la vie serait jonchée de tous les malheurs possibles...

« Attention ! Vous allez vous tuer en voiture, faire faillite et votre bienheureuse vous quittera. C'est certain. Sauf si... vous achetez la

protection de Madame Miracle. Pour la modique somme de 250 Euros, vous serez protégés à vie ! »

Merci Madame Miracle. Sans parler des sorciers, mages et autres Maîtres qui voient votre mari partir pour une femme plus jeune et plus jolie à moins que... vous n'usiez de magie ! Vous savez, cette magie qui change tout si vous y mettez le prix. Et quel prix !

Connaissez-vous des parents qui ne seraient prêts à tenter l'impossible pour guérir un enfant gravement malade ?

Quel est l'être abandonné qui n'essaierait pas n'importe quoi pour faire revenir celui ou celle qu'il aime ?

Que ne ferait pas celui qui est poursuivi par des créanciers pour éviter une faillite ? Ce commerce scandaleux, il faut le dénoncer.

- **Le loto**

Les chiffres du loto... ça rapporte ! Cet argent qui tombe tout seul du ciel ! Parfois, je survole par curiosité les publicités de la rubrique « voyance », et à chaque fois, je suis sidérée de ce que j'y découvre. Des petites annonces du style *« Chance aux jeux garantie. Chiffres de loto gratuits en cadeau »*. Réfléchissons une seconde. Si mes « confrères » (si j'ose dire) connaissaient les numéros gagnants du loto, pourquoi n'y joueraient-ils pas ? Moi, si je connaissais la combinaison gagnante du loto du week-end prochain, eh bien... je la garderais précieusement et je la jouerais. Je serais bien sous les palmiers aux Seychelles !

Pourquoi certaines personnes croient-elles à ces promesses mirifiques ? Parce que les publicités se présentent de cette façon... *Cette publicité ne s'adresse qu'aux personnes dans le besoin. Des sommes faramineuses vous attendent. Un plan de chance spécial pour vous qui méritez depuis si longtemps le bonheur. Vous qui avez besoin d'argent dans les trois prochains mois, profitez sans plus attendre de cette offre unique et gratuite. Je ferai de vous une personne riche.*

C'est suite à ce genre d'annonce que Guylaine est tombée dans le piège. Au chômage depuis un an, elle vit seule. Après avoir renvoyé le petit bon magique, voilà la lettre qu'elle reçut :

Chère Guylaine,

Après avoir réalisé une étude approfondie, je vois pour vous un gain de deux millions d'Euros tourner autour de votre foyer. Il vous faut réagir vite. Pour recevoir cette somme, remplissez ce nouveau bon ci-dessous et vous recevrez vos chiffres de chance uniques. Joignez un chèque de 75 Euros.

Ce que fit notre naïve Guylaine. Soixante-quinze Euros d'investissement pour deux millions de gain, c'est alléchant, non ? Guylaine n'est qu'une victime de plus. Elle n'a jamais plus eu de nouvelles de sa correspondante. Même après avoir envoyé plusieurs lettres de rappel qui reviennent sans réponse avec la mention « n'habite plus à l'adresse indiquée ». Il suffit qu'une personne sur deux ou trois cents tombe dans le panneau pour permettre aux marchands d'espoir de continuer leur commerce. Le loto rapporte gros, surtout à ceux qui ont compris comment l'exploiter. Ce qui est triste, c'est que parfois, ce n'est pas quelques Euros, mais mille ou deux mille que réclament ces gredins. Ceux qui en sont victimes se trouvent parfois dans des situations matérielles difficiles. Ils s'enfoncent alors un peu plus dans leurs ennuis. Je pourrais énumérer d'autres publicités racoleuses du même genre. Mais je pense que vous en avez bien compris à présent le fonctionnement.

Que penser de la multiplication des services de voyance par téléphone ?

Une fois de plus, nous en revenons au fait que le contact humain est irremplaçable. Une consultation doit être une rencontre riche, intime. Ceci dit, cela ne veut pas dire qu'il n'y ait pas de voyants aptes à ressentir des choses « à la voix ». Mais rien ne vaut le contact authentique et direct.

Les Salons de la Voyance

Il y a aussi la grande surface de la voyance, les Salons de Voyance dans les galeries commerciales. J'admets que ce genre de manifestations aide les débutants à se faire connaître du public. Malheureusement, les consultations données dans de telles conditions sont souvent écourtées. Il ne faut pas confondre voyance et fast-food.

Comme je vous l'ai expliqué dans la première partie de ce livre, la perception de voyance est une faculté capricieuse qui doit s'entourer de calme et d'intimité. Un bon voyant n'est pas dans une situation optimale pour déclencher la perception extra-sensorielle s'il pratique dans de mauvaises conditions. Comment un praticien peut-il faire le vide dans son esprit pendant que les haut-parleurs annoncent que « le bœuf est en promotion cette semaine dans telle grande surface ! »

Je trouve cela pénible. Pourrait-on imaginer un festival de la cardiologie pendant lequel un cardiologue recevrait un patient différent toutes les dix minutes ? Non. Les gens se bousculent, c'est le métro aux heures de pointe. Mais c'est la « mode ». On y présente des stands super décorés, noyés de coupures de presses ou de trophées. Un jour, partie faire du shopping dans un centre commercial, je me suis retrouvée en plein Salon de Voyance installé dans l'allée centrale de la galerie. Je me suis sentie mal en voyant des promeneurs se tordre de rire devant certains panneaux publicitaires aux promesses inscrites en lettres d'or ! J'ai rebroussé chemin sans faire mes achats. Si je suis opposée aux salons de voyance, je ne nie pas que certains voyants ou astrologues honnêtes y participent dans le but de se faire connaître. Sincèrement animés d'une réelle envie de bien exercer leur métier, ceux-ci comprennent rapidement et abandonnent généralement après quelques expériences. Car ce genre de « Cour des Miracles » ne peut qu'attirer une curiosité regrettable.

• Faux espoirs contre vrais billets

Fin 1998, madame Dupont se pose des questions sur son avenir. Divorcée, la cinquantaine, la solitude lui pèse. En feuilletant les journaux de sa région, elle lit, à plusieurs reprises les insertions publicitaires de monsieur Miracle. Celui-ci se dit voyant-mage. Il propose un avenir à la carte. A vous de choisir. Il n'y a qu'à demander. Je reproduis cette publicité mot pour mot, à l'exception du nom qui a été modifié.

Magie blanche – noire – égyptienne – hébraïque – sorcellerie – vaudou. Résultat immédiat et garanti dans les sept jours pour les problèmes suivants : faire revenir l'être aimé – fidélité – tous problèmes sentimentaux – exorcisme – chance en général. Dans les quatorze jours pour : réussite scolaire – emploi – financement – problème de justice – chance en amour ou au jeu (plus de 5 000 Euros garantis) – commerce (chiffre d'affaire × 2) – tout problème sexuel (impuissance, éjaculation précoce...) – alcool – drogue – dépression – poids –... Dans les vingt-et-un jours : chance au jeu (plus de 15 000 Euros garantis) – commerce (chiffre d'affaire × 4) – et tout autre problème. Se rend à domicile.

Franchement, il est difficile de ne pas être concerné au moins par un des problèmes énumérés. Que vous soyez fumeur, mal aimé, sans emploi, dépressif ou fauché... la magie va tout régler. Madame Dupont appelle le mage qui vient à son domicile. Elle lui expose son problème de solitude et d'angoisse. Plus tard, elle me raconte son aventure. Le mage me dit qu'un homme m'aime en secret, mais qu'il est bloqué, qu'il n'arrive pas à se déclarer. Cet homme vient ici, ajoute le devin avec assurance.

Madame Dupont énumère les quelques hommes qui l'entourent et qui passent sa porte. Il y en a peu. Le tour est vite fait. Son fils, le facteur qui entre quelque fois, son médecin traitant...

– C'est votre médecin. Il est amoureux de vous et n'ose pas vous l'avouer.

Coup de pot pour monsieur Miracle et manque de chance pour madame Dupont... Son médecin est dans la même tranche d'âge qu'elle. Jackpot ! Madame Dupont écoute attentivement le mage qui développe ses propos. Elle acquiesce :

– Oui, c'est vrai. Il est gentil quand il vient. Il est attentif. Il prend le temps de m'écouter. Mais il est marié.

– Et alors ? enchaîne le mage. Cela n'empêche qu'il vous aime. Il est prêt à tout quitter pour vous.

Le voyant propose à sa cliente une aide occulte afin de débloquer la situation. Pour cette action, il fixe le prix de son intervention à 600 Euros. Le travail durera trois semaines. Après quoi, il promet que tout ira très vite. Elle sera enfin heureuse dans une vie à deux. Satisfaite ou remboursée. Il est formel. Madame Dupont, quelque peu secouée par les révélations qu'elle vient d'entendre, fait un chèque de 600 Euros. En plus des 37 Euros de consultation. Néanmoins, quelque peu réticente, elle demande un reçu. Manque d'intelligence ou culot incroyable, le mage fait le reçu (ce qui le perdra quelques mois plus tard). « Reçu de 600 Euros versés par madame Dupont pour travaux occultes ». Bien entendu, madame Dupont ne doit parler de cela à personne. Durant les trois semaines qui s'écoulent, elle suit à la lettre les indications du mage. Elle doit faire venir son médecin le plus souvent possible. Elle commence par l'appeler en inventant toutes les maladies et les maux possibles. Mais rien. Son médecin est charmant, c'est tout. Les trois semaines écoulées, madame Dupont retéléphone au mage Miracle :

– Vous m'aviez dit qu'au bout de trois semaines, il allait se déclarer mais toujours rien. Que se passe-t-il ?

Le Mage propose une autre consultation et revient au domicile de madame Dupont pour faire le point sur la situation. Il lui explique qu'on fait barrage à son travail.

– En avez-vous parlé à quelqu'un ?

– Non, je vous assure.

– Pourtant, votre meilleure amie oppose un barrage à mon travail. Elle est également amoureuse de votre médecin. Elle me bloque. J'avais senti une difficulté. Je ne savais pas d'où elle provenait. Maintenant, je le sais. Je dois recommencer le travail.

En quelques mots adroits, il convainc à nouveau sa cliente. Il garantit la réussite de tous ses travaux. Car dans cette faune peuplée d'escrocs, lui, il est honnête.

Madame Dupont verse à nouveau 600 Euros au mage. Il lui promet qu'à la fin des travaux, dans deux semaines, tout ira très vite. Le rituel est très ancien et efficace. Les deux semaines écoulées, madame Dupont contacte le Mage pour lui demander où en sont les travaux. Après discussion, la consultante commence à s'énerver. Le mage prétend qu'elle n'a rien compris. Que c'est elle, certainement, qui par ses attitudes casse son travail. Il la remballe purement et simplement en raccrochant le combiné. Madame Dupont comprend qu'elle s'est fait abuser. Nouvel appel au mage pour lui réclamer son argent.

– Vous m'avez fait un reçu. Succès garanti ou remboursement. Je veux récupérer mon argent, dit-elle. Sans quoi je vous traîne devant les tribunaux.

Il coupe court grossièrement. Alors, madame Dupont réfléchit. Déposer plainte. Oui, mais comment va-t-elle expliquer qu'elle a donné 1 200 Euros pour capter l'amour de son médecin marié ? Peut-elle avouer facilement sa naïveté ? C'est pourtant ce qu'elle a eu le courage de faire. L'enquête a été ouverte. Elle a ainsi appris que le mage était déjà surveillé par les autorités pour d'autres escroqueries. Fiction ? Non. Réalité !

Multiplier votre chiffre d'affaires

Soyons réalistes et ne plongeons pas dans des rêveries absurdes ! La multiplication des pains... Un seul en fut capable, paraît-il. Il y a de cela deux mille ans, d'après les différents témoignages dont on dispose. A la lecture des titres bidons et des affirmations stupides dans les publicités, inutile de faire une conférence pour expliquer que nous frisons le délire. Si on pouvait multiplier les chiffres d'affaire, cela se saurait !

La voyance gratuite... c'est cher

« Je vous offre une voyance gratuite. Des changements importants dans votre vie, le succès, l'amour et l'argent, sans rien payer ». Qui ne s'est jamais arrêté à lire ces pages pleines de promesses ? Surtout quand vous traversez une période difficile. Pourquoi tourner le dos à l'amour fou que l'on vous propose ? Comment dire non à la grosse somme d'argent que vous allez gagner alors que vous joignez à peine les deux bouts ces derniers temps ? Comment résister à une cascade de bonheurs alors que vous consommez des paquets de Kleenex parce que celui que vous aimez vous a

quittée depuis un mois. Les mots savamment présentés enivrent les plus désespérés.

Voici un extrait de publicité :

Acceptez la voyance gratuite et l'aide sérieuse de Sainte Teresa pour que la chance vous sourie enfin. Sainte Teresa va vous aider à résoudre très vite tous vos problèmes. Voyance 100 % gratuite réservée à tous ceux qui sont poursuivis par la malchance. Surtout n'envoyez pas d'argent. C'est gratuit.

Bien entendu, vous trouverez sur la page de publicité des témoignages d'hommes et de femmes qui, comme vous, ont souffert avant que Sainte Teresa ne les prenne sous son aile protectrice et transforme leur vie de façon positive. Comme eux, il vous est proposé d'éclater de bonheur. Demain, c'est vous qui témoignerez. Mode d'emploi : il vous suffit de découper le bon mis à votre disposition pour passer commande à votre bonne fée. A la lecture de cette publicité, je me demande pourquoi on s'arrache les cheveux pour rien. Imaginez. C'est simple, le bonheur ! Il suffit d'un bon de commande. Cochez la case adéquate pour mener la vie riche et pleine d'amour dont vous avez toujours rêvé !

Je possède des courriers de ce type que des consultants m'ont remis. Voici quelques extraits de réponse :

Cher Didier,

J'ai terminé l'étude que vous m'avez demandée et je vous adresse aujourd'hui mes réponses. Si vous avez frappé à ma porte aujourd'hui, ce n'est pas le fruit du hasard, Didier. J'ai senti qu'une petite lumière s'est faite dans votre esprit. Vous avez frappé à la bonne porte. Cette malchance qui vous poursuit presque toujours dans votre vie quotidienne est tout à fait anormale. Vous avez tout à fait raison d'en ressentir l'injustice. Cela fait longtemps qu'elle dure ! Vous vivez en permanence échec sur échec. Des obstacles vous barrent la route, vous empêchent de mener à bien vos projets. A tel point qu'il m'est très vite apparu que quelque chose de sournois doit peser contre vous. J'ai senti vos problèmes. Je me suis immédiatement demandé si quelqu'un vous voulait du mal. En fait, l'étude approfondie montre qu'il y a un envoûtement contre votre famille. La personne responsable de votre malheur était déjà âgée à l'époque et a reproduit certaines actions maléfiques contre vous. Ce n'est pas à vous qu'était destiné le maléfice jeté mais à vos parents. Et c'est vous aujourd'hui qui en êtes victime. Son sort persiste contre vous. (...) Vous avez besoin d'aide. L'aide d'une personne qui sait comment faire pour arrêter ce processus. Je vous propose mon travail qui durera en totalité deux mois complets. Vous devez maintenant prendre votre vie en mains, Didier.

Vous constaterez, chers lecteurs, que pour séduire ses milliers de clients, Sainte Teresa, la plus grande voyante du monde (comme elle se définit elle-même), n'hésite pas à utiliser les phrases-chocs qui accentuent l'urgence de votre bonheur. Elle vous fait un cadeau gratuit (comme si un cadeau était payant). En plus, elle prend les gens pour des cons ! Le bonheur ou une rafale de malheurs... A vous de choisir. Le train du succès arrive en gare. Sautez dedans. Pour avoir droit au voyage, le billet vous coûtera 910 Euros. Avouez, « pas cher ! » Nous y voilà, mesdames et messieurs. Voici maintenant le TGV multi-actions efficace pour tout régler.

Je possède cette réponse en trois exemplaires. Car chose étrange, Sainte Teresa a expédié le même courrier à trois personnes différentes qui avaient renvoyé leur petit bon et à des périodes variées. Ces trois personnes subissaient les identiques sorts qui avaient été jetés à leur famille ! C'est ainsi que Daniel, Didier et Viviane ont reçu le même courrier. Je l'ai gardé. Mot pour mot, les réponses sont standard. Vous vous dites que l'on a affaire à une société qui envoie un courrier polycopié. Vous vous demandez comment l'on peut croire à de telles illusions ? Si vous étiez désespéré, vous pourriez aussi tomber dans le panneau ! Si vous avez déjà perdu de l'argent chez ces marchands d'illusions, il est certain que vous ne vous en êtes pas vanté et que vous n'en avez rien dit à votre entourage. C'est normal... Mais si demain, dans deux mois ou dans un an, vous êtes dans le désarroi, retenez la leçon. Ne plongez pas dans les élucubrations tarifiées de ces vendeurs de rêves.

En fondant l'association Delta Blanc, j'ai rencontré des gens vrais qui pratiquent avec leur cœur.

Pour ne plus avoir à dénoncer les dérives d'une profession dont je fais partie. Je n'hésite pas à ajouter une fois de plus que si notre environnement culturel était plus ouvert à la pratique des arts divinatoires, il y aurait moins de dérapages. Pour éviter les errances, il faut informer. Pour cela, il faut admettre l'existence et l'utilité d'un art. Des médecines douces, homéopathie, acupuncture, ostéopathie, ont compté leur lot de filous. Aujourd'hui, enfin, leur efficacité est couronnée par une reconnaissance officielle. Le projet de loi est déposé. Ceci était loin d'être envisagé il y a à peine vingt ans.

Mini-guide mode d'emploi : comment éviter les pièges de certains charlatans ?

Restez prudent :

Le tarif :

Prudence si le prix n'est pas annoncé clairement lors de la prise de rendez-vous et que vous devinez un tarif qui pourrait bien être à la carte ou à la tête du client.

La mise en scène :

Une musique bizarre. Une pièce obscure où trônent des statuettes piquées d'aiguilles ! Vous distinguez à peine un visage dans l'ombre de la pièce... Brr, pas très bon signe, vous qui aviez déjà le trac !

Méfiez-vous des procédés d'intimidation. Un bon professionnel opte pour la simplicité.

La grande surface de la voyance :

A une cadence de 15 minutes par personne, il (elle) en a déjà reçu 18 avant vous aujourd'hui... « *Vous allez rencontrer un grand blond aux yeux bleus, vous déménagerez dans six mois, votre chef de service a une dent contre vous... Merci et au revoir. Au suivant...»* Cela a duré 10 minutes, vous en avez pour 25 Euros.

Pensez-vous vraiment que celui ou celle qui se tient derrière son bureau ou sur son stand dans un Salon puisse «voir» à la chaîne, non-stop pendant 10 heures? Une consultation correcte exige un minimum de temps, de bonnes conditions de calme et de tranquillité.

L'avenir indirect:

C'est la grande mode, le fast-food, 24 heures sur 24, par téléphone ou internet. Ces pratiques sont une porte ouverte à n'importe quoi. Il est peut être possible dans certains cas de faire une bonne consultation par téléphone, à condition d'avoir affaire à un professionnel de talent. Mais pour quelques personnes honnêtes, combien de marchands d'illusions ou de sociétés qui embauchent le premier venu à 2 Euros de l'heure pour faire office de voyant? Ce système de voyance indirecte offre un champ d'action illimité aux escrocs les plus rusés.

Mettez toutes les chances de votre côté et choisissez un professionnel qui vous reçoive personnellement.

La prise de pouvoir:

«Elle» le voit... *«Vous devez quitter votre mari, donner votre préavis et ne plus revoir votre mère».* D'ailleurs, «elle» veut vous revoir la semaine prochaine pour une autre consultation. Votre cas est grave et nécessitera beaucoup d'entrevues.

Méfiez-vous de la dépendance dans laquelle ce type de consultation peut vous entraîner. Le praticien est là pour vous donner des informations et vous aider au mieux, tout en vous invitant à garder votre autonomie et la liberté de vos choix.

Fuyez :

La voyance gratuite :

C'est annoncé dans la publicité : « C'est gratuit ! ». A se demander pourquoi elle paie très cher des encarts publicitaires pour faire du bénévolat ? Il s'agit généralement d'une première prise de contact, du genre... « *Chère Y, rien ne va dans votre vie, vous vous sentez seule, incomprise et vous êtes poursuivie par la malchance... Mais sachez que je peux vous rendre le bonheur* ». Vient ensuite l'engrenage des protections magiques et miraculeuses justement en promotion ! Il (elle) travaille surtout par correspondance, ce qui lui permet de vous adresser un formulaire standard. Dans son volumineux courrier de chaque jour, votre lettre l'a de suite attirée par ses vibrations négatives. Elle doit vous aider.

Quelle déception lorsque vous découvrez que votre meilleure amie et votre tante ont reçu les mêmes prédictions, mot pour mot ! Le plus scandaleux seront les lettres de rappel, voire de menaces de ruine qui s'abattront sur vous si nous ne réglez pas le prix de la protection.

Les publicités tapageuses :

« Madame Lumière, la seule vraie voyante de tous les temps ». « 1er prix – diplômée du hibou de cristal »...

Ces titres bidons ne correspondent à rien, car il n'y a aucun diplôme ou titre officiel pour exercer les arts divinatoires.

« Les plus Grands et les stars la consultent ».

C'est pour cette raison, sans doute, qu'elle est obligée de faire de la publicité chaque semaine dans le journal ! Vous pensez, ses clients se bousculent tellement à sa porte qu'elle doit sans cesse racoler une nouvelle clientèle. Logique ! les stars qui la consultent ? Chut... Elle ne peut bien sûr révéler leurs noms, discrétion oblige.

Les miracles garantis 100 % :

« Il ne se trompe jamais – voit tout – sait tout – réussit là où les autres échouent ».

« Chiffres de loto – retour de l'être aimé – triple votre chiffre d'affaires en un mois – travaux de haute magie garantis infaillibles ».

Bref, à se demander pourquoi il existe encore des divorces, des faillites et des fins de mois difficiles. Ah ! que la vie serait simple s'il suffisait d'une baguette magique et de 750 Euros pour s'acheter le bonheur ! Il s'agit en vérité d'un procédé facile pour plumer une personne vulnérable et fragile. Restez lucide !

Les oiseaux de malheur :

« Votre fils va perdre un œil... et votre mari se tuera en voiture dans l'année. C'est écrit, oh pauvre petite madame, quel malheur ! A moins que... une médaille de protection conjure le mauvais sort. C'est cher ? Oui, mais vous l'aimez ou pas, votre fils ? Il faudrait savoir... »

Courage, fuyez !

L'ASSOCIATION DELTA BLANC

Le vide juridique

Dans le domaine des arts divinatoires, nous sommes dans un vide juridique total, conjugué paradoxalement à une tolérance aberrante ! En effet, légalement nous n'existons pas ! Puisque l'article 563 du code pénal interdit le métier de devin.

Voici ce qu'il dit :

Seront punis d'une amende de quinze francs à vingt francs et d'un emprisonnement d'un jour à sept jours, ou d'une de ces peines seulement : les gens qui font métier de deviner et de pronostiquer ou d'expliquer les songes. Seront saisis et confisqués les instruments, ustensiles et costumes servant ou destinés à l'exercice du métier de devin, pronostiqueur ou interprète des songes.

En clair si l'on appliquait la loi, je serais en prison ! Alors, comment légiférer dans un domaine qui n'existe pas ?

Entre tolérance et reconnaissance

Pourtant, le voyant, l'astrologue, les professionnels des arts divinatoires possèdent un registre de commerce, paient la TVA sur leurs consultations, remplissent une déclaration de contributions et cotisent à une caisse de sécurité sociale. Avec une mention reconnue et admise. Profession : voyante. Interdite légalement, reconnue fiscalement. Un comble ! Cette absence de règles est le terreau d'abus, de dérives comme nous venons d'en parler. Ce flou provoque une situation d'exploitation malhonnête où rien n'est autorisé et où tout est permis. N'importe qui peut ouvrir un cabinet et se proclamer voyant, astrologue, tarologue ou mage. Établir des règles protégeant le consommateur est souhaitable. Mais comment définir les critères? Comment juger les capacités d'un voyant alors que le facteur humain et la part d'interprétation entrent en ligne de compte?

Un examen de passage ? La faculté de voyance est capricieuse. La peur de l'échec peut bloquer le voyant.

Un diplôme pour l'astrologue? Il n'existe aucun enseignement officiel et reconnu en la matière. Bref, juger sur le fond est délicat. Quasiment arbitraire.

Delta Blanc s'est donc attelé à agir sur la *forme* en instaurant un code de déontologie qui garantit une pratique saine et sérieuse.

Il n'est pas de notre propos de juger sur le fond la qualité du travail d'un praticien parce que c'est bien trop subjectif! Le long terme des prédictions, plus ou moins fidèle quant à l'interprétation qu'en font les consultants, ne permet pas de dire qui est un bon voyant, un bon astrologue, un bon numérologue ou un bon chiromancien.

Ne pouvant être juge et partie, Delta Blanc ne juge pas le travail des autres.

Comment est né « Delta Blanc » ?

Tout a commencé en France, par une rencontre entre la voyante Maud Kristen (connue pour ses facultés et la pertinence de ses réflexions) et l'astrologue Chantal Hurteau-Mignon (psychologue, auteur de «*Cherche âme sœur*» et de «*L'Émergence du Magique dans la pensée*»). Elles débutaient dans leurs activités. Ayant entendu parler d'abominables dérives existant dans leur profession, elles décident de fonder une association visant à introduire plus d'éthique dans la pratique des arts divinatoires. De là naît *Delta Blanc*. Les années passent... et de l'autre côté de la frontière, l'idée fait son chemin...

Été 1995. Je contacte Chantal Hurteau-Mignon. Nous fixons une date pour nous rencontrer à Paris. Un samedi de septembre. La gentillesse qu'elle m'a témoignée lors de cette première rencontre m'a terriblement touchée. Chantal se montre intelligente, discrète. Une confiance s'installe directement entre nous. Je lui raconte mon parcours, elle le sien.

« C'est par l'astrologie que je suis venue à la psychologie, puis à la psychanalyse, me dit-elle. C'était en 1963, j'avais 15 ans et je découvrais un monde inconnu dans un livre superbe de F. R. Bastide dont le titre m'ensorcelait: "Secrets et sortilèges". *Après l'avoir lu, tout de suite, il y eut révolte : comment peut-on être ainsi mis en catégorie, en signe ? Cette rébellion m'a obligée à aller fouiller toujours plus loin dans l'astrologie et sa richesse n'a jamais épuisé ma curiosité vu mon émerveillement, même si je garde encore, par rapport à elle le « doute » philosophique.*

La pratique de la consultation d'astrologie m'a amenée à reprendre et à compléter mes études de psychologie jusqu'au doctorat que je n'ai pas terminé mais transformé en un ouvrage plus accessible sur l'Émergence de la Pensée Magique. Entre temps, je m'étais penchée sur le problème de la solitude du célibat et j'ai publié "Cherche âme sœur" *pour aider les gens que le problème concerne à se prendre en mains pour en sortir. Aujourd'hui, mon temps se partage entre ma pratique de thérapeute et d'analyste, l'écriture et toujours la consultation astrologique que je pense comme un « moment privilégié ». En ce qui concerne Delta Blanc, vous connaissez parfaitement mon parcours, mes espérances et mes objectifs ».*

Lorsque j'interpelle Chantal, mon but consiste à créer une association belge qui fasse référence aux règles de déontologie et à l'esprit de *Delta Blanc* en France. Elle me propose de poursuivre le mouvement d'éthique en Belgique en reprenant l'appellation *Delta Blanc*. « Pourquoi créer une association en Belgique qui aurait les mêmes objectifs et une autre appellation ? » Sa proposition me séduit. Coïncidence, c'est à cette période que Chantal Hurteau-Mignon et Maud Kristen s'essoufflent dans leur combat. Moi, je débarque de ma petite Belgique remplie d'énergie. *Delta Blanc* devait continuer à vivre et à s'étendre. Après quelques mois de réflexion, je suis retournée à

Paris et j'ai rencontré Maud Kristen. De la sorcière, elle n'a ni le look ni le langage. Pas plus que moi. Voyante de qualité, son succès suscite des jalousies dans la profession. Son succès, certes, mais aussi son franc-parler.

Maud a de sa pratique un respect et une éthique qui ne ménage pas les charlatans. Son livre *« Pour en finir avec Madame Irma »* en est la preuve. Percutant et pertinent, je vous le recommande. Elle ne mâche pas ses mots. C'est suffisant pour nous comprendre...

Ainsi est née l'association « Delta Blanc Belgique »

D'autres praticiens belges m'ont rejointe. Aujourd'hui, *Delta Blanc Belgique* est une association bien vivante et déterminée à s'étendre sur tout le pays. Ensemble, nous mettons notre énergie à poursuivre une information constante au public. Soit à travers des conférences-débats, notre site internet, des interviews et depuis peu une revue semestrielle. Nous souhaitons ainsi apporter plus de transparence et d'honnêteté dans la pratique des arts divinatoires. Nous avons la conviction qu'avec le temps, d'autres professionnels sérieux nous rejoindrons. Notre mouvement a la chance d'être cité par des médias (articles de presse, émissions radiophoniques...) soucieux d'une autre information sur ce sujet de société. En six ans, nous avons reçu des centaines d'appels émanant de personnes enthousiasmées par notre initiative. Notre choix c'est la clarté. Parce qu'une lutte n'est jamais inutile.

Les praticiens qui souhaitent adhérer à l'association, (régie par la loi du 27 juin 1921), manifestent leur intention de s'engager pour la promotion d'une éthique dans la pratique des Arts divinatoires et des Psychologies alternatives. Cette démarche est volontaire et personnelle. Les candidats ne sont pas « démarchés » pour adhérer. Ils doivent se sentir concernés par l'action pour la déontologie. S'y engager en toute liberté, en toute connaissance de cause, et sans en attendre un intérêt « publicitaire ».

Le premier échange permet de discuter des objectifs de l'association, de percevoir comment le praticien engage son éthique personnelle dans sa pratique quotidienne et respecte ses consultants. En aucun cas, il ne s'agit de juger de la capacité ou des dons du praticien, mais de prendre en compte sa réflexion et son travail sur lui-même dans l'exercice de sa profession. Ensuite il accepte un :

Entretien avec le psychologue conseil :

Cet entretien, qui reste confidentiel, est destiné à cerner l'attitude du praticien envers l'éthique de sa pratique et son aptitude à l'écoute et au conseil de type psychologique que requiert sa profession. Puis suit un :

Questionnaire :

Culture générale et connaissance du monde actuel sont estimées par une trentaine de questions choisies dans le but d'apprécier la qualité d'intégration du praticien dans la société contemporaine. Indispensable à la qualité du conseil qu'il est amené à donner à ses consultants.

Le praticien adhérant à Delta Blanc signe une déclaration sur l'honneur qui l'engage au respect du code de déontologie et d'éthique dont voici les principes.

La lettre

Code de déontologie

Les praticiens adhérant à l'association Delta Blanc Belgique s'engagent à respecter les cinq articles suivants et leurs corollaires :

Article I **SECRET PROFESSIONNEL**

Aucun renseignement concernant l'identité ou les événements de la vie d'un consultant ne doit être communiqué, en aucun cas, ni à quiconque.

Article II **ENTRETIEN PHYSIQUE DIRECT**

La consultation est pratiquée au cabinet du praticien ou au domicile de son client uniquement ; tout autre moyen, indirect est interdit (téléphone, courrier, Internet, Minitel, mailing, etc.).

Article III **COMMUNICATION DES TARIFS**

Le prix de la consultation est fixé et communiqué au siège de l'association. Ce tarif est révisable deux fois l'an maximum. Le prix de la consultation est toujours annoncé au consultant lors de la prise de rendez-vous. Le praticien est libre d'accorder des facilités de paiement ou la gratuité de certains entretiens.

Article IV **DISPONIBILITÉ DU PRATICIEN**

La consultation a une durée minimale d'une heure. Le praticien s'engage à ne pas dépasser une moyenne journalière de trois à cinq consultations. (Selon la discipline)

Article V **LIBERTÉ DE CONSULTATION**

Tout consultant, tout praticien est libre, dans le premier tiers de l'entretien, de mettre un terme à celui-ci, sans contrepartie financière ni obligation d'aucune sorte.

Tout praticien adhérant au présent code Delta Blanc Belgique s'engage à ne faire aucune publicité tapageuse ou mensongère dans les médias, quels qu'ils soient.

Tout constat de non-respect de ce code entraîne la radiation immédiate et sans avertissement de l'association.

L'esprit

Engagement éthique

De plus, non seulement le praticien adhérant à Delta Blanc doit respecter les cinq points du code de déontologie mais il s'est engagé moralement à :

– **Combattre** le fatalisme en faisant naître le sens de la responsabilité chez le consultant, lequel « mieux informé » doit prendre conscience de son pouvoir sur son existence, développer ses potentialités, saisir les opportunités et se comporter en artisan de son devenir.

– **Orienter** le consultant vers d'autres disciplines et d'autres praticiens dans le cas où il se trouve confronté à une problématique qu'il ne peut résoudre. (Problème juridique, médical, psychologique, etc.)

– **S'interdire** tout diagnostic réducteur sur l'avenir ou la personnalité d'un enfant, et plus généralement d'une tierce personne. Tout au plus, ses interventions peuvent tendre à aider les parents dans leur relation avec l'enfant, et favoriser son développement. Plus généralement, aider le consultant dans sa relation avec une tierce personne.

– **Respecter** les convictions politiques, religieuses ou morales de ses consultants.

– **Exercer librement**, sans aucune appartenance à une secte ou groupement extrémiste.

– **Participer** au but de l'association qui se donne pour œuvre de sortir les arts divinatoires de l'obscurantisme par leur réflexion, leur étude, leurs communications et de participer à des recherches pluridisciplinaires notamment par l'ouverture vers les matières scientifiques, juridiques, sociales, etc.

Nous, on n'est pas des sorcières... ni des juges !

Nous avons un rôle social à jouer. Nous sommes prêts à définir nos limites pour l'exercer, nous sommes prêts à nous donner les moyens d'être responsables.

Outre le respect des règles de déontologie, nous prescrivons en raison des prises et abus de pouvoirs qu'ils peuvent susciter les travaux occultes – toute publicité tapageuse et mensongère – annonce de «résultats garantis» et d'infaillibilités – toute promesse de gains mirifiques (Loto...) – la vente de porte-bonheur – gris-gris – guérisons miraculeuses...

L'article II du code mérite quelques explications. L'entretien direct physique. Même si nous sommes conscients que certains médiums excellent avec honnêteté dans des consultations par correspondance ou par téléphone, il n'empêche que les moyens de consultations indirectes sont pour beaucoup des sources de profits injustifiés et l'exploitation d'une misère insondable.

Parce qu'un praticien qui reçoit un consultant une heure minimum chez lui, en lui laissant toute liberté de quitter les lieux dans les vingt premières minutes sans que celui-ci lui doive quoique ce soit n'est pas un charlatan.

Quatrième partie

INFOS OU INTOX ?

Je trouve regrettable qu'un fort pourcentage de débats à la télévision soit orienté dans un sens négatif. Quelquefois, on retrouve sur un plateau de télévision des « représentants de l'occulte » accoutrés, chargés de grigris ridicules, dont les propos offrent très peu de sérieux. Leur discours navrant est peu relevé. C'est dans ce genre de débat que l'on retrouve aussi sur le plateau des prestidigitateurs qui prouvent que la fraude est possible ! (On a jamais dit le contraire.) Mais ils ne font guère avancer l'étude sérieuse du phénomène. Généralement sympathiques, une dose de moquerie intelligente, ces prestidigitateurs épatent par des tours habiles (quoi de plus normal, c'est leur job) et s'amusent à leur jeu de massacre en classant comme tricheurs tous les voyants. Sur le pied de guerre aussi dans le studio, le rationaliste de service, ironique et dont le regard féroce est prêt à vous faire rentrer sous terre ! Sans parler du capharnaüm qui règne très vite sur le plateau. Faire monter la mayonnaise est excellent pour l'audimat... C'est dans ce genre de débat qu'un jour, le professeur Rémy Chauvin (biologiste qui s'intéresse à la parapsychologie) s'est levé et est sorti en pleine émission ! Chapeau ! Il a refusé de participer à ce cirque.

Certains journaux continuent, sans forcément le vouloir, à reproduire des amalgames décevants où la confusion règne pour le public.

Il y a trois ans, je suis contactée par une chaîne de télévision allemande afin de participer à une émission qui traitera de l'entrée de la Belgique dans le marché monétaire européen ! On attend de moi que je donne certaines prédictions sur ce sujet. Déjà, ce n'est pas mon truc. La coordinatrice de production a obtenu mes coordonnées « avec des références sérieuses », affirme-t-elle. Les choses se gâtent lorsqu'elle me demande, ne m'ayant jamais vue si... j'ai le profil pour passer dans l'émission.

– S'il vous plaît ? Qu'est-ce que c'est, le profil pour bien passer ? Que souhaitez-vous ? Vous ne vous attendez pas, j'espère, à des bijoux extravagants, un foulard sur la tête et tout le tralala ?

– Ben, ben, balbutie-t-elle, un peu embarrassée par le ton que je prends... Il faut que l'image corresponde au sujet...

– Eh bien non, désolée. Je ne suis pas prête à adopter un accoutrement ridicule. Si je me bats avec autant d'énergie pour le sérieux de ma profession, ce n'est pas pour revêtir un déguisement. Ne serait-ce que par respect pour moi-même.

J'ai été choquée au point que j'ai passé une nuit blanche.

Avez-vous remarqué que quelques fois des émissions de télévision (heureusement pas toutes) choisissent de présenter les voyants dans une grotesque mise en scène, comme s'ils se sentaient presque obligés d'en sourire... ! On s'étonne après cela que le public ne soit pas informé des réelles possibilités de la voyance et qu'il n'y voie que des mascarades de personnages limités. Pensez-vous qu'un praticien sérieux accepterait de telles mises en scène ? En revanche, c'est une porte ouverte pour des individus en mal de publicité. L'attirance grandissante du public pour les phénomènes paranormaux incitera, je l'espère, les médias à une information plus intelligente. Heureusement, des émissions de qualité sont réalisées depuis ces dernières années. Elles sont néanmoins trop rares à mon goût. Il est évident qu'avec des comportements tels que je viens de les décrire, une certaine presse entretient l'image du « gourou » et alimente le déni de voyance. Comment alors accepter l'idée que des travaux sérieux soient menés sur les phénomènes paranormaux et les perceptions extra-sensorielles ? Le comble, c'est que j'ai rencontré des journalistes désireux d'informer sur les réelles possibilités qu'offrent les arts divinatoires mais parfois ils sont bloqués. Je me souviens d'un journaliste charmant, curieux, et ouvert que j'ai rencontré lors d'une interview. Pendant plus de deux heures, nous discutons. Il m'apprend par la suite que le rédacteur en chef du journal pour lequel il travaille est «allergique» aux arts divinatoires et refuse obstinément d'aborder ce thème «pas sérieux» dans son journal.

L'attitude de certains médias n'est pas nouvelle dans le domaine. La voyance a longtemps été un sujet tabou. Lorsqu'on en parlait, c'était de manière agressive ou moqueuse. De la part de journalistes «sérieux», parfois un refus de principe. Les mentalités évoluent, heureusement.

Apporter des «preuves» sur un plateau de télévision, est une chose presque impossible. On sait que le sujet psi a besoin d'un environnement calme et rassurant pour obtenir de bons résultats. Comme je l'explique dans le chapitre réservé aux expériences en laboratoire. La pression, les projecteurs, l'obligation de réussir sont autant d'éléments qui bloquent la perception. Des êtres doués y sont arrivés, reportons-nous à Aurélien Le Blé, à Maud Kristen.

Mais ils sont rares. La sensibilité à l'ambiance est bien connue. L'expérience de Maud Kristen dans l'émission *Mystère* sur TF1 n'était pas un véritable direct. L'émission était enregistrée hors public (elle a été toutefois retransmise sans aucune coupure). Combien de personnes perdent leurs moyens, bégaient, ont des trous de mémoire lors d'un simple jeu télévisé?

Certains débats télévisés proposent des situations où l'on présente le voyant sur le banc des accusés. Heureusement, il y a des scientifiques qui acceptent de témoigner à visage découvert. Ils racontent des expériences réelles qu'ils ont menées sur les phénomènes psi. Leurs témoignages apportent plus de crédibilité à la voyance et aux perceptions extra-sensorielles. Parmi ces gens, on retrouve le professeur Jean Dierkens, Rémy Chauvin, Yves Lignon, Mario Varvoglis... Ils viennent témoigner de leurs expériences sur le sujet. Même les «rationalistes butés» doivent accepter l'idée que ces gens-là ne sont pas des imbéciles. Pourtant, ils avouent la réalité des perceptions extra-sensorielles.

Elles existent, même si elles sont en contradiction avec la logique actuelle.

Pour moi, l'utilité de la voyance, ce n'est pas d'annoncer le quatrième divorce de Johnny mais d'aider les humains à y voir plus clair dans leur vie. Les prédictions géopolitiques, les voyances mondiales, ce n'est pas vraiment ma préoccupation. L'individu me passionne, m'interpelle. Il n'en est pas de même pour le monde politique. Alors, j'ai choisi de faire ce que j'aime. Depuis quinze ans, je vis la voyance comme un échange humain, une relation authentique avec l'autre. C'est un vrai système de communication. Que penser des prédictions mondiales très prisées en début d'année par les médias ? Cela dépend par qui elles sont faites. Comment elles sont faites. La manière utilisée pour les présenter. Une prédiction est là pour donner un avertissement. Pas pour amuser la galerie. Certaines se sont avérées intéressantes, d'autres tout à fait absurdes. Changent-elles le cours des choses ? Dans mon bureau, je suis en tête-à-tête, j'apporte des éléments qui pourront aider. Si j'annonce un raz de marée sur la Finlande, vais-je vraiment permettre de l'éviter ? Non. Que pouvons-nous faire, nous voyants, de ce que nous ressentons à ce niveau ? Pas grand chose hélas. Vous vous souvenez peut-être de la séquence télévisée lors de laquelle Aurélien Leblé, voyant français de qualité, à époustouflé la France lorsqu'il a annoncé en direct le détournement d'un Airbus. On ne peut mettre en doute la véracité de sa prédiction qui s'est confirmée quelques jours plus tard. Mais cela n'a pas empêché le détournement.

⁂

J'ai été contactée, il y a quelques années, par une famille dont la grand-mère avait disparu depuis l'aube, laissant comme seule explication un mot sur la table. Elle y disait qu'elle voulait mourir... Je n'avais jamais jusque-là été consultée pour ce type de situation. J'ajouterai que depuis, je n'ai plus accepté. Ce ne fut ni un échec ni un succès.

Je sentais de l'eau..., je distinguais clairement un croisement. Je voyais le corps de la femme accroché à une sorte de petite île. Je décrivais le « V » de la bifurcation avec mes doigts. Les pompiers, sur mes impressions, ont dirigé leur recherche non loin de l'endroit où elle aurait pu vraisemblablement se jeter à l'eau. Je me suis rendue sur place. Ils ont dragué sans rien trouver. Le corps fut retrouvé dans l'eau en fin de journée, soixante kilomètres plus loin, accroché aux branchages d'une île. J'avais fait une description qui s'était avérée juste, sans pouvoir en donner correctement la situation géographique. Les pompiers m'avaient fait confiance. Mais je pense qu'en matière de recherche de corps, un radiesthésiste est plus performant.

⁂

Je n'ai jamais travaillé directement avec la police, pourtant...

Ce jour-là, en consultation, j'ai fait une incursion spontanée dans un domaine où je n'étais pas vraiment invitée.

C'est l'hiver. Il est plus de 16 heures. Je parle à Jean-Paul de sa vie professionnelle, des personnages qui l'entourent, de l'ambiance, de changements. Tout à coup, je vois un incendie, des flammes qui ravagent un immeuble, des cendres. Puis plus rien. Étonnant car Jean-Paul n'est pas pompier. Il travaille à la police (cellule d'enquête spéciale). Immédiatement il comprend. Ces images correspondent au dossier sur lequel il travaille. Je lui fais alors une proposition : l'aider dans ses dossiers. Jean-Paul est enthousiaste. Dans les minutes qui suivent, il s'interroge, embarrassé : comment cette proposition sera-t-elle accueillie dans son milieu professionnel ?

– Si je n'obtiens pas de résultats, mon chef me demandera quelle mouche m'a piqué. Il me conseillera de prendre 15 jours de congé pour surmenage !

Si les choses tournent bien, on refusera peut-être d'y croire en invoquant la coïncidence... ou que sais-je encore. On me reprochera une initiative personnelle, mal venue, sans parler du risque que je prendrai d'avoir agi sans en référer à ma hiérarchie.

Je l'écoute. Un peu déçue, je l'avoue.

– Et si j'essayais quand même. Ça restera entre nous ?

Jean-Paul n'attendait que cela. Nous fixons une date. La veille et le matin, je nourris un mélange d'excitation et d'angoisse. Vais-je voir quelque chose ? Si j'échoue (et c'est possible), je serai déçue, lui aussi. Et... ça a marché.

Nous nous sommes revus à plusieurs reprises. Je lui ai donné des informations assez complexes que je ne comprenais pas au moment où je les exprimais. L'enquête sur laquelle il travaille en ce moment est très médiatisée. Afin de ne pas être influencée par des photos ou d'autres informations parues dans la presse, je lui propose de travailler en « aveugle ». Je lui demande de retourner les photos. Ainsi, pas de raisonnement possible.. Nous avons procédé de la sorte. Photo cachée sur mon bureau, je dis ce que je ressens et que je vois. Après avoir donné un nombre d'informations, je retourne la photo et réponds à ses questions. Les meilleures indications sont celles que j'ai données de manière libre, avant d'avoir pris connaissance du sujet. Cela n'a pas marché à tous les coups ni avec toutes les photos. Certaines ne me parlaient pas. Lorsque j'ai fait une « lecture » sur une photo, c'est la première fois que j'ai été performante. S'il me la présentait une seconde fois, je n'avais plus rien à dire. Elle était comme vidée de sa mémoire. J'ai été stupéfaite d'éléments frappants et indiscutables que je lui donnais. Sur l'une d'elles, je sentais la mort autour d'un homme et j'avais le mot « éparpillé ». Rien de plus. Mon interlocuteur me répond : « on a retrouvé que des morceaux de son corps. Il a été découpé ». J'ai senti l'ambiance, des détails sur le mobile du crime. J'ai donné pour une autre photo trois lettres précises d'un nom de famille, les trois dernières, en stipulant que ce nom était très court, composé sans doute de cinq lettres au total. Jean-Paul ne comprenait pas sur le moment. Dans les jours qui ont suivi, il a retrouvé dans le dossier une lettre anonyme dans laquelle on désignait un homme. Son nom finissait par les trois dernières lettres que je lui avais précisées. Un nom de cinq lettres ! J'ai parlé parfois des contours, des détails, des mots, des lieux, un mélange d'informations sans lien les uns avec les autres. Un chemin dont je ne connaissais pas l'aboutissement. J'ai décrit avec une naïveté infantile des situations précises : « Je vois un petit sachet de sucre, on dirait du sucre fin ! » Sourire de mon interlocuteur... « Pas étonnant dans cette affaire, il y a un trafic de drogue », précise-t-il. Seuls l'intérêt et l'exactitude des résultats pourront faire prendre en considération ma voyance. Je me suis sérieusement remise en question chaque fois après le départ de mon visiteur, avec une sorte d'angoisse justifiée par la prudence. Je n'ai pas l'ambition de résoudre des énigmes sur lesquelles la police planche depuis des années. Ni de rivaliser avec les limiers de notre justice belge. J'espère simplement avoir un peu aidé en donnant des pistes. Rien d'autre. J'ai tenté des ouvertures, éclairé un moment de vérité par un éclat d'images ou de mots. Ma sensibilité extrême se compose des traces imperceptibles qui traînent encore à la surface. Dans une de ces affaires (qui a fait grand bruit), acceptera-t-on seulement d'aller au bout du scandale qui dénonce des vérités révoltantes et gênantes ? Aux autorités d'en faire l'usage qui convient. Je ne peux qu'apporter une modeste contribution. Je poursuis toujours les rencontres avec Jean-Paul. J'obtiens de bons résultats. Mais je ne sais pas s'il en irait de même si je travaillais de manière officielle avec la justice. Ce qui m'a tenté ? L'envie de me tester, de me dépasser. Le besoin de voir jusqu'où je peux aller, et le désir d'aider. Ce test ne m'apporte ni argent ni reconnaissance publique. L'affaire en question est bien trop connue, bien trop dramatique pour qu'on puisse un jour en faire état. Je me suis engagée à me taire par respect pour Jean-Paul. (Pourtant s'il le pouvait, lui souhaiterait en parler.) Pourquoi avoir écrit sur ce sujet ? Pour deux raisons. La première est que l'aventure a été exaltante, la deuxième est que l'application des perceptions extra-sensorielles, bien que cachée par la police, peut s'avérer intéressante. Ça aussi, il faudrait en parler.

Sans sombrer dans un positivisme aveugle, l'information a plus que jamais besoin de nuances. Plutôt que de pratiquer la désinformation, il serait bon d'éduquer. J'entends « éduquer » dans le sens large du terme. C'est à dire expliquer, informer honnêtement. Attitude plus intelligente qu'un amalgame réducteur du tout ou rien !

Je reste confiante pour l'avenir. Non seulement un jour nous comprendrons le paranormal mais nous constaterons que nous l'avons toujours utilisé. Nous le vivons tous les jours avec le plus parfait naturel sans même nous en rendre compte.

A PROPOS DE LA RECHERCHE SCIENTIFIQUE SUR LES PHÉNOMÈNES PSI [1]

Tous les peuples se sont intéressés aux phénomènes paranormaux, et de tous temps. Aujourd'hui, qu'est-ce qui a changé? Ces dernières décennies, un certain nombre de savants dont des Prix Nobel, se sont penchés sur le sujet. Conclusion des rapports? Les perceptions extra-sensorielles (E.P.S. [2]) existent. Oui, des phénomènes apparaissent en contradiction absolue avec les lois connues de la science. En son état actuel du moins.

Il m'est impossible de détailler le champ entier de la recherche. Pour ce faire, d'énormes recherches et une encyclopédie complète s'avéreraient nécessaires... Ce n'est pas mon but. Il existe en la matière d'excellents ouvrages dont vous pourrez prendre quelques références dans la bibliographie. Dans ces pages, je souhaite juste remettre les pendules à l'heure en vous livrant l'évolution des recherches scientifiques trop souvent ignorées. Je vais seulement résumer les avancées de la science sur le sujet, sans entrer dans les détails (qui risqueraient d'être trop lourds) de l'expérimentation.

1. En parapsychologie, le «psi» est un terme général qui désigne une communication paranormale (avec un «i» pour le différencier d'un phénomène psychologique écrit «psy»).

2. E.P.S. : extra sensory perception ou perception extra-sensorielle.

Commençons, si vous le voulez bien par les termes. La parapsychologie est une science souvent méconnue du grand public, il faut bien l'avouer. Le parapsychologue est un chercheur scientifique travaillant sur l'étude des phénomènes paranormaux. Vous l'avez compris maintenant, les parapsychologues n'ont rien à voir avec des désenvoûteurs ou marabouts. Ce terme hélas est terriblement galvaudé et « récupéré ».

Durant ces soixante dernières années, une grande quantité de recherches ont été effectuées dans de nombreux laboratoires et instituts traitant des perceptions extra-sensorielles. Celles-ci ont permis d'avancer en produisant des résultats qui ne peuvent être discutés. Les tests ayant été répétés dans le monde entier et réalisés dans des conditions expérimentales extrêmement rigoureuses, leurs résultats ne peuvent être attribués au hasard. Des expériences scientifiques en laboratoire, s'appuyant sur des protocoles très stricts n'ont rien d'improvisé. A côté des études menées vers l'analyse du phénomène, on a aussi poussé la recherche sur le sujet psi. Une approche à mon avis extrêmement importante !

Les débuts de la recherche en parapsychologie remontent aux années 1920. C'est Price qui dirige en 1925 le laboratoire national de recherche psychique de Londres.

Les méthodes de travail employées au cours de ces années furent la méthode qualitative (du hollandais Tenhaeffe) et la méthode créée en Amérique par Douglas et poursuivie en 1932 par le célèbre Rhine. Le principe de ses expériences s'est basé sur une étude statistique. Grâce à celles que l'on nomme les cartes de Zener (elles furent appelées ainsi car créées par le chercheur : cinq cartes reprenant des symboles simples : la croix, le carré, l'étoile, le cercle, les lignes ondulées), il démontre la réalité de l'effet psi. Le décompte indique un total « réussite » bien supérieur aux probabilités d'un simple hasard. En répétant ce processus de choix forcé des milliers de fois, les publications révèlent que 61 % dépassent la ligne de base de hasard. Joseph Banks Rhine est sans conteste le père de la parapsychologie

(1895-1980). C'est aussi le plus célèbre. Il a fourni la preuve scientifique de l'existence des phénomènes psi. Oui, la preuve! Consulter le dossier des travaux de Rhine clôt le débat sur la réalité du phénomène. C'est après avoir assisté à une conférence de Sir Arthur Conan Doyle (auteur des Sherlock Holmes...) sur le spiritisme, qu'il s'avoua subjugué par le sujet. Honorable professeur de botanique à l'Université de Virginie, Rhine décida d'abandonner son poste pour se consacrer à la recherche psychique. L'Université de Duke, en Californie du Nord, l'engagea et lui donna l'autorisation d'installer un laboratoire. Événement d'importance. Pour la première fois, la recherche sur les phénomènes « douteux » faisait son entrée dans le monde universitaire. Voilà créée la première chaire de parapsychologie à la Duke University. En 1934, Rhine publie les résultats de ses travaux dans un livre qui fait référence, *« Extra sensory perception »*. Cet homme modeste, a réalisé un travail colossal qui n'échappe pas aux attaques musclées d'adversaires de la parapsychologie.

Pourquoi y a-t-il encore tant de rationalistes fermés?

Une partie de la classe scientifique rejette a priori les phénomènes paranormaux car ces faits entrent dans la catégorie des faits non reproductibles... Donc suspects! Certains ne veulent pas perdre leur temps à les étudier! Ils préfèrent les choses connues et... tellement plus confortables. Régulièrement de nouvelles découvertes ébranlent nos conceptions de l'univers. Combien de règles antérieures présentées comme « définitives » apparaissent soudain incomplètes? Si l'on décidait de nier tout ce qui n'est pas encore expliqué, on n'irait pas bien loin. L'histoire de la science est remplie d'exemples probants. La liste des « impossibles » est longue...

Rappelez-vous, en 1543, Copernic publie un traité dans lequel il démontre que la terre tourne sur elle-même et autour du soleil. En 1632, Galilée est séquestré par cette horreur qu'était l'Inquisition car il soutient le même point de vue. Galilée défiait l'Église, ultime détentrice de la vérité et du pouvoir ! En 1877, de rigoureux rationalistes criaient que le phonographe de Thomas Edison n'était qu'un simple tour de ventriloquie !

Qu'en penser ? Que les expériences en parapsychologie aboutiront, mais qu'il faudra encore du temps... Les choses s'accéléreront sûrement le jour où l'homme acceptera de revoir la vision du temps et de l'espace. Les grandes découvertes se font parce que la patience et le courage d'aller plus loin dans des faits étranges ont fait cause commune.

Le scepticisme en lui-même n'est pas un élément dérangeant. Cette tournure d'esprit serait même propice à faire avancer la connaissance. Mais un radicalisme militant engendre du négatif. Le radicalisme est dans tous les domaines l'école du refus. En d'autres circonstances, cela peut également être désigné sous le terme d'« intégrisme »...

Éternels débats du pour ou du contre !

Ainsi que l'a été l'hypnose, la voyance est abordée par deux types de scientifiques : celui qui refuse d'avance le phénomène et celui qui, curieux, fait la démarche d'étudier, de vérifier.

Les controverses ne cessent pas. Les sceptiques rationalistes attaquent toujours les rapports avec des arguments qu'ils considèrent justes et qui relèvent d'une mauvaise foi incroyable. Ils occultent les faits observés parce qu'ils ne savent ni les expliquer ni les classer. Mais peut-on encore affirmer que ceux qui « croient » aux phénomènes paranormaux ne sont que des imbéciles ou des illuminés quand on sait que d'éminents savants, dont le professeur Charles Richet, admettent l'existence des phénomènes inexpliqués ? Les détracteurs pécheraient-ils par suffisance, par ignorance ou par peur ?

En France, le professeur Charles Richet – dont les travaux furent couronnés par le Prix Nobel de Médecine-nommait la crainte de l'inhabituel *« un curieux exemple de sottise... »*

Après de brillantes études de médecine et de chirurgie, nommé à 31 ans directeur de la *Revue Scientifique*, Charles Richet obtient à 37 ans la chaire et le laboratoire de physiologie de la faculté de médecine de Paris et reçoit le Prix Nobel de physiologie (en 1913) ! Parallèlement à ses activités, il collabore à la toute première société constituée par les scientifiques pour étudier les phénomènes psi. Il effectue, à la société *For Psychical Research* de Londres, un travail volumineux d'expérimentation avec d'autres chercheurs intéressés par le sujet. Il est le premier à proposer une approche statistique des phénomènes psi. Voilà donc un personnage difficile à ranger dans la catégorie des crédules ! La recherche psi n'est pas un amusement pour attardés. Au contraire, elle témoigne d'un grand courage pour le scientifique souvent mal récompensé qui affronte le regard moqueur ou sévère de ses collègues.

Oui, des scientifiques aux esprits ouverts ont eu la patience et le courage d'essayer d'aller plus loin malgré les risques encourus au niveau de leur respectabilité. Le biologiste mondialement connu Rémy Chauvin (figure de la parapsychologie en France) [1] dit *« les recherches en parapsychologie sont des sciences maudites dans l'univers de la science occidentale telle que nous la connaissions jusqu'il y a peu »*.

Dans un livre passionnant, Rémy Chauvin raconte son histoire et son intérêt pour la fonction psi. *« Mais* reconnaît-il, *pendant très longtemps, ce goût pour l'étrange n'est guère apparu à l'extérieur. (...) Surtout parce qu'il était très dangereux de le faire apparaître. Dans ce milieu aux idées étroites qu'est l'Université règne un conformisme étouffant. Je risquais ma carrière pour un mot de trop. L'étude des « sciences maudites » est toujours aussi prohibée que la sorcellerie au Moyen Age. Un jeune universitaire qui s'intéresse aux fonctions psy, sauf pour l'exorciser, compromet irrémédiablement sa carrière. On ne le brûlera pas, mais c'est tout juste. Et on s'arrangera pour le faire à peu près mourir de faim, en lui refusant toutes les promotions et les crédits auxquels en principe il a droit.*

Même maintenant alors que je suis un vieux mandarin à la retraite

1. Outre ses nombreux ouvrages sur l'études des animaux, il raconte son parcours dans *La fonction psy*, Robert Laffont, 1991.

contre qui personne ne peut plus rien, j'ai gardé bien sûr des élèves, pour la plupart des jeunes, qui travaillent avec moi dans des directions interdites, mais je ne dirai jamais leur nom, et dans la mesure du possible, ils signent leurs travaux de pseudonymes. Mon premier livre sur la parapsychologie a été publié sous le pseudonyme de Pierre Duval, que je décrivais comme un homme petit et très brun, au cheveu rare, le contraire de ce que je suis... Pitoyable, ce genre de plaisanterie, dites-vous ? Eh ! J'en tombe d'accord. Mais que faire ? Je savais trop bien ce que je risquais pour agir autrement». (Rémy Chauvin écrit cela en 1991 !)

Reconnaître ou étudier les phénomènes paranormaux et surtout oser en parler en public signifie pour le scientifique se fermer des portes. Il se marginalise et perd une sorte de sécurité d'appartenance à un groupe. Par conséquent, il faut encourager et féliciter ceux qui remettent en question les fondements de leur éducation(combien d'entre vous savent-ils qu'un savant aussi prestigieux que Pierre Curie a consacré du temps à l'étude du célèbre médium, Eusapia Palladino ?).

Aujourd'hui encore, la recherche en parapsychologie, bien qu'elle ait évolué, rencontre des détracteurs acharnés. Mais l'opposition de certains n'est pas l'expression d'une opinion majoritaire de la communauté scientifique. Heureusement ! Cependant certaines revues «scientifiques» ne ratent aucune occasion de ridiculiser ou de nier les expériences. Ces scientifiques présentent leurs confrères parapsychologues sous les traits de pseudo-scientifiques naïfs, voire comme des fraudeurs. Tout est bon pour critiquer et discréditer n'importe quel expérimentateur qui obtient des résultats positifs et qui va à l'encontre de la vision généraliste du monde. Par une démarche et un vocabulaire sectaire frappant, ils consacrent tout leur temps à exorciser le paranormal.

L'an dernier, j'apprends qu'il existe en Belgique un comité qui étudie les phénomènes psi. Excitée par la nouvelle, je le contacte. C'est un répondeur téléphonique qui me répond. Je laisse un message et demande à recevoir la revue qu'il publie. Abasourdie ! Oui, j'ai été abasourdie (une fois de plus) de ce que j'ai pu lire. En couverture, deux phrases contradictoires retiennent mon attention : « *Ne rien nier a priori, ne rien affirmer sans preuve* ». Puis ce sous-titre (j'aurai l'élégance de ne pas citer le nom du comité en question) : COMITÉ « X » – DÉNONÇANT L'IRRATIONNEL. Dénonçant ? (Dénoncer qui, quoi ?) Me voici déjà déstabilisée par cette opposition de langage. « Bon calme-toi. Esméralda, ne sois pas si susceptible, continue à lire ».

Stupéfaction page deux à la lecture du « mot du président ». Je vous en livre un extrait, chacun se fera son avis. « *(...) Que faut-il faire pour éradiquer les croyances dans le paranormal ? (...) Une croisade contre l'une ou l'autre croyance dans le paranormal ne permet pas dès lors de changer quoi que ce soit dans la situation actuelle. (...) Notre action serait bien plus efficace si nous pouvions compter sur de nombreux "disciples" pour nous aider dans notre tâche. C'est une armée de personnes réagissant... C'est pourquoi il nous faut recruter des adeptes de nos thèses (...)* ». Disciples ? Adeptes ? J'ai l'impression de lire un discours décrivant une secte.

Disciple : qui suit la doctrine d'un maître (définition du Larousse).

Éradiquer : faire disparaître (Larousse).

C'est en ces termes que parlent ces scientifiques que l'on espérait ouverts ! Sous le masque de la tolérance, ils prétendent ne rien nier a priori. Vous en pensez ce que vous en voulez, mais moi, je suis sidérée, car si j'ai bien compris, leurs croisades (c'est leur terme) consistent à dénigrer tout ce qui n'est pas scientifiquement acceptable. Mais c'est quoi, scientifique ? Un biologiste considère-t-il la psychanalyse en tant que science ? Défenseurs de la raison, disent-ils. D'abord, la raison ne peut tout expliquer.

Ces rationalistes militants utilisent des procédés psychologiquement violents et leurs propos manquent de respect à l'égard d'autrui. Dans les écrits en question, on note aussi des amalgames insidieux visant à englober dans un même halo de superstition l'astrologie, les ovnis, les médecines douces, la magie, les perceptions extra-sensorielles. Les fraudes sont dénoncées, mais jamais ne se trouvent mentionnées les recherches sérieuses dans le domaine. Pourquoi passer sous silence les rapports positifs et préférer publier des extraits d'articles dénonçant des escrocs (bien réels, j'en conviens) ? Cet autoritarisme peut-il rendre service à la société ? Je ne le pense pas. De telles positions tranchées ne font qu'animer le théâtre d'un débat depuis si longtemps controversé.

Le procès que certains font encore au XXIe siècle ressemble à ce qui se passait lorsque sévissaient les bourreaux. D'accord, on ne brûle plus les sorcières, mais le tribunal d'intention reste le même : le voyant est discrédité d'avance. On lui refuse une reconnaissance sociale. Plutôt que de sous-entendre à travers le terme « paranormal » que l'on sait ce qui est « normal », il serait plus humble de reconnaître qu'à ce jour, la science est incomplète. Je n'invente rien. Il est évident que si la science a évolué, c'est parce qu'elle a été curieuse. Que sont les lois scientifiques sinon un résumé des lois d'observation et de recherches menées ? Les nouvelles expériences montrent que les lois d'hier doivent être révisées. Voire abandonnées !

Durant la chasse aux sorcières organisée avec acharnement du XVe au XVIIIe siècle, on aurait brûlé plus de 300 000 sorcières ! Pendant ce que l'on surnommait le siècle de la « Raison », le massacre s'est déroulé sous l'impulsion de l'Église et de la royauté. Sous couvert d'une justice divine. Commencée en 1480 et abrogée en 1834 seulement, cette période des plus noires de l'histoire fut le prétexte de milliers d'assassinats, surtout de femmes. Que reprochait-on à ces prétendues sorcières ? De faire commerce avec le diable, rien de moins ! Afin de démontrer qu'une femme pactisait avec le Démon, on l'asseyait sur une balance. D'un côté la Bible, de l'autre la malheureuse. Si elle était plus lourde que les saintes écritures, la preuve était faite ! Autant dire qu'elle n'avait aucune chance d'échapper au bûcher. Les femmes paysannes de l'époque proches de la vie, de la terre, s'intéressaient aux plantes, préparaient des poudres, des remèdes, des pommades. Sans être médecin, elles guérissaient. Aujourd'hui, homéopathie, aromathérapie sont pratiques courantes. Ces femmes utilisaient des potions et des philtres d'amour. Les quelques recettes retrouvées laissent penser qu'il ne s'agissait ni du diable, ni de placébo. Elles se servaient d'ingrédients comme la peau de crapaud effectivement riche en DMT. En somme, des produits naturels précurceurs du viagra ! Le traitement contre l'impuissance du Moyen Age. Pas sorcier... mais assez pour faire réagir le clergé ! De nos jours encore hélas, la culture générale concernant les phénomènes paranormaux est très réduite. Quel sceptique connaît le nom de Rhine (ce qui viendrait à peu près à parler d'informatique sans connaître le nom de Bill Gates !) ?

Pourtant, la réalité des phénomènes parapsychologiques s'impose ! Les explications, il est vrai, n'ont pas les mêmes bases théoriques de ce que l'on observe généralement.

Le professeur Jacob Kistemaker, président de la société des recherches psychiques dit : *« Le fossé entre les sciences physiques et psychiques se réduit. La parapsychologie débute là où toutes les autres s'arrêtent. Nous sommes aux frontières de nouvelles connaissances. Mais pour ouvrir plus largement les portes, nous devons attendre que davantage de scientifiques ouvrent leurs esprits ».*

Le problème actuel n'est plus de prouver que la télépathie, la clairvoyance et la précognition existent, mais de comprendre la manière dont elles surviennent. La science permettra un jour de comprendre comment ça fonctionne. Et la science, je l'espère, perfectionnera l'utilisation qui en sera faite. Seule une vraie interrogation conduira à mieux la développer. C'est de cette manière seulement que l'on protégera le public de dérives inacceptables. En expliquant ce qui est réellement possible ou non.

Stargate...

Ce mot vous dit quelque chose ? C'est le nom d'un projet réalisé par la CIA. L'analyse du rapport de plus de vingt ans d'expérience a fait grand bruit et conclu que les « visions à distance » ne sont pas basées sur des croyances mais sur des critères scientifiquement acceptables ! Aussi incroyable que cela puisse paraître, ce programme expérimental avec des médiums a ouvert un des chapitres les plus étranges de l'histoire de l'espionnage ! Fin 1995, un rapport d'analyse a été publié, mais les expériences militaires restent encore secrètes à ce jour. Pendant plus de vingt ans, la CIA a financé (pour environ 20 millions de dollars) des recherches avec des médiums. Ces voyants et médiums ont localisé des tunnels ennemis, découvert des sites nucléaires cachés, des missiles... De cela, on en parle pas ou peu. Peut-être vous souvenez-vous du 26 février 1996 sur TF1 ? *« L'odyssée de l'étrange »*, émission animée par Jacques Pradel était consacrée aux espions médiums ainsi qu'un documentaire sur le projet Stargate avec témoins présents sur le plateau. Un test de télépathie en direct fut réalisé. Nevin Lantz a découvert une cible devant les caméras : le funiculaire de Montmartre.

L'hypnose

La voyance baigne dans une odeur de soufre comme le fut l'hypnose au début du siècle. Cette comparaison avec l'hypnose me semble justifiée car leurs approches se rejoignent. Il a fallu plus de cinquante ans et de nombreuses études pour que l'hypnose soit reconnue. L'utilisation de l'hypnose nous prouve aujourd'hui qu'il ne s'agit plus de « croire » mais de « savoir » que ce phénomène fonctionne. Scientifiques ou non, les gens ont tendance à occulter les faits qui les dérangent. N'osant pas remettre trop de concepts en question, ils préfèrent passer à côté sans les voir... peut-être aussi par peur.

En France, il était même interdit d'utiliser l'hypnose. Un arrêté royal du 27 août 1784 stipulait textuellement ceci : *« Aucun docteur ne se déclarera partisan du magnétisme animal, ni par ses écrits, ni par sa pratique, sous peine d'être rayé du tableau des docteurs régents »*. Le « magnétisme animal » était à l'époque l'équivalent de l'hypnose.

Vers la moitié du XIXe siècle, à Paris, avec le professeur Charcot, le phénomène est reconnu par l'Académie des Sciences. Ensuite, l'hypnose se transforme en attraction de foire, bien qu'elle soit à la même époque déjà utilisée par l'École de Nancy. On obtient des guérisons sous hypnose. Pourtant, pendant plus de cinquante ans, ces expériences réussies ne seront pas poursuivies en France. Reléguée au rayon des para-sciences, boudée par la communauté scientifique, l'hypnose dérange. Elle intrigue aussi. Entre le phénomène de spectacle dont certains souriaient et la thérapie, qu'en penser ? Existe-t-il un état hypnotique ?

Aujourd'hui, les scientifiques répondent oui. Ils ont détecté dans le cerveau un signal caractéristique de l'hypnose. Loin d'être un état surnaturel, l'état d'hypnose est un état qui se rencontre tous les jours.

Une équipe du centre hospitalier universitaire de Liège (CHU) et du centre de recherche de Cyclotron viennent de réaliser une expérience décisive. Une découverte qui donnerait raison à tous ceux, médecins, psychologues... qui ont eu recours à cette pratique. Sous peine d'être taxés de charlatans, cette phalange a avancé avec prudence et circonspection. L'hypnose n'est donc plus un leurre destiné aux incrédules ou aux simples d'esprit.

Le docteur Georges Schmitt, psychothérapeute et président de l'association belge d'hypnose de langue française la définit en ces thermes : *« quelque chose d'extrêmement simple et naturel, une faculté de l'esprit humain, capable en certaines occasions de fonctionner sur différents niveaux de conscience »*. Chassez de votre mémoire tout ce que l'on a pu vous faire croire. Non, l'hypnose ne permet pas à un manipulateur quelconque de vous faire faire n'importe quoi. Elle est utilisée avec succès, comme méthode thérapeutique efficace et en milieux hospitaliers, lors d'interventions chirurgicales. Je connais plusieurs personnes qui l'ont utilisée. Formidable pour celles et ceux qui angoissent à l'idée d'une anesthésie ou qui ne la supportent pas. Aujourd'hui, médecins et scientifiques la considèrent lavée de tout soupçon d'obscurantisme. Son application est chaque jour plus fréquente. Elle a acquis droit de cité dans les hôpitaux et ne se voit plus contestée. La définir n'est pas pour autant facile. En réalité, on ne sait pas ce qu'est réellement l'hypnose, pourquoi ou comment elle agit. Elle est capricieuse. Cela ne marche pas à tous les coups. Il existe de bons sujets d'hypnose et d'autres sur qui cela ne fonctionne pas. Pourquoi ? On ne le sait pas encore. D'après certaines études, il semblerait que l'hypnose favorise les perceptions extra-sensorielles. Charles Richet, pour rappel, avait déjà mené bon nombre d'expériences de télépathie et de clairvoyance sur des sujets mis sous hypnose.

La télépathie

Personne ne peut dire « ça ne m'est jamais arrivé ». C'est forcément arrivé à tout le monde. Le téléphone sonne et c'est justement l'amie à qui vous pensiez. Vous prononcez une phrase et surpris, votre interlocuteur s'exclame « J'allais le dire, j'y pensais justement ».

La télépathie ne peut être isolée du processus de voyance. Parlons-en en quelques mots, histoire de faire un petit bilan. Inventé par l'anglais Frédéric Myers (membre de la société pour la recherche psychique de Londres) le terme « télépathie » signifie littéralement « sensation à distance ». Appelée aussi transmission de pensée, la télépathie est l'acquisition d'informations (émotions, sensations, images) sans l'intervention des sens normaux.

De tous les phénomènes paranormaux, la télépathie a été la première à être étudiée et la plus amplement expérimentée en laboratoire. Justement à cause de sa fréquence. Il ne s'agit plus de prouver son existence pour les parapsychologues. Les hypothèses sont très nombreuses. Nous sommes encore loin de théories certaines. Certains savants considèrent les contenus psychiques équivalents à des vibrations. D'autres y voient des particules atomiques allant d'un cerveau à l'autre. D'autres parlent d'un monde extra-physique hors du temps et de l'espace qui obéit à ses propres lois. Un physicien allemand évoque un dialogue cellulaire selon lequel la fréquence émise par notre cerveau serait en phase avec celle d'un autre sujet. Cette hypothèse expliquerait peut-être les échecs et les succès ? Ceci répondrait éventuellement au cas de télépathie spontanée et fréquente entre deux personnes (jumeaux, personnes proches...). Vous connaissez sûrement l'expression populaire qui dit que lorsque vos oreilles sifflent, c'est parce que quelqu'un parle de vous ou pense à vous...

En fait, lors d'observations, l'électrochimiste Douglas Dean a constaté qu'une réaction mesurable de la pression et du volume sanguin se produit sur les personnes testées lorsqu'une de leurs connaissances se met à penser intensément à elles. Selon Dean,

25 % des sujets présentent cette sensibilité physique. Il n'y a aucune théorie définitive. On cherche.

Les phénomènes de télépathie ne sont pas seulement propres à l'homme. Ils sont communs aux colonies d'oiseaux avant les grandes migrations. Les animaux vivant en communauté réussissent à percevoir un ennemi, à communiquer à distance ou à s'orienter lorsqu'ils s'aventurent au-delà de zones connues. D'après le professeur Tenhaëff, la *« télépathie de crise »* serait la plus efficace. Déclenchée par un traumatisme émotionnel ou entre deux personnes très proches. Selon lui, ce type de télépathie serait un lien primitif propre encore aux animaux.

Dans l'ouvrage *« Les sciences oubliées »*, Donald E. Carr, professeur de chimie expérimentale, aborde de front des énigmes devant laquelle bute la science. Il s'interroge sur une expérience réalisée sur des termites. Un termite placé dans une boîte d'acier chimiquement neutre, en compagnie d'une nourriture succulente, est enterré dans le sol à bonne distance de la chambre royale (où se trouve la reine). Il continue à réagir à une influence invisible qui lui commande de rentrer chez lui. Il s'efforce donc de percer les murs de sa prison pour prendre la direction de la chambre royale. Que ressent le petit insecte ? Si la reine est tuée, il tombe dans un brusque état d'apathie. Voilà un phénomène psi dans toute sa splendeur. Les termites sont sensibles aux perceptions extra-sensorielles. Ils jouissent de sens s'accompagnant d'un mode de communication que nous ignorons.

Les animaux peuvent-ils être suspectés de supercheries ? Pourrait-on imaginer une fourmi ou un lapin s'amusant à tricher avec l'expérimentateur ? Non, bien entendu. Les spécialistes en parapsychologie sont donc prêts à inclure ces cas dans leurs dossiers. Ils assurent aussi qu'il existe un champ mental reliant l'esprit de l'animal à celui de son maître. De mystérieux signaux existant entre les animaux, spécialement entre les animaux et leur maître, en sont la preuve. Nous connaissons tous des chiens ou des chats qui vont vers la porte en anticipant le retour de leur maître.

Combien de cas ont été signalés de chiens hurlant à la mort quand leur maître rend le dernier soupir ? Et ce, même si la mort s'est produite dans un hôpital éloigné de la maison où séjourne l'animal. Nous sommes plongés en permanence dans une multitude de champs de diverses natures qui nous environnent. Ces forces invisibles agissent sur nous à chaque instant. Pourtant, nous ne les voyons pas. Champs magnétiques, électriques, de gravitation... Une faculté naturelle existe dans le règne animal alors que nous la considérons magique. Peut-être l'avons-nous possédée et oubliée au cours de notre évolution ou au fur et à mesure que notre intelligence s'est développée ? Les animaux et les plantes sont capables de télépathie. Alors, pourquoi l'homme ne le serait-il pas ? Pour expliquer mes propos sur la télépathie entre l'homme et la plante ou entre les plantes, je voudrais m'appuyer sur une expérience...

Dans des fermes d'élevage d'antilopes, en Afrique du Sud, on a constaté qu'au bout d'un certain temps, les antilopes mouraient ! Des jeunes étudiants américains appelés sur place pour élucider le mystère, constatent après de multiples tests, que la nourriture principale de l'antilope est l'acacia. Lorsque le nombre d'antilopes devient trop important, l'acacia développe une défense naturelle en envoyant du tanin dans ses feuilles (le tanin est un poison pour les antilopes). Les arbres se défendent. Des étudiants ont essayé de frapper violemment le tronc des acacias. Surprise ! La seule réponse que donne l'acacia est d'envoyer du tanin à l'extrémité de ses feuilles. Ce n'est pas tout. Le plus phénoménal est que lorsque l'on frappe un acacia, ses proches voisins envoient également du tanin au bout de leurs feuilles. Communiquent-ils entre eux ? Une autre expérience a montré que lorsqu'une plante a subi un acte traumatisant (broyage violent d'une feuille), celle-ci réagirait lorsque la personne revient auprès d'elle.

Voici un mystère que nous ne pouvons une fois de plus expliquer mais qui est constaté. Des expériences ont été faites pour démontrer la réalité de l'émotivité chez une plante ainsi que l'existence de ses facultés extra-sensorielles.

Les expériences de Cleve Backters constituent une preuve fantastique que les plantes émettent des signaux. Après avoir travaillé avec la CIA, il eut l'idée de tester une plante : un dracaena en pot. Il s'était aidé du polygraphe (détecteur de mensonges) dont la fiabilité, je le rappelle, est prouvée à 98 %. Au départ, il voulait mesurer la rapidité avec laquelle l'eau monte des racines aux feuilles... Ensuite, il pense brîler une feuille. Expérience bouleversante ! Au moment de brûler la feuille du dracaena avec une allumette, à l'instant même, il y eut une montée abrupte de la plume enregistreuse. Cleve Backster n'avait pas touché la plante... il avait seulement pensé brûler la feuille ! La plante réagit aux menaces. Ainsi qu'à l'apparition d'un animal dangereux. Faites donc l'essai chez vous avec une plante. Regardez-la, parlez-lui. Recommencez jour après jour. Vous verrez sa masse de feuilles s'épanouir. Ne dit-on pas de certaines personnes qu'elles ont la main verte ? A croire qu'elles entrent en communication avec leurs plantes.

Dernièrement, j'étais en consultation avec un client agriculteur. Homme simple au caractère décidé, il a grandi au milieu des vaches, des chevaux et des poules. Son grand-père lui a appris la nature.

– J'ai le sentiment que vous entrez en communion, en fusion avec vos cultures. Vous les captez, lui dis-je.

– Ce que vous me dites est drôle. Car le fournisseur qui me livre m'a fait remarquer que la variété de pommes de terre que je cultive est difficile à produire. Chez moi, aucun problème. Ce sont des « jaerla ». Généralement, cette plante est stressée et cela se vérifie par le port de la feuille qui se dirige vers le haut. Les miennes sont pendantes et mes récoltes impeccables.

Chez l'homme, la télépathie se manifeste sous une forme variée. Tout, dans le monde matériel, n'est que vibration. Notre cerveau peut être comparé à un poste de radio dont la puissance permet de capter des ondes. L'homme possède des antennes invisibles, il sent infiniment de choses dont il ne se rend même pas compte.

On parle peu de toutes les recherches faites sur ces sujets. Lors de la mission d'Appolo XIV (février 1971), l'astronaute Mitchell a essayé en cours de vol d'établir un contact télépathique avec quatre sujets sélectionnés. De retour sur terre, Mitchell déclara que les résultats dépassaient de loin tout ce qu'il avait espéré.

Tout le monde possède des capacités psi latentes. Vous aussi, vous pouvez développer cette parcelle de clairvoyance enfouie. N'ayez pas peur, ça n'a rien de surnaturel. Au contraire.

Voici deux méthodes.

Les cartes de Zener

Vous pouvez fabriquer vous-même à l'aide de carton les cartes de Zener dont je vous ai parlé. Choisissez un endroit silencieux où personne ne viendra vous déranger. Tentez l'expérience avec une autre personne. Détendez-vous, soyez calme, laissez-vous aller et faites le vide dans votre esprit. L'« émetteur » tire la carte, la visualise et envoie l'image au « récepteur ». Celui-ci va recevoir l'image sur son écran imaginaire. Selon des études réalisées, certaines personnes peuvent être, de bons émetteurs soit de bons récepteurs. Testez-vous dans les deux situations.

Une autre expérience

Demandez à un(e) ami(e), un conjoint de choisir une photo, une carte postale, des images simples (un animal, un bateau flottant sur l'eau, un paysage...). Il va vous envoyer l'image mentalement. A vous de décrire ce qui vous vient en tête. Décrivez *tout*, sans avoir peur d'être ridicule. Donnez des qualificatifs, vos impressions, des détails, sans chercher à trouver à tout prix l'objet. Ne vous découragez pas si le score est bas aux premières tentatives. Il faut peut-être « réveiller » vos facultés enfouies. Vous dites « c'est jaune, doux, fragile, petit... je ressens un envol... ». La photo cachée représente un canari. Super, le résultat vous prouve que vous pouvez « capter » la pensée de l'autre. Vous êtes doué. Continuez...

Comment peut-on étudier les phénomènes psi ?

On peut essayer de les apprivoiser, de les examiner. Il y eut diverses machines pour les expériences en laboratoire. Le professeur Warcotier a créé un type d'expérience basé sur des dessins, des images, des photos. Le récepteur doit dessiner ce qu'il voit. Les tests sont remarquables. Ce nouveau type d'expérience a été conçu pour éviter la monotonie engendrée par les cartes de Zener. L'ennui et la fatigue influencent les résultats. La personnalité de l'expérimentateur, ses capacités, sa tranquillité émotive, son habileté à établir le courant jouent aussi un rôle fondamental dans la réussite des expériences. L'importance de l'état émotionnel des agents et des sujets a été observée par les expérimentateurs. On a constaté également que les rythmes sont essentiels. Le fait de connaître le résultat obtenu sert de stimulus. Si les résultats sont bons, cela provoque un encouragement. Si au contraire ils sont mauvais, cela peut provoquer frustration chez le sujet psi. L'expérience doit donc être conduite intelligemment. Tout sujet possède son caractère, ses manies, ses problèmes personnels. Rien ne doit être négligé. Il suffit que le sujet ne se sente pas à son aise ou qu'un rien le désoriente pour compromettre l'expérience. Une individualisation des expériences joue un rôle important. En ce qui concerne les expérimentateurs, on peut distinguer l'expérimentateur mouton (qui croit à l'existence du phénomène) et l'expérimentateur chèvre (qui ne croit pas à son existence). Les tests démontrent que les bons résultats sont supérieurs avec les moutons. Remarque judicieuse du Professeur J. Dierkens : « la bonne attitude est celle de l'ouverture... elle implique qu'on accepte qu'ils soient possibles et réels ».

François Laplantine l'exprime bien, l'étude strictement expérimentale de la voyance est comparable à l'étude expérimentale de l'amour, de la création musicale, littéraire ou artistique. François Laplantine et son équipe ont entrepris une aventure sans précédent, peu courante et audacieuse. Ils ont observé le voyant Georges de Bellerive, en se situant dans l'observation directe du voyant et de ses consultants dans son milieu naturel. Une investigation d'un an et demi à laquelle s'est soumis Georges de Bellerive, qui débouche sur une analyse et un réel effort pour cerner le phénomène. L'équipe pluridisciplinaire était composée de six chercheurs en sciences humaines : deux psychologues cliniciens, un sociologue, deux ethnologues, et un médecin psychiatre, a réalisé un travail fabuleux, une expérience hors du commun[1].

Suivre une voyante dans son parcours, c'est se donner la possibilité de mieux comprendre, d'observer. Pourquoi et comment la voyance s'inscrit-elle dans l'histoire d'un individu ? Une étudiante en psychologie de l'Université de Louvain, Marie-christine, a pris contact avec moi. J'ai été le sujet de son mémoire de fin d'étude dont le thème était la voyance. J'ai accepté de jouer le jeu sans limite. En me livrant totalement dans ma pratique, mes souvenirs, mes prises de conscience, mes doutes, ma relation avec mes consultants. Il a fallu pour cela de nombreuses heures d'entretien (enregistrées sur cassette) dans lesquelles j'ai fait état de ma conception de la voyance, de son « éclosion », ses ambiguïtés, ses succès et ses échecs et ma façon de les vivre.

D'un rendez-vous à l'autre, Marie-Christine m'interroge sur les impressions que me laissent nos entretiens et sur la relecture des notes qu'elle me remet où sont retranscrites, mot pour mot, nos rencontres. J'avoue que malgré sa discrétion, sa sensibilité et le respect qu'elle me témoigne, j'ai parfois le sentiment d'être, en quelque sorte « l'objet » d'une étude un peu curieuse. Cela suscite aussi le sentiment d'être « disséquée », « analysée » à distance. D'autant que les promoteurs de mémoire qui supervisent et suivent son travail sont d'orientations psychanalitiques ! Cela implique des prises de conscience sur mon parcours personnel. Autant pour mon propre cheminement que pour l'apport que cela induit dans la rédaction de l'ouvrage que vous avez sous les yeux. Il s'agit d'une forme de processus thérapeutique qui entraîne son lot de questions. Tout au long de nos rencontres,

1. Se reporter au livre *Un voyant dans la ville.*

je suis passée par des périodes de réflexion profonde. Des retours vers mon histoire familiale : des parents séparés, un entourage affectif complexe, un monde de femmes, l'absence de mon père et d'homme. Son mémoire terminé, Marie-Christine m'a envoyé une lettre. Ses impressions, ainsi que les réactions « interpellantes » que son travail a entraîné auprès de ses professeurs et de la faculté de psychologie. Afin de rester fidèle à son courrier, je vous le livre tel qu'elle l'a rédigé.

Il semble que certains faits humains soient restés inexplorés ou tout du moins aient fait l'objet d'un désintérêt de la part du monde des sciences humaines. Jusqu'à présent, aborder les phénomènes de voyance oblige la plupart du temps à choisir entre deux extrêmes : le rationalisme qui pousse à n'en parler qu'en termes d'expérience subjective et la croyance irrationnelle qui ferait basculer du côté des mystiques et des occultistes. Pourtant ce sujet intéresse et concerne les psychanalystes depuis Freud. C'est pourquoi j'ai voulu réaliser un mémoire sur la voyance. La raison se situe dans le fait que ce sujet m'a toujours interpellée par les réactions passionnées qu'il suscite, à savoir le rejet ou la fascination, réactions qui ne laissent pas de place à un débat digne. Ceux qui sont sous l'emprise de la fascination apparaissent comme des naïfs et ceux qui la rejettent refusent de l'étudier par peur d'être considérés comme des naïfs.

En tentant de prendre du recul vis-à-vis du mode de pensée catégoriel et classificatoire dans lequel nous vivons, qui séparent le moi et le non-moi, l'intérieur et l'extérieur, l'avant et l'après, j'ai tenté d'approcher la faculté de voyance en faisant dialoguer la psychologie avec plusieurs disciplines telles que la phénoménologie, la philosophie, l'ethnologie et l'anthropologie.

C'est ainsi qu'après avoir montré les difficultés auxquelles s'est heurtée la voyance dans le monde scientifique (assimilation à un mécanisme pathologique, rejet lié au sentiment d'étrangeté suscité par la capacité de la voyante à se mouvoir dans le passé, le présent et l'avenir), j'ai réalisé une analyse de la voyance à partir du récit de vie de deux voyantes, dont la vôtre. Je profite de l'occasion pour vous remercier une fois encore d'avoir accepté de me confier votre histoire avec autant de sincérité, de gentillesse et de disponibilité. La qualité et l'authenticité de vos propos ainsi que la précision avec laquelle vous avez décrit et exprimé vos perceptions ont véritablement permis de faire avancer l'étude de la voyance.

Ce travail a notamment permis de mettre en évidence le fait que la voyance, si elle s'inscrit dans un contexte psychologique individuel ou familial, social ou culturel, n'en reste pas moins une faculté en tant que telle, encore inconnue et inexpliquée. Ainsi, il se peut que la voyance trouve à se développer plus facilement chez certaines personnes que d'autres en raison du contexte familial ou socio-culturel (une grand-mère médium par exemple), ou encore en raison de facteurs psychologiques (désir de fusion avec l'autre par exemple, processus d'individuation). Toutefois et c'est là une des conclusions les plus importantes, il apparaît absolument réducteur d'assimiler cette faculté à ce seul contexte psychologique ou socio-culturel, ce que n'ont pas manqué de faire depuis toujours les scientifiques qui se sont penchés sur ce phénomène. Ce don est davantage à mettre en relation avec ce que François Laplantine appelle « un mode de communication non verbale » basé sur la sensorialité. Cette définition semble en tout cas correspondre à votre expérience, une faculté naturelle inexploitée et non encore développée par la plupart d'entre nous. Le mode de transmission du don de voyance de génération en génération, tel qu'il est également observé en Afrique, tend d'ailleurs à prouver l'origine naturelle de cette faculté.

En outre, il apparaît que ce don apparaît plus fréquemment chez les femmes que chez les hommes.

Un parallélisme au niveau du processus a également pu être établi entre le phénomène de voyance et le surgissement créateur de l'artiste. Chez le voyant comme chez l'artiste coexisteraient une capacité à lâcher prise et le maintien d'un certain contrôle conscient. C'est grâce à cette double fonction que le voyant et l'artiste auraient accès aux visions. Bien qu'au terme de l'analyse, les questions soient plus nombreuses que les réponses, cette démarche semble avoir ouvert des perspectives d'avenir. En effet, cette analyse a montré l'intérêt d'approfondir l'étude de thèmes tels que la voyance et la médiumnité au sein des universités et plus particulièrement dans les facultés de psychologie. La voyance est loin d'avoir livré tous ses secrets, mais nos entretiens ont montré tout l'intérêt et la richesse de poursuivre dans la voie de l'étude pluridisciplinaire de la voyance à partir du vécu subjectif des personnes voyantes.

Par la suite, Marie-Christine m'envoie un courrier dans lequel elle m'informe que son mémoire continue de susciter de l'intérêt au sein de l'Université. En effet, un groupe de psychologie humaniste rattaché au centre de guidance de Louvain-la-Neuve et se réunissant au sein de la faculté de psychologie lui a demandé de faire un exposé de son mémoire. Une démarche, m'écrit elle, qui ouvre le monde de la psychologie à la voyance.

Je suis heureuse de contribuer à l'ouverture d'une meilleure approche de la voyance loin de Madame Irma (pour reprendre l'expression de Maud Kristen). Ce souhait, ancré profondément en moi depuis des années, est sans doute un début... Et je m'en réjouis. Je suis tentée de me soumettre à l'avenir à des tests en laboratoire. Lorsque je lui en parle, mon mari fait la grimace. Il craint qu'en essayant de démonter le mécanisme de la voyance, j'y perde son caractère spontané. Le projet doit encore mûrir.

Le psi en labo

La difficulté de l'étude de la voyance est dans sa non-reproductivité. Les phénomènes paranormaux ont été regroupés en fonction de facteurs communs, par groupes ou sous-groupes. Dans ces recherches, on trouve des phénomènes à effet psychique semblable à la télépathie, la voyance, la précognition et des phénomènes à effet physique comme la télékinésie. Les définitions ont une valeur indicative car la pratique met en évidence différents ressentir qui sont rebelles à la rigidité scientifique et qui se manifestent sous des formes et des modalités différentes selon le moment et la constitution psychique du sujet psi.

Des universités aussi prestigieuses que Princeton, Stamford, Duke et bien d'autres ont une unité de recherche généralement intégrée à leur département de psychologie. La parapsychologie est reconnue officiellement depuis 1969 par la toute puissante *American Association For The Advancement of Science*, qui coiffe toutes les disciplines de l'Establishment scientifique aux États-Unis. Plus question d'occultisme ou de psychologie expérimentale. Il s'agit d'expérimentations sur les facultés de l'esprit soumis en laboratoire à des analyses qualitatives et statistiques. Je n'invente rien. Alors clamer encore aujourd'hui que tout cela est impossible semble faire preuve d'ignorance ou de mauvaise foi. Une chose est sûre ; les rationalistes obtus ne peuvent plus se contenter de hausser les épaules devant les phénomènes de voyance. Ainsi, Philippe Wallon, médecin psychiatre et chercheur à l'*Inserm* (Institut de la santé et de la recherche médicale) – auteur du livre « *Expliquer le paranormal* » confirme ce point de vue. Selon lui, que certains individus aient un don de perception du futur plus développé que la moyenne n'a rien d'extraordinaire. Le paranormal est un champ d'investigation très intéressant et un vrai défi pour la science. En Belgique, le professeur Dierkens a publié en 1978 son « *Manuel expérimental de parapsychologie* »[1] dans lequel il explique qu'en situation expérimentale, les conditions sont plus difficiles pour le sujet psi. « *A titre d'exemple et de comparaison, disons qu'il est bien plus facile à certains sexologues de demander à des sujets volontaires, pour des études psychophysiologiques détaillées, de se masturber en laboratoire que d'y faire l'amour avec le partenaire aimé* », écrit-il.

Jean Dierkens, psychiatre et professeur émérite à l'Université de Mons et de l'ULB, est en Belgique un des seuls à s'être penché sur les phénomènes psi. Doyen de l'Université de Mons, il a mené des expériences de clairvoyance, notamment dans des enveloppes closes. « *Les résultats apportent une preuve évidente du phénomène* », dit-il. Des procédures expérimentales très strictes ont été respectées pour éviter toute possibilité télépathique. Peut-être avez-vous entendu parler du protocole d'expérimentation en double aveugle, utilisé généralement dans la

1. Jean et Christine Dierkens, *Manuel expérimental de parapsychologie*, Éditions Casterman, 1978.

recherche clinique ? Pour tester un médicament, on sépare le groupe en deux, une moitié absorbe le médicament, un placebo est donné à l'autre moitié (une simple pilule de sucre). Ni l'expérimentateur, ni le cobaye ne sait qui a pris quoi. C'est de la sorte que le professeur Dierkens a dirigé certaines recherches. J'ai eu le plaisir de le rencontrer sur le plateau de télévision lors de ma participation à l'émission de *« L'Écran témoin »* sur la RTBF. Il est d'une grande humilité, a beaucoup de générosité, de sagesse et de spiritualité. Nous nous sommes revus lors d'une conférence et ses encouragements à l'action que je poursuis à travers l'association Delta Blanc m'ont beaucoup touchée.

En France, à Toulouse, une association a créé le premier centre expérimental de parapsychologie sous la direction d'Yves Lignon, professeur de mathématiques et de statistiques. Le GEEP, connu sous le nom de laboratoire de parapsychologie de Toulouse, est unique en France. Ce groupe d'études expérimentales réunit des universitaires, des médecins, des ingénieurs... qui travaillent sur les phénomènes dits « paranormaux ». Soutenu financièrement dans le passé par le conseil scientifique de l'Université de Toulouse, le Geep est aujourd'hui un organisme indépendant qui ne dispose que de moyens très faibles. Ceci ne l'empêche nullement de poursuivre des investigations avec persévérance, dans une méthode expérimentale rigoureuse. Le Geep s'attache à coordonner les travaux de chercheurs isolés, à établir des liens entre les centres de recherche étrangers et une activité d'information à l'intention du grand public. D'après Yves Lignon, tout le monde aurait potentiellement la possibilité de « voir ». Mais un pourcentage seulement des gens vivent ces phénomènes par intermittence. Il y a un autre problème, dit-il. Quand un voyant a un phénomène d'extra-lucidité, il ne trouve pas toujours le bon vocabulaire pour l'exprimer. D'autre part, outre l'intermittence du phénomène, il faut qu'il existe également des atomes crochus entre le voyant et le consultant. Yves Lignon est l'auteur de différents ouvrages abordés avec sérieux, prudence et... humour. Sur les nombreux sujets qu'il a expérimentés, il cite le cas de madame de Châtelet. Celle-ci a toujours accepté de se prêter à différentes expériences en laboratoire. Dans son livre «*L'autre cerveau*[1]», il raconte une expérience téléphonique, hors labo :

«Un dimanche soir, à 20 h 40 (je ne suis pas prêt d'oublier l'heure), (...) madame de Châtelet me parle de grandes explosions lumineuses, de multiples cortèges funéraires et d'«une petite fille qui se noie alors que tout le monde la regarde». Il ne fallut pas attendre une semaine pour apprendre la nouvelle d'une importante éruption volcanique en Colombie et pour découvrir, à l'image de n'importe qui, le reportage diffusé par les télévisions du monde entier, montrant la petite Omayra s'enfonçant dans la boue devant des témoins impuissants. Il s'agit là d'une perception extra-sensorielle spontanée, bien supérieure en intensité à celles que nous parvenions à provoquer en organisant une rencontre ou en ressortant nos jeux de cartes. Madame de Châtelet s'est prêtée pendant neuf ans à des recherches en laboratoire de parapsychologie de Toulouse. Les résultats de clairvoyance qu'elle a obtenus sont statistiquement visibles», affirme-t-il.

Un jour, madame de Châtelet vécut une surprenante aventure : elle sentit une odeur de bois brûlé étrange ! Un soir de septembre, elle songe à son époux occupé en Finlande pour ses affaires. Une impression la gagne, d'abord douce puis persistante... Elle sent le bois brûlé. Elle en parle à sa fille, laquelle ne sent rien. L'odeur persiste. On dirait qu'il y a un début d'incendie. Pourtant ni braise, ni trace de flamme. Le lendemain matin, madame de Châtelet téléphone à son mari en Finlande. L'hôtel en bois dans lequel il logeait avait brûlé cette nuit-là !

Le voyant n'est pas un instrument aux performances constantes. Il demande une approche bienveillante, une écoute ouverte. L'expérimentateur peut, malgré lui, engendrer un blocage. Il est donc essentiel qu'il permette au sujet une mise en condition sympathique. L'expérimentateur doit faire preuve de patience et accepter la défaillance. Ces différents paramètres interviennent dans l'étude du phénomène. Le contact affectif, dans

1. Éditions Albin Michel.

lequel la voyance se produit, doit être étudié dans un cadre différent des études habituelles. La perception extra-sensorielle est une faculté singulière dont la charge émotionnelle est intense. La méthode rigoureuse et rationnelle du scientifique suppose la reproduction d'un phénomène. Si vous portez une casserole pleine d'eau à ébullition, vous produirez un phénomène physique pouvant être répété à l'infini. A 100 degrés, l'eau bout. Or, le paranormal échappe à ces lois. Aucun instrument ne peut mesurer les potentialités de l'individu et les résultats varient. C'est là que le bât blesse. La voyance a ses bizarreries. Six, sept ou huit fois sur dix, ça marche à merveille, puis échec à la neuvième et dixième fois. Et tout est remis en question. Il est légitime de vouloir fonder son jugement sur quelque chose de tangible. Mais parfois, cela ne suffit pas. Le paranormal dans les laboratoires ressemble à un animal dans un zoo, dépourvu de naturel et de spontanéité. Il ne donne pas les conditions optimales d'étude. Il faut beaucoup de courage au sujet psi pour se prêter à ce genre d'observation. Échouer est d'autant plus redoutable pour le voyant qui accepte l'épreuve de l'expérimentation que dans ce cas, il risque d'être considéré comme un mystificateur. Discrédité par la science ! Des courageux se sont prêtés à des tests de clairvoyance sur commande dans un cadre expérimental. Un des plus connus est celui de la chaise qui consiste, pour un sujet, à donner des renseignements plusieurs jours à l'avance sur une personne qui va s'asseoir dans une salle de spectacle à une place déterminée. Des chercheurs tels que Wilheln Tenhaeff, professeur à l'Université d'Utrecht, Hans Bender, professeur à l'Université de Fribourg, ou J. B. Rhine, l'ont souvent utilisé avec succès. Le hollandais Gérard Croiset, incontestable champion en la matière, arrive à décrire deux mois à l'avance la personne qui va s'asseoir sur une chaise dont on lui indique les numéros. Il donne des détails très précis. Non seulement sur son habillement, mais aussi sur sa personnalité et sa vie. Bel exemple de précognition et non de télépathie !

La peur de l'échec constitue parfois un blocage. Des esprits malveillants pensent peut-être que je me prépare une excuse.

Que dire alors de l'élève qui connaît parfaitement son sujet et demeure paralysé devant le professeur le jour de l'examen oral. Tout à coup, le vide ! Il oublie tout. Ou de celui qui perd ses moyens assis à côté de l'examinateur, le jour de son permis de conduire. Pourtant, il maîtrisait parfaitement la conduite avant le jour J. Il retrouvera ses facultés une fois l'examen terminé. Comment évaluer tout cela ? En ce qui concerne les expériences sur les E.P.S, il est indiscutable que la relation humaine influence directement le résultat obtenu. Le sujet psi se bloque face à un expérimentateur froid et antipathique. Je souligne ici l'importance de ce constat en réponse aux rationalistes qui lancent régulièrement des défis provocateurs avec à la clé de grosses sommes d'argent à qui prouvera l'existence des facultés extra-sensorielles. Un sujet psi ne peut qu'être, à mon avis, bloqué et incapable de produire un résultat valable face à une attitude aussi malveillante et agressive dès le départ.

Il n'y a pas à l'heure actuelle de « recette » qui garantisse la réussite des procédures expérimentales. Les résultats de certaines expériences prouvent que ça marche. C'est vrai. Notre cerveau n'est pas un computer... Nonobstant cette évidence, un cerveau se plante. Mais on « plante » aussi un ordinateur. Remet-on en cause l'informatique pour autant ?

L'ordinateur est certes une invention merveilleuse, mais je ne pense pas qu'il puisse rivaliser avec le cerveau. L'ordinateur ne fait jamais que réagir aux commandes qu'on lui donne. Pas le cerveau. La « matière grise » est capable simultanément d'observer, d'imaginer, de prévoir, de créer, d'agir et d'inventer. La personne qui ne trouve pas son tournevis va le remplacer par une pièce de monnaie et cela, l'ordinateur ne le fera jamais. La mémoire, la possibilité de faire appel à ses idées ou à ses émotions du passé, de les associer à des expériences nouvelles donnent au cerveau des pouvoirs créatifs qu'aucun ordinateur n'est en mesure d'égaler. On peut apprendre à un ordinateur à dire « je t'aime », pas à aimer ! L'amour n'est-il pas le premier mystère de la création ?

L'être humain a la rare capacité de combiner ses pensées avec ses sensations, ses émotions. Il peut se rappeler des visages, des faits, des chiffres, mais aussi des sentiments. La douceur d'une voix, l'odeur d'un feu de cheminée, d'un parfum. Connaissances, sensations s'unissent pour donner aux pensées leur riche complexité. On sait que le cerveau est comparable à un émetteur, il diffuse en permanence. Il est également récepteur.

Des chercheurs s'interrogent sur la localisation des possibilités « psi » dans le cerveau. L'hémisphère droit (attaché aux fonctions intuitives, crée, imagine) serait-il chez certains plus développé que l'hémisphère gauche (qui englobe les fonctions concrètes, analytiques, calcule, raisonne) ? La compréhension du phénomène ne sera possible qu'en saisissant les différents mécanismes et réactions. Pour cela il faudrait, comme pour le moteur d'une voiture, ouvrir le capot et démonter tous les éléments.

Si vous souhaitez approfondir vos connaissances, je vous conseille de consulter des ouvrages plus techniques. Quelques-uns sont repris dans la bibliographie mais il en existe d'autres très complets. Je vous recommande en particulier *« Parapsychologie, une science controversée »* [1] de Richard S. Broughton. Décédé en 1992, il fut un brillant chercheur. Son livre retrace toute l'histoire de la parapsychologie jusque dans ses développements les plus récents. Y figurent même les querelles qui tentent de discréditer cette science. Tout sceptique honnête est troublé après la lecture de ce livre.

Les applications actuelles des perceptions extra-sensorielles

Mario Varvoglis, ancien collaborateur de Charles Honorton, docteur en psychologie et chercheur en psychologie expérimentale, a publié un ouvrage, *« La rationalité de l'irrationnel, une introduction à la parapsychologie scientifique* [2] *»* qui fait le point des recherches actuelles. Il a longtemps travaillé aux États-

1. Éditions du Rocher.
2. Inter édition.

Unis. Aujourd'hui président de l'institut métapsychique international de Paris, il a écrit avec Christine Hardy (auteur de plusieurs ouvrages sur la parapsychologie, docteur en lettres et sciences humaines), des articles sur leurs recherches. Ils ont imaginé un CD-Rom *PSI Explorer*[1] qui propose un nouveau champ d'ouverture sur la parapsychologie. Celui-ci se veut ludique et pratique. Avec des jeux-tests semblables à ceux pratiqués en laboratoire afin de permettre à tous d'évaluer et d'améliorer les possibilités de faculté psi. Un véritable intérêt! L'évolution des recherches marque un éveil intelligent à « l'irrationel ».

Dans le magazine *Psychologies* de juin 99 (article signé E. Pigani), on lisait ceci :

« On ne le répètera jamais assez ! Notre esprit n'a pas de limite... C'est justement ce qu'est en train de démontrer la plus vaste expérience jamais menée en parapsychologie : le Global Consciousness Project (projet conscience global). Un groupe de psys et d'informaticiens de l'Université de Princeton, aux États-Unis, a mis au point *« l'EGG » un ordinateur muni d'un micro et d'un logiciel capables de capter et de mesurer les variations émotionnelles d'un groupe de personnes. Les premiers tests à grande échelle ont eu lieu pendant les funérailles de Lady Di : une quinzaine d'appareils, répartis dans plusieurs pays, ont enregistré d'importantes variations « psychiques » au cours de la cérémonie. Cela signifie-t-il que l'on commence à prouver scientifiquement l'existence de l'inconscient collectif ? Apparemment, oui. L'expérience, maintes fois reproduite, a été si concluante que cet appareil a fait l'objet d'un brevet industriel début 1999. Une première dans l'histoire de la parapsychologie ! Aujourd'hui, des chercheurs de Princeton installent des dizaines d'EGG dans le monde entier (l'institut métapsychique de Paris vient d'en être équipé), connectés en permanence à l'ordinateur central par Internet. Le EGG « Electro-Gaia-Graphie », est une sorte d'électroencéphalographie de la conscience. Je vous passe les détails techniques mais pour ceux qui s'y intéressent, un site Inter-*

1. Édition numérique, 1997.

net y est consacré. Les résultats de cette opération internationale risquent de bouleverser nos croyances matérialistes... On peut se demander s'il n'y a pas une relation entre la conscience du groupe et l'inconscient collectif de Jung. A l'heure actuelle, de nombreuses expériences sont menées dans des Universités et des hôpitaux d'Europe, du Japon, des États-Unis et d'ex-URSS. Celles-ci se dirigent essentiellement sur la télépathie, la vision à distance, et la précognition».

Le flair humain

La police se fait souvent aider par le flair humain. Même si on le sait, ses services ne s'en vantent pas très souvent. Aux Pays-Bas notamment, la police requiert l'aide de voyants, dont le célèbre Gérard Croiset. Les affaires résolues par ce dernier se chiffrent par milliers. Le professeur Bender de Fribourgen-Brisgau, après l'avoir étudié, dit de lui qu'il est le sujet le plus remarquable qu'il ait jamais eu l'occasion d'approcher. Gérard Croiset s'est surtout fait remarquer dans des affaires de disparition et de crime. Dans le domaine, il y a deux spécialistes connus: Gérard Croiset et Jean-Louis Crozier. Tous deux ont eu une collaboration très étroite avec la police. L'application de la fonction psi est en plein développement dans ces secteurs.

Un test fut réalisé avec Jean-Louis Crozier et Rémy Chauvin. A partir d'une photo satellite, Rémy Chauvin a demandé à Jean-Louis Crozier de rechercher un objet. Volontairement, Rémy Chauvin avait faussé les couleurs. La mer était rouge, la terre verte, etc. Crozier sent la fraude. Il parle de montage. Détecte la présence de bouts de bois très anciens, sculptés. On les dirait momifiés. Il voit une forme de bateau. En fait, ce qu'espérait trouver Rémy Chauvin, c'était les morceaux de l'Arche de Noë sur le mont Ararat. Une expédition devait se faire mais elle a été annulée. Il y a eu des dizaines d'expéditions. Dans cet énorme massif d'origine volcanique, les fouilles sont extrêmement dangereuses. La description qu'a faite Crozier s'avère néanmoins troublante.

Que sera la recherche psi à venir ?

On est entré dans la phase scientifique de la parapsychologie. Il a fallu des décennies d'expérimentation avant qu'elle soit reconnue. Maintenant que les preuves sont évidentes : progresser demandera des moyens financiers. Par bonheur, cette fois, la parapsychologie peut se prévaloir de données solides. Ses développements ne font pas de doute. Quand « saurons-nous » ? Je l'ignore. Je ne connaîtrai sûrement pas cette époque. Un jour, d'autres auront des réponses. La machine est en route. Le signe précurseur d'un changement d'attitude se répand dans la communauté scientifique. Ce sont les émotions qui sont à la base des perceptions extra-sensorielles, et les laboratoires ne sont pas tout à fait des endroits qui se prêtent aux émotions. Fort heureusement, l'enthousiasme des nouveaux chercheurs ouvre les voies d'une autre forme d'observation. Mais que les cartésiens se rassurent, les tabous ont la vie dure et le chemin à parcourir est long avant que l'on explique ce « quelque chose ». Je ne doute pas toutefois que le XXIe siècle sera le siècle de grandes avancées dans le domaine. Parce que chez certains, l'audace et l'obstination l'ont emporté sur la prudence. Tant de découvertes ont été faites. N'avait -on pas nié l'existence des météorites sous prétexte qu'il ne pouvait pas tomber des pierres du ciel puisqu'il il n'y a pas de pierres dans le ciel !

LE MOT DE LA FIN

Nous sommes encore loin de comprendre et de maîtriser tout ce qui nous entoure. J'espère que ce livre, loin d'avoir épuisé votre soif de connaissances, ne fera qu'attiser votre curiosité. Il ne conclut pas à une preuve. Il est seulement un effort pour vous aider à mieux cerner la faculté de voyance, phénomène que je vis depuis des années dans son extrême complexité. Mon histoire sera utile, je l'espère, à ceux qui se posent des questions sur le sujet.

Je n'ai pas cherché à convaincre (d'ailleurs, convaincre qui ?). Juste informer, partager. Apporter une petite pierre à un débat qui ne fait que s'ouvrir. Ce chemin qui est le mien, parsemé d'expériences étranges et déroutantes, a débouché sur d'inévitables questions qui restent sans réponse.

Si nul ne peut à l'heure actuelle avancer des théories définitives, il me paraît incontournable de penser que l'homme de demain utilisera mieux ces facultés. Il faut pour cela être curieux et ouvert. Avant de tourner la page et de refermer cet ouvrage, sachez que tout ce que j'ai écrit, pensé, raconté, je l'ai fait avec sincérité. Au risque même de choquer par mes révoltes. Je ne regrette rien. C'est mon cœur qui a parlé. Ce que l'on appelle une « intime conviction ». Qu'il s'agisse de clairvoyance, de prémonition ou de rencontres étranges, j'ai voulu partager avec vous une partie de ma vie. Le fruit de rencontres, d'un parcours que je vis avec passion. Une aventure qui me plonge chaque jour dans une richesse ardente... audacieuse. Peut-être, au détour d'une page, avez-vous retrouvé le souvenir d'une étrange situation que vous aussi avez vécue. A tous, je souhaite que ce livre vous permette d'ouvrir les portes d'un autre univers... magique. En tout cas, pour moi, je sais que le voyage merveilleux n'est pas fini.

Ce livre sera sans conclusion. Il invite à continuer à chercher... A poursuivre vos réflexions librement. A travers vos intuitions, vos lectures et vos aventures. Tel était en tout cas mon but.

« Voici mon secret. Il est très simple :
On ne voit bien qu'avec le cœur.
L'essentiel est invisible pour les yeux »
(Le petit prince) Antoine de Saint Exupéry.

Le livre...
Que nous aurons au fil des ans
Écrit sur les pages du temps
Où deux mots manqueront pourtant :
« A suivre ».
(Charles Aznavour).

BIBLIOGRAPHIE [1]

S. BROUGHTON Richard, *Parapsychologie, une science controversée*, Éditions du Rocher.

BRUNE François et CHAUVIN Rémy, *A l'écoute de l'au-delà*, Éditions Philippe Lebeau.

BRUNE François, *Les morts nous parlent*, Éditions Philippe Lebaud.

E. CARR Donald, *Les sens oubliés*, Éditions Albin Michel.

CHAUVIN Rémy, *La fonction psy*, Éditions Robert Laffont.

DIDIER Yaguel, *Les grandes voyances de l'histoire*, Éditions Plon.

DIERKENS Jean et Christine, *Manuel expérimental de parapsychologie*, Éditions Casterman.

GASSIOT TALABOT Gérard, *Yaguel Didier ou la mémoire du futur*, Éditions Robert Laffont.

HURTEAU MIGNON Chantal, *Cherche âme sœur*, Éditions Dangles.

HURTEAU MIGNON Chantal, *L'émergence du magique dans la pensée*, Éditions l'Harmattan Paris.

KRISTEN Maud, *Pour en finir avec Madame Irma*, Éditions Calmann-Lévy.

KRISTEN Maud, *Fille des étoiles*, Éditions du Levant.

LAPLANTINE François, *Un voyant dans la ville*, Éditions Payot.

1. Si vous voulez surfer sur le web, tapez «parapsychologie», vous obtiendrez une liste intéressante de sites internet proposés par de nombreux laboratoires de parapsychologie, tant en Europe qu'aux États-Unis et au Japon.

LIGNON Yves et BENHEDI Louis, *La vie derrière la vie*, Éditions Laffont.

LIGNON Yves, *L'autre cerveau*, Éditions Albin Michel.

MOODY Raymond, La vie après la vie, Éditions Robert Laffont.

PIGANI Erik, *Psi, enquête sur les phénomènes paranormaux*, Presses du Châtelet.

PLACIER Anne, *Le guide de la voyance*, Éditions Philippe Lebeau.

SIMON Sylvie, *Au seuil de l'étrange*, Éditions Pygmalion.

VARVOGLIS Mario, *La rationalité de l'irrationnel*, Une introduction à la parapsychologie scientifique, Inter Éditions.

WALLON Philippe, *Expliquer le paranormal*, Éditions Albin Michel.